华东政法大学 70周年校庆丛书

# 国企条款之
# 历史演绎及法哲学基础

刘雪红 著

WUHAN UNIVERSITY PRESS
武汉大学出版社

**图书在版编目(CIP)数据**

国企条款之历史演绎及法哲学基础/刘雪红著.—武汉:武汉
大学出版社,2024.10
华东政法大学70周年校庆丛书
ISBN 978-7-307-23528-1

Ⅰ.国…　Ⅱ.刘…　Ⅲ.国有企业—企业法—研究—中国
Ⅳ.D922.291.914

中国版本图书馆CIP数据核字(2022)第257959号

责任编辑:沈继侠　　　　责任校对:鄢春梅　　　　版式设计:马　佳

出版发行: **武汉大学出版社** 　(430072　武昌　珞珈山)
　　　　　　(电子邮箱:cbs22@whu.edu.cn　网址:www.wdp.com.cn)
印刷:武汉邮科印务有限公司
开本:720×1000　1/16　印张:16.5　字数:268千字　插页:2
版次:2024年10月第1版　　2024年10月第1次印刷
ISBN 978-7-307-23528-1　　定价:68.00元

# 《华东政法大学70周年校庆丛书》
# 编委会

## 主 任

郭为禄　叶　青　何勤华

## 副主任

张明军　王　迁

## 委 员

（以姓氏笔画为序）

马长山　朱应平　刘宪权　刘　伟　孙万怀

陆宇峰　杜　涛　杜志淳　杨忠孝　李　峰

李秀清　肖国兴　何益忠　冷　静　沈福俊

张　栋　陈晶莹　陈金钊　林燕萍　范玉吉

金可可　屈文生　贺小勇　胡玉鸿　徐家林

高　汉　高奇琦　高富平　唐　波

# 以心血和智慧服务法治中国建设

## ——华东政法大学70周年校庆文丛总序

华东政法大学成立70周年了！70年来，我国社会主义法治建设取得一系列伟大成就；华政70年，缘法而行、尚法而为，秉承着"笃行致知，明德崇法"的校训精神，与共和国法治同频共振、与改革开放辉煌同行，用心血和智慧服务共和国法治建设。

执政兴国，离不开法治支撑；社会发展，离不开法治护航。习近平总书记强调，没有正确的法治理论引领，就不可能有正确的法治实践。高校作为法治人才培养的第一阵地，要充分利用学科齐全、人才密集的优势，加强法治及其相关领域基础性问题的研究，对复杂现实进行深入分析、作出科学总结，提炼规律性认识，为完善中国特色社会主义法治体系、建设社会主义法治国家提供理论支撑。

厚积薄发七十载，华政坚定承担起培养法治人才、创新学术价值、服务经济社会发展的重要职责，为构建具有中国特色的法学学科体系、学术体系、话语体系，推进国家治理体系和治理能力现代化提供学理支撑、智力支持和人才保障。砥砺前行新时代，华政坚定扎根中国大地，发挥学科专业独特优势，向世界讲好"中国之治"背后的法治故事，推进中国特色法治文明与世界优秀法治文明成果交流互鉴。

"宛如初升的太阳，闪耀着绮丽的光芒"——1952年11月15日，华东政法学院成立之日，魏文伯院长深情赋诗，"在这美好的园地上，让我们做一个善良的园工，勤劳地耕作培养，用美满的收获来酬答人民的期望"。1956年6月，以"创造性地提出我们的政治和法律科学上的成就"为创刊词，第一本法学专业理论性刊物——《华东政法学报》创刊，并以独到的思想观点和理论功力，成为当时中国法学研究领域最重要的刊物之一。1957年2月，更名为《法学》，坚持

1

"解放思想、不断进步"的治学宗旨，紧贴时代发展脉搏、跟踪社会发展前沿、及时回应热点难点问题，不断提升法学研究在我国政治体制改革中的贡献度，发表了一大批高水平的作品。对我国立法、执法和司法实践形成了重要理论支持，在学术界乃至全社会产生了巨大影响。

1978 年 12 月，党的十一届三中全会确定了社会主义法制建设基本方针，法学教育、法学研究重新启航。1979 年 3 月，华东政法学院复校。华政人勇立改革开放的潮头，积极投身到社会主义法制建设的伟大实践中。围绕"八二"宪法制定修订、土地出租问题等积极建言献策；为确立社会主义市场经济体制、加入WTO 世界贸易组织等提供重要理论支撑；第一位走入中南海讲课的法学家，第一位 WTO 争端解决机构专家组中国成员，联合国预防犯罪和控制犯罪委员会委员等，都闪耀着华政人的身影。

进入新世纪，在老一辈华政学人奠定的深厚基础上，新一代华政人砥砺深耕，传承中华优秀传统法律文化，积极借鉴国外法治有益成果，为中国特色社会主义法治建设贡献智慧。16 卷本《法律文明史》陆续问世，推动了中华优秀传统法律文化在新时代的创造性转化和创新性发展，在中国人民代表大会制度、互联网法治理论、社会治理法治化、自贸区法治建设，以及公共管理、新闻传播学等领域持续发力，华政的学术影响力、社会影响力持续提升。

党的十八大以来，学校坚持以习近平新时代中国特色社会主义思想为指导，全面贯彻党的教育方针，落实立德树人根本任务，推进习近平法治思想的学习研究宣传阐释，抓住上海市高水平地方高校建设契机，强化"法科一流、多科融合"办学格局，提升对国家和上海发展战略的服务能级和贡献水平。在理论法学和实践法学等方面形成了一批"立足中国经验，构建中国理论，形成中国学派"的原创性、引领性成果，为全面推进依法治国，建设社会主义法治国家贡献华政智慧。

建校 70 周年，是华政在"十四五"时期全面推进一流政法大学建设，对接国家重大战略，助力经济社会高质量发展的历史新起点。今年，学校将以"勇担时代使命、繁荣法治文化"为主题举办"学术校庆"系列活动，出版"校庆文丛"即是其重要组成部分。学校将携手商务印书馆、法律出版社、上海人民出版社、北京大学出版社等，出版 70 余部著作。这些著作包括法学、政治学、经济学、新闻学、管理学、文学等多学科的高质量科研成果，有的深入发掘中国传统法治文化、当代法学基础理论，有的创新开拓国家安全法学、人工智能法学、教育法治等前沿交叉领域，有的全面关注"人类命运共同体"，有的重点聚焦青少年、老年人、城市外来人口等特殊群体。

这些著作记录了几代华政人的心路历程，既是总结华政 70 年来的学术成就、展示华政"创新、务实、开放"的学术文化；也是激励更多后学以更高政治站位、更强政治自觉、更大实务作为，服务国家发展大局；更是展现华政这所大学应有的胸怀、气度、眼界和格局。我们串珠成链，把一颗颗学术成果，汇编成一部华政 70 年的学术鸿篇巨作，讲述华政自己的"一千零一夜学术故事"，更富特色地打造社会主义法治文化引领、传承、发展的思想智库、育人平台和传播高地，更高水准地持续服务国家治理体系和治理能力现代化进程，更加鲜明地展现一流政法大学在服务国际一流大都市发展、服务长三角一体化、服务法治中国建设过程中的新作为、新担当、新气象，向学校 70 年筚路蓝缕的风雨征程献礼，向所有关心支持华政发展的广大师生、校友和关心学校发展的社会贤达致敬！

七秩薪传，续谱新篇。70 年来，华政人矢志不渝地捍卫法治精神，无怨无悔地厚植家国情怀，在共和国法治历史长卷中留下了浓墨重彩。值此校庆之际，诚祝华政在建设一流政法大学的进程中，在建设法治中国、实现中华民族伟大复兴中国梦的征途中，乘风而上，再谱新章！

郭为禄

叶　青

2022 年 5 月 4 日

# 序

20 世纪至今，世界范围内的国有企业浪潮几经涨落起伏，对各国以及国际社会的发展都产生了重大深刻的影响。随着全球化的深入和世界政治经济格局的变化，如何规制参与国际经济活动的国有企业成为当前国际社会的重要议题，同时也是中国国企改革面临的新挑战。刘雪红博士新作《国企条款之历史演绎及法哲学基础》正是关于国有企业国际规制发展规律研究的最新成果。

刘雪红曾在本人的指导下在华东政法大学进行国有企业竞争中立问题的博士后研究。她在博士生阶段主攻 WTO 法，具有国际经济法的理论基础，同时在博士后研究期间又认真研习了中国国企改革和法律制度构建的相关内容，做了有质量的研究。在华政 70 周年校庆之际，她主动请求将所学深度融合为国企国际新规制方面的著作。本书正是研究国际经济法领域国企规制发展规律的新成果，主要内容包括国企国际规制条款的起源与发展、国企国际化的新问题与规则博弈、21 世纪新国企条款的兴起和变法运动、国企条款演绎的法理学基础和国企规制中的东西方对话与制度完善等。

中国国有企业改革是中国经济体制改革的中心环节。从 1978 年改革开放至今，中国国有企业从计划经济体制的附属物逐步向市场经济体制下的现代企业转变。中国市场经济体制建设的过程也是国企改革的过程，主要包括"放权让利"、建立现代企业制度、建立新"国资监管"以及当前的功能使命类改革和体制机制类改革等内容。短短的四十多年，国有企业改革已取得巨大的成就，国有企业已然成为中国经济发展的重要支柱以及出海的主力军。然而，在中国经济与全球经济深度融合之际，积极参与国际经济活动的国有企业却遭遇外国投资安全审查、反补贴调查等各种新型挑战。特别是当前还出现了声势浩大的"国企造法运动"，美欧等国家和地区纷纷要求修改或重新制定多边、区域和单边的国企新规则。当前，中国国企既是全球市场经济的重要参与者，也是中国式现代化建设的主力，如何让参与全球经济竞争的国有企业获得国际社会的认可、如何完善相关法律制度以发挥国有企业的作用，这些法律问题的研究具有重大的理论和实践价值。

该书的研究主要有四个特点。第一，问题意识新。其对国企国际法律规制的问题进行追根溯源地探索，比如，将国企国际规制条款的起源放在20世纪"二战"后期多边贸易制度设计的历史背景进行研究，力图从源头发现法律规制背后的逻辑和机理。第二，研究方法新。国有企业国际法律规制问题既是国际法问题又是国内法问题，内容上同时涉及政府与市场边界、政治与经济等诸多领域。该书基于问题导向，运用跨学科理论和研究方法能够加深对法学研究对象的认识并优化解决方案。第三，有广度和深度。该书以多元的时空维度和国内法、国际法的双重视角对特定的法律问题展开研究，较好地展示国企及其法律制度在近百年的世界政治经济史上以及在主要国家中的发展变化。能够灵活运用法学、政治经济哲学、公共管理学、财政学等学科理论去研究国企的公有化、私有化浪潮以及法律规制背后的深层逻辑，使得研究具有一定的历史纵深度和理论深度。第四，具有很强的中国本土意识。该书将国企条款的国际规制发展史进行了宏观的研究，又能与中国国情和现实需要紧密相结合，找到中国国企改革与国际规则发展中的契合点，为中国国企的深化改革和法治化建设提供良好的建议。

关于国企法律制度问题的研究一向很有难度，既涉及方方面面又难以面面俱到，若尝试全面阐述又易陷入不够深刻的问题。本书必然存在一定的不足和改善的空间，但从总体上看，本书的优点也很明显，比如：研究相对专业客观和理性，思想进步、思辨性强、论证扎实，研究范式和视角新颖。该研究成果既能丰富国企法律制度的理论内涵，又能为新时期国企的国际规制、中国国企改革和中西方的合作等诸多实践提供有益的参考。鉴于此，本人乐意为其推荐作序。

此上，是为序。

顾功耘

2024年10月1日

# 前　　言

国企规制作为 21 世纪全球经贸治理领域最有争议的议题之一，如何对国企进行规制一度引发中西方之间的误解甚至造成关系紧张。本书主要通过运用历史考证法和规范分析法探讨国企条款的历史演进规律及其法哲学基础以促进良好的国际经贸合作。

从国企国际规制条款的起源与发展看，当前全球关注的国企规制并非新问题，而是从多边贸易体系构建之始就受到各方高度关注并在欧美的推动下成为国际贸易规则之一。英美两国是"二战"后多边贸易体制的重要设计者，双方率先达成全球经济合作、促进世界和平与繁荣的共识并推进创设了国营条款，重要成果体现在《哈瓦那宪章》中。20 世纪国企条款的核心内容主要包括非歧视待遇、透明度和公平贸易救济三大方面，规制目的是避免其特权和垄断成为变相的贸易壁垒。20 世纪国企条款内容总体上相对简单，是对 20 世纪国际经济和政治形势的有效回应。

国企国际化触发了规则的变革。国有企业成为全球"竞争者"为国际经济法带来了新挑战。WTO"公共机构"补贴案件突出反映国际经贸领域中的"公平竞争"问题和隐患，但更要看到与"公共机构"紧密相关的双重救济和非市场经济地位问题背后的博弈。中美双方关于"公共机构"之争的补贴措施案、美国从"乔治城钢铁案"到 GPX 案的实践，以及中西方关于市场经济地位的争执，都集中反映了现行规则框架下的"公平贸易/竞争"的困境，也预示着国企条款改革的方向。

欧美主导的国内法和国际法形塑了 21 世纪新国企条款。欧美国家在多边领域展开法律解释拉锯战的同时，还通过国内单边立法和区域贸易协定的方式推进国企规制的"变法运动"。与 21 世纪国企条款内容紧密相关的国内法实践有澳大利亚的竞争中立制度、欧盟的《外国补贴条例》、美国的《外国公司问责法案》《创新与竞争法案》等。以 OECD、联合国贸发会为主的国际多边合作平台一直在积极倡导与推进国企新规制，并促成全球反市场扭曲运动和反补贴运动。同时，自 21 世纪开始，国际经贸领域出现以竞争中立为主要内容的国企新规制，集中体现于欧美新一代的区域贸易投资协定中。美国和欧盟在国企新规制的设计上分别属于全面监管型和加强补贴控制型。新国企条款以竞争中立和透明度为新一代规则的主要内容，具有从概括性立法到细化实用、从软约束到强约束、从自律到自律与他律相结合的特点。2021 年中欧达成的《中欧全面投资协定》的国企条款尽管相对简单，但也已汇入国企新规则的发展进程中。

尽管国企新规制确实存在"法律问题政治化"的倾向，但是其背后却有丰富的法哲学基础予以支撑。其一，对国有企业进行法律规制涉及国有化或私有化的不同选择。国有化与私有化本质上都是国家发展社会、调控经济的政策工具和手段，涉及政府和市场的关系问题。其二，对国有企业的身份定位或者身份"矫正"也是国际经贸治理的重要问题。转型期的国有企业身份普遍具有混合性、公私法特色兼具的独特性。中国国企分类改革后也必然会与世界主流趋势汇合，可借鉴德国法中的公营造物制度和理论对我国的公法人制度进行体系性整合。其三，国际经济法领域规制国企的逻辑同样是厘清政府与市场的界限。如何"驯服经济利维坦"是全球化背景下所有国家都面临的新问题和新考验。西方古典政治哲学中的国家理论和中国传统历史文化资源都有丰富的限权思想。政府能否参与经济活动问题往往会引发"国进民退"和"国退民进"之争。政府的起源与国家学说理论决定了在工业化时代和后工业化时代政府参与或管理经济活动要保持谦抑与克制。其四，竞争中立则是新时代解决国企和私企公平竞争的新理论和新实践。涉及新型的政府管理模式的新公共管理运动对竞争中立影响重大，是对竞争中立进行理论阐述的重要视角。其五，国企补贴问题从根本上涉及政府补贴中公共财政资金的使用和监督。《欧盟-英国贸易与合作协定》首次在补贴规则设计中展现出对公共资金进行严格监管的思维，揭示国企补贴规则不仅重在管控补贴对经贸的影响，更要加强对政府公共财政资金的国际规范和监管。

国企新规制需要消除跨洋误会并完善制度。为了实现国际社会的良法善治，国企新条款的发展需要东西方国家更多的对话和共识，而中国作为负责任的大国也必须要加强自身的国企改革和补贴领域的法治建设。理性看待国企条款发展的必然性，对于中西方在当前极复杂的国际政治关系中突破"安全困境"和"零和博弈"思维的禁锢极为重要。中国可利用 WTO 鼻祖约翰·杰克逊早年提出的"接合面理论"，主张不同制度模式的国家求同存异、再度合作。中国应该有效贯彻国有企业分类改革方案、加强国有企业的公司治理，并构建和贯彻竞争中立制度。此外，中国需要从政府补贴法治化建设的宏观视角规范国企的补贴问题，具体的制度构建包括制定统一的政府补贴法、协调产业政策和竞争政策的关系、构建公平竞争审查制度、完善财政监管和司法救济制度等。

总之，国企条款的历史起源和演绎发展具有一定的客观性、必然性和正当性。对国企的国际经济活动进行市场化规范、公平竞争约束和补贴控制，既符合国际社会良法善治的要求，也符合国际社会历史发展的潮流大势。21 世纪的国企条款同样负有突破政治、经济较量和意识形态冲突而获得良法善治、公平竞争、共同繁荣的历史使命。各大国均须理性遵守国际经贸的客观规律，避免战略误判而掉入"修昔底德陷阱"。

作　者

2024 年 10 月

# 目　　录

# 导　　论

## 一、国企新规制问题：新时代背景与"新冷战"之惑

### （一）国企新规制的时代背景

#### 1. 新国企条款的兴起与发展

国企规制是 21 世纪全球经贸治理领域最有争议的议题之一，国企条款则是新区域贸易协定中敏感而重要的内容。近年来被认为具有"新冷战"迹象的国际经济问题事件，比如中美贸易战、WTO 危机、海外投资安全审查等，无不与国企规制问题紧密相关。国企规制的国际较量也早已从公共机构身份之争发展到非市场经济地位之争和产业政策之争，并进一步升级为当前的全球化反扭曲运动。事实上，欧美日等发达地区一直在抢占国企规制的话语权和道德制高点。

自 2017 年美国特朗普政府推出"美国贸易新政"后，"创造公平的竞争环境"（level the playing fields）就成为美国贸易政策的主旋律。在中美贸易战的关税战较量中，美国官方后来开始公开承认，解决贸易赤字仅仅是其中的一个要求，最重要的诉求仍旧是知识产权保护、技术转让、国企、产业、数据贸易等问题。有效地规范国有企业参与全球经济竞争的行为，实现国有企业与私有企业之间的公平竞争，是美国"公平贸易"中极重要的内容。2018 年，欧美日三方联合声明进一步明确提出，为解决国有企业扭曲市场的行为要针对产业补贴和国有企业制定新规则，而这一诉求也在随后每年的三方会议中被提及和强调。2021年 6 月，"G7 峰会"重申应对国企扭曲市场行为制定更强有力的国际规则。与此同时，越来越多的国家在区域贸易协定内对国有企业进行了监管。欧美等西方国家认为中国实施的是"政府主导的经济发展模式"，担心规模和数量居世界首位

的中国国企更易在参与全球经济活动中引发不公平竞争问题。于是，欧美日等发达国家合力以新贸易协定的方式推行竞争中立国际规则，国际社会出现西方集体为中国国企"立法"的情形。欧美区域贸易协定大多专门设置了以竞争中立为核心的新型国企条款，而中国在 2020 年达成的《中欧全面投资协定》（CAI）中首次同意在区域贸易协定中纳入最先进的国企条款。当前含有国企章节或条款的新区域贸易协定包括：《全面与进步跨太平洋伙伴关系协定》（CPTPP）及其前身《跨太平洋伙伴关系协定》（TPP）、《美墨加贸易协定》（USMCA）、《国际服务贸易协定》（TiSA）、美欧《跨大西洋贸易与投资伙伴协议》（TTIP）、欧盟和加拿大《综合性经济贸易协议》（CETA）、欧盟与日本《经济伙伴关系协定》（EPA）、《中欧全面投资协定》等。

目前 TiSA、TTIP 已被搁置，TPP 的替代版 CPTPP 由美国之外的其他 11 国签署。由于这些协定所涉主体与内容都很重要并具示范和引领效应和价值，本书关于国企条款的研究仍以相关范本为基础展开分析。这些内容具有高度相似的国企条款经欧美的强力推行已经开始被国际社会广泛接受，成为未来普遍适用于国企国际经济活动的新规则，也从某种角度体现了国企条款的发展趋向。此外，欧美等发达国家还积极通过经济合作与发展组织（OECD）、联合国贸易和发展会议（联合国贸发会）等多边平台掀起反全球市场扭曲运动。譬如，OECD 不仅推出了一系列有关国企治理和竞争中立的指南，2019 年还发表了衡量国际市场扭曲的系列报告。[①] 此外，欧美针对外国国企活动和政府补贴问题的单边立法也动作频频，如欧盟提议《外国补贴条例（草案）》，美国则通过《2021 年美国创新与竞争法案》《稳定就业抗扭曲法案》等法案。

2. 世界性"国家资本主义"现象

欧美具有将国企问题与国家资本主义、经济发展模式相联系的倾向，诸多美国政客和一些学者直接将政府主导型经济模式称为"国家资本主义"，甚至剑指中国。2016 年哈佛大学教授 Mark Wu 发表《中国式公司对全球贸易治理的挑

---

① OECD (2019-12-12)，"Measuring Distortions in International Markets: The Semiconductor Value Chain", OECD Trade Policy Papers, No. 234, OECD Publishing, Paris; OECD (May 2021), "Measuring Distortions in International Markets: Below-Market Finance", OECD Trade Policy Papers, No. 247), OECD Publishing, Paris.

战》，将所有的中国企业称为"中国公司"，认为中国式企业极复杂地将国家、政党、公有企业和私人企业连接在一起，而这种经济发展模式是引发中外贸易摩擦的关键。① 在此紧张的情势下，"国企造法运动"曾一度被认为是西方集体为中国国企立法，中国理论界一些观点认为欧美主张国企规制具有抢占国际规则话语权及针对中国的阴谋之嫌。于是，国企数量较多的中国不得不表现出保守和谨慎的态势。在中国政府迄今签署的经贸投资协定中，目前只有 2020 年《中欧全面投资协定》纳入国企条款。

但颇具讽刺的是，欧美为了在新经济赛道上胜出又采取类似于国企模式的政府支持产业政策。例如，《2021 年美国创新与竞争法案》为提高对华科技竞争力提议对关键产业和项目拨款 2500 亿美元。② 欧盟近年也频繁对信息科技类公司进行政策支持，但效果不佳，被批评是"挑出失败者"的产业政策。③ 世界上开始出现新的声音，认为国企规则针对的是包括欧美在内的所有政府支持经济的活动。OECD 报告指出，美国、爱尔兰、以色列、意大利、韩国、新加坡、中国等国都广泛存在税收减让类的政府补贴。④ 2021 年《世界经济杂志》刊文指出，为应对全球经济危机和疫情等突发事件，世界各国政府倾向于参与或介入经济事务而变成"经济代理人"，与政府自身的"市场监管者"角色形成矛盾。⑤ 确实，21 世纪存在前所未有的新型危机和挑战，比如全球金融危机、新冠疫情、环境恶化、恐怖主义、人工智能等，但是曾一度信奉"市场原教旨主义"的欧美

---

① Mark Wu, The "China, Inc." Challenge to Global Trade Governance, *Harvard International Law*, Vol. 57, No. 2, 2016.

② John D. McKinnon, Senate Approves ＄250 Billion Bill to Boost Tech Research, *The Wall Street Journal*, https：//www.wsj.com/articles/senate-approves-250-billion-bill-to-boost-tech-research-11623192584, last visited on December 7, 2023.

③ Adam Thierer, Connor Haaland, The Future of Innovation：Can European-Style Industrial Policies Create Tech Supremacy? https：//www.discoursemagazine.com/economics/2021/02/11/can-european-style-industrial-policies-create-technological-supremacy/, last visited on December 7, 2023.

④ OECD (2019-12-12), "Measuring Distortions in International Markets：The Semiconductor Value Chain", OECD Trade Policy Papers, No. 234, OECD Publishing, Paris.

⑤ Mike Wright, Geoffrey Wood, Aldo Musacchio, Ilya Okhmatovskiy, Anna Grosman, State Capitalism in International Context：Varieties and Variations, *Journal of World Business*, Vol. 56, No. 2, 2021, pp. 10-11.

也开始出现"国家资本主义"倾向，不能不说是极其吊诡又需要高度关注和研究的现象。

## （二）国企规制的悖论：针对性与客观性

20世纪至今，世界范围内的国有企业几经起伏，对各国以及国际社会都产生了深刻的影响。当前备受关注的国企规制确实存在"法律问题政治化"的倾向以及较明显的"对华针对性"，声势浩大的"国企造法运动"与全球经济竞争和政治较量紧密相关。确实，国企规制并非单一的国际经济法问题，而是与经济自由、政府法治、权力制约等一系列经济和政治要素密切相关的问题，既事关国际经济秩序的重构，又涉及国家间的战略博弈。

但是，从历史的宏观视角看，国企条款的起源与演绎发展又似乎具有必然性和客观性。"二战"后国企条款刚被纳入多边贸易治理体系时，英美制定国企条款似乎并不具有特定的国别针对性；而21世纪新国企条款虽然被认为是非友好型规则，但其势不可当。一方面，在多边领域，2022年WTO第12次部长大会达成了《渔业补贴协定》，说明多数国家为了生态多样性和可持续性发展的目标愿意自我约束、规范政府的补贴行为和资金使用；另一方面，不仅很多发展中国家（马来西亚、越南、墨西哥、秘鲁等）都接受了国企条款，国内国企数量不多的发达国家之间也会设置国企条款（比如，欧盟与加拿大的《综合性经济与贸易协定》；欧日的《经济伙伴关系协定》；《美韩自由贸易协定》）。尤其特殊的是，欧美国内法一直有类似于国企条款规则的严格规定，是早在国企新规则之前就存在的国内法实践。具体而言，透过现象看本质，国企规制议题有以下四大方面的问题值得思考。第一，从时间维度看，国企问题是否为21世纪独有的新问题？为何20世纪"二战"后期的《哈瓦那宪章》就出现了国企条款？其幕后推手及其意图是什么？第二，从规则设计的角度看，国际经贸治理体系中最早的国企条款、21世纪新型国企条款的内容以及变化是什么？第三，从东西方视角看，国企条款之争的焦点问题以及真正规制的对象是什么？第四，从国际经贸治理的角度看，贸易协定国企条款存续的内在逻辑是什么？有何发展趋势？是否能够以及如何超越意识形态和制度之争并设计合理的新规则以推进国际经贸合作？针对上述困惑，本书运用历史考证法和规范分析法探讨国企条款的历史演进规律及其背后的法哲学理论基础，对国企条款的当代命运予以展望，并对中国如何应对国企条款挑战、再度实现良好的国际经贸合作提出应对策略。

## 二、本书的主要内容和研究方法

### （一）主要内容

第一章研究 20 世纪国企条款的源起历史及规制框架。通过分析国企规则的起源与发展史，明确国企规则的时代背景、缔造者意图、功能以及具体的规则内容。具体的研究内容包括：（1）通过运用档案史料梳理国企规则最早的历史起源及其特殊的时代背景。通过研究战火中形成的国营条款之真正幕后推手、英美的谈判博弈、英美政治家和经济学家的远见与推进、《哈瓦那宪章》国营条款的形成等，揭示作为近现代多边贸易体制起源的《哈瓦那宪章》能在诞生之初就包含国企条款的原因。（2）运用规范分析法，研究"二战"后期的国营条款内容、20 世纪国企条款的规制框架及运作。本书研究指出，当前全球关注的国企规制并非新问题，而是从一开始就受到各方高度关注并在欧美推动下成为多边经贸治理的规则之一，它具有以非歧视待遇、透明度和公平贸易为主的规制结构。在具体制度设计和执行方面，非歧视待遇、透明度和公平贸易的规定呈现出逐渐弱化的倾向，即非歧视待遇要求设计相对完善且具有良好的执行效果，透明度次之，公平贸易与竞争要求则最弱。20 世纪国企条款内容总体上相对简单，是对 20 世纪国际经济和政治形势的有效回应，但却对 21 世纪国企和私营企业同台竞技的新挑战显得力不从心。

第二章通过研究国企国际化的新问题与规则博弈探讨国企规则革新的缘起。主要内容包括三部分：（1）国企国际化中的现象、挑战和原因。重点研究国有企业参与国际经贸投资活动对国际秩序的冲击，具体包括在国际投资领域的投资安全审查，在国际贸易领域引发的"公共机构"之争，在国际投资仲裁领域投资仲裁申请资格的困惑等；阐述国有企业国际化发展挑战传统国际经贸秩序的原因。（2）WTO "公共机构"争讼下的"公平竞争"隐患。研究涉及"公共机构"之争的 WTO 典型案件，分析判定"公共机构"的法律根据、解释方法、判断标准，指明其对国企条款改革方向的隐含意义。（3）进一步探索与"公共机构"

紧密相关的双重救济和非市场经济地位的问题，分析美国的"乔治城钢铁案"和GPX案以及与市场经济地位相关的纠纷，指出国有企业规制表面是规则博弈，深层次领域却涉及制度之争，相关的争议具有"法律问题政治化"的特性。

第三章研究 21 世纪新国企条款的兴起和变法运动是如何形塑 21 世纪新国企条款的。为应对国际经济法中国企规制不足的问题，欧美国家在多边领域展开法律解释拉锯战的同时，还通过国内单边立法和区域贸易协定的方式推进国企规制的"变法运动"，主要内容包括四部分：（1）从国内法视角研究 21 世纪新国企条款的兴起，分析与 21 世纪国企条款内容紧密相关的国内法实践，包括澳大利亚的竞争中立制度、欧盟针对外国政府补贴的白皮书和补贴新条例以及美国的《外国公司问责法案》《创新与竞争法案》等内容。（2）研究国际多边平台对国企新规则的倡导和运动推进，包括 OECD、联合国贸发会等国际多边合作平台推出的国企治理指南等，及其推进的反全球市场扭曲运动和反补贴运动。（3）研究区域贸易投资协定对国企新规则的发展，重点讨论全面严管的美国模式和加强补贴控制的欧盟模式。（4）研究国企条款的发展趋势、新挑战与价值。研究指出，欧美新区域贸易协定的国企规制以及与之相关的产业补贴规制、全球反市场扭曲运动均在《哈瓦那宪章》开创的基础上发展而来，表现出以"竞争中立"和"强透明度"为主要内容的发展趋向，条款设计具有从概括性立法到细化实用、从软约束到强约束、从自律到自律与他律相结合的特点。2021 年中欧达成的《中欧全面投资协定》的国企条款尽管相对简单，但其实也已汇入国企新规则的发展进程中。21 世纪国企新规则既有积极的意义，也存在一定的问题，会引发诸多挑战，需要客观全面地看待和审慎应对。

第四章挖掘国企条款历史演绎发展背后的法哲学基础。从国企条款演绎的内在逻辑看，尽管国企新规制确实存在"法律问题政治化"的倾向，但是其背后却有丰富的法哲学基础予以支撑，具体内容有五大方面：（1）对国有企业进行法律规制涉及国有化或民营化的不同选择。分析 20 世纪以来世界曾出现的三次大规模的国有化和私有化浪潮以及 2008 年经济危机至今包括西方国家在内的政府支持经济措施，指出国有化与私有化的本质是国家发展社会、调控经济的政策工具和手段，皆有利弊。（2）国有企业的法律性质定位理论。对国有企业的身份定位或者身份"矫正"必然也会成为国际经贸治理的重要问题。总结西方法学将国企定性为商事主体和"公营造物"的理论与实践，指出转型期的国有企业身份普遍具有混合性、公私法特色兼具的独特性，认为中国国企分类改革后也必然会与世界主流趋势汇合，当前可借鉴德国法中的公营造物制度和理论对中国的公法人制度进行体系性整合。(3) 国际经济法领域规制国企的逻辑同样是厘清政府与市场的界限。如何"驯服经济利维坦"是全球化背景下所有国家都面临的新问题和新考验。探讨西方古典政治哲学中的国家理论和中国传统历史文化资源中的限权思想，政府能否参与经济活动所引发的"国进民退"和"国退民进"之争，以及政府参与或管理经济活动要遵循的谦抑原则。(4) 讨论竞争中立的法理基础。研究新公共管理运动的内容以及其是如何对竞争中立产生影响的，指出新公共管理运动对中国政府管理和国有企业制度的借鉴意义。(5) 探讨国企补贴从根本上所涉及的公共财政资金的使用和监督问题。阐述为何国企补贴本质上属于公共财政支出的规范问题，研究政府补贴的本质和基本原则以及公共资金使用监督制度，指出区域贸易协定的新型反补贴规则开始出现新的指导思想。《欧盟-英国贸易与合作协定》首次在补贴规则设计中展现出对公共资金进行严格监管的思维，揭示国企补贴规则不仅重在管控补贴对经贸的影响，更要加强对政府公共财政资金的国际规范和监管。政府补贴同样需要遵循公共财政学和财政法的基本原则。我国现行对国企的补贴、产业政策补贴仍欠缺规范和约束，中国未来进行补贴法制构建时，必须要抓住政府补贴的实质与逻辑，积极借鉴西方的先进实践经验。

　　第五章研究国企规制中的东西方对话与制度完善。本书认为，为了实现国际社会的良法善治，国企新条款的发展需要东西方国家更多的对话和共识，而中国作为负责任的大国也必须要加强自身的国企改革和补贴领域的法治建设。虽然国企条款易被西方某些国家用作对付中国的战略工具，但国企条款的存续本身却具有客观必然性，其中一些规则的形成与存在甚至完全与中国无关。《中欧投资协定》达成的国企条款更是表明中西方在国企规制问题上也存在一定的共识和合作基础。理性看待国企条款发展的必然性，对于中西方在当前极复杂的国际政治关系中突破"安全困境"和"零和博弈"思维的禁锢极为重要。从法律层面上看，国企规制问题本质上属于驯服"经济利维坦"问题，即对政府影响经济、限制竞争行为的规制，这是所有国家都面临的问题与考验。中国可利用 WTO 鼻祖约翰·杰克逊早年提出的"接合面理论"，主张不同制度模式的国家求同存异、再度合作，具体建议包括两大方面：其一，中国应该有效贯彻国有企业分类改革方案，并通过构建竞争中立制度削弱国有企业因为所有制因素而取得的不当竞争优势，促成参与市场竞争活动的国有企业具有独立的商业主体身份。此外，加强国有企业的公司治理则是竞争中立规则的核心，可在对其批判借鉴的基础上推进中国国有企业改革和身份正位。其二，中国需要从政府补贴法治化建设的宏观视角规范国企的补贴问题。新型国企条款中的反补贴规则代表了市场经济公平竞争以及对公共财政资金进行约束的要求。中国产业补贴和国企补贴存在规模过大和滥用的情形，不仅会影响市场经济的有效运行，还会引发国际经贸冲突，其根源在于我国的政府补贴缺乏严格的法律约束。为消除现行国企补贴和产业补贴中的诸多弊端，必须要深化改革财政补贴政策、完善补贴法制，具体的制度构建包括制定统一的政府补贴法、协调产业政策和竞争政策的关系、构建公平竞争审查制度、完善财政监管和司法救济制度等。

（二）研究方法

第一，规范分析法。这是本书最主要的研究方法，在分析 GATT/WTO 的国营条款、澳大利亚国内的竞争政策规则、欧美新兴贸易协定中的国有企业条款以及国内制度时，会大量运用规范分析法，以助力于探究国有企业国际化背景下的规制规律。

第二，案例实证研究法。本书的基本问题源自实践，研究目标和最终结论均服务于探索新时代下国企规制的规律并促成国际经贸合作的共识。因而，外国或中国国有企业在 GATT/WTO、国际投资法（争端解决实践）、国内法中的反垄断和投资安全审查等领域的案例，都是本书发现问题、解决问题的重要研究素材，是理论创新与制度建设的重要依据。

第三，交叉学科研究方法。国有企业规范问题既是国际法问题又是国内法问题，内容上同时涉及政府与市场边界、政治与经济等领域。为了加深对研究对象的认识、优化解决方案，本书运用了跨学科的研究方法和理论，主要包括国际经济法理论和国内经济法上的国有企业法律制度理论、法学与政治经济学等学科的内容和方法。

# 第一章　国企国际规制条款的起源与发展

正如《WTO 的历史与未来》中的史料与分析所揭示的，源起于"二战"后期的多边贸易体系主要是由英美西方国家所倡导构建。① 英美两国为何在创建多边贸易体系之初就有意为参与国际贸易活动的国营企业②设立规则？《哈瓦那宪章》作为 GATT 前身，其在起草过程中关于国营条款的谈判历史及最后所形成的国营规制框架是什么？20 世纪国企条款的内容与运作情况如何？对这些问题进行追根溯源的考察有助于探索国企条款存续与演绎的规律。

## 第一节　作为战后世界和平内容的国企条款

### 一、"二战"中形成的国企条款

#### （一）"二战"中国企条款的创设历史

英美两国一向被认为是"二战"后多边贸易体制的重要设计者，双方率先达成全球经济合作、促进世界和平与繁荣的共识，但历史的真相是，美国才是多边贸易体制以及国企条款创设的关键推手，美国参与"二战"并援助盟国的实力使其对战后经济体系的构建具有重要的影响力。

"二战"爆发初期，美国曾反对以任何军事形式直接介入战争，直到 1941 年

---

① Craig Van Grasstek, The History and Future of The World Trade Organization, p. 43.
② 在《哈瓦那宪章》谈判时期以及 GATT 时期，相关文本都采用"国营企业"（state-trading enterprises）一语，本书将其视为广义上的"国有企业"的一种类型——笔者注。

3月国会通过《租借法案》后，联邦政府才"免费"向英国及盟国提供上百亿美元的装备和援助物资。① 作为对价，美国要求英国参与世界新经济秩序的构建。② 于是，1941 年 8 月在"二战"最为激烈之际，英国首相丘吉尔乘坐战舰威尔士亲王号穿越大西洋与美国总统罗斯福会面。双方达成的《大西洋宪章》除了呼吁终结战争外还提出著名的战后各国经济合作条款。1942 年英美间达成的《总租借协定》（Master Lend-Lease Agreement）则出现"在国际商业中取消歧视待遇、削减关税以及其他的贸易壁垒"的内容。③ 美国 1945 年 11 月的《扩展世界贸易和就业的建议》则明确提出，来自政府以及私人联盟或卡特尔的限制是影响国际贸易规模的原因之一，要求"从事外国贸易的政府机构对友好国家的商业提供公平待遇，其购销应该是基于经济的理由，要避免使用进口垄断对国内生产者提供过度的保护"，建议"确立所有国家都接受且对各方都有益的公平原则"。④ 美国最早拟定的国际贸易组织宪章草案包括非歧视、进出口的扩展贸易等三条国营条款。⑤ 英美就"二战"后的全球商业政策合作达成基本共识后，美国巧妙地利用联合国机制促成多边贸易规则的落地实践。美国于 1945 年向联合国经社理事会提议召开世界贸易与就业会议，倡议各国协调贸易政策、成立国际贸易组织；1946 年 2 月，联合国经社理事会接受美国的建议成立了筹备委员会，并指定美国、中国、法国、澳大利亚、古巴、捷克等国为筹备委员会成员。美国于 1946 年 10 月的伦敦会议上提交了国际贸易组织宪章草案。1947 年 11 月至

---

① Douglas A. Irwin, Petros C. Mavroidis, Alan O. Sykes, *The Genesis of the GATT*, Cambridge University Press, 2013, p. 12.

② Douglas A. Irwin, Petros C. Mavroidis, Alan O. Sykes, *The Genesis of the GATT*, Cambridge University Press, 2013, pp. 12-13.

③ Craig VanGrasstek, The History and Future of The World Trade Organization, p. 43.

④ US Department of State, Proposals for Expansion of World trade and Employment, November 1945, https：//www. worldtradelaw. net/misc/ProposalsForExpansionOfWorldTradeAndEmployment. pdf. download#page = 8, last visited on December 7, 2023.

⑤ US Department of State, Suggested Charter for an International Trade Organization of United Nations, September 1946, https：//www. worldtradelaw. net/document. php? id = misc/Suggested% 20Charter. pdf, last visited on December 7, 2023.

1948 年 3 月在哈瓦那举行的联合国贸易和就业会议审议并通过了《哈瓦那宪章》。① 不过,《哈瓦那宪章》却因美国政府未向国会提交批准而流产,唯有其中的第四部分"商业政策"与关税减让成果一起形成《关税及贸易总协定》(GATT)并临时适用至 1995 年 WTO 成立。② 《哈瓦那宪章》中的国营条款主要体现在第四章"商业政策"第四节"国营贸易与相关事项"中,即第 29 条非歧视待遇、第 30 条"市场/营销组织"、第 31 条和第 32 条"对非商业库存的清算"。③ 不过,后来只有非歧视条款变成 GATT 第 17 条。GATT 国营条款在后来适用中所出现的很多问题都曾在《哈瓦那宪章》的起草中受到热烈的讨论。比如,1946 年伦敦会议上的伦敦代表曾提出,通过使用一个简单的控制标准来界定国营企业,任何被国家有效控制的企业都应被认定为国营企业;要求国营企业在购买产品时尊重最惠国纪律,应该根据商业考量(价格、质量等因素)而行动。④

## (二) 国营条款创设中的和平与自由基因

战火中形成的国营条款具有极为特殊的和平与自由的基因。英美两国创设多边贸易体制的一个重要动机就是想通过各国的经济合作实现世界和平,国营条款同样具有突破意识形态和利益冲突而实现和平合作的功能。一方面,1941 年的《大西洋宪章》除了提到合作消除战争外还同时提到了战后的经济合作。该宪章第 1、6 和 8 条提到通过消除纳粹暴政和放弃使用武力以实现"既定和平"的战时目标,然而,其第 4 条和第 5 条却是关于经济的规定。其中第 4 条规定,"要

---

① WTO, Final Act and Related Documents of United Nations Conference on Trade and Employment Held at Havana of Cuba From November 21 of 1947 to March 24 of 1948, https: // www. wto. org/english/docs_e/legal_e/havana_e. pdf, last visited on December 7, 2023.

② Georgetown Law Library: From the GATT to the WTO: A Brief Overview, https: // guides. ll. georgetown. edu/c. php? g = 363556&p = 4108235, last visited on December 7, 2023.

③ WTO, Final Act and Related Documents of United Nations Conference on Trade and Employment Held at Havana of Cuba From November 21 of 1947 to March 24 of 1948, https: // www. wto. org/english/docs_e/legal_e/havana_e. pdf, last visited on December 7, 2023.

④ Douglas A. Irwin, Petros C. Mavroidis, Alan O. Sykes, *The Genesis of the GATT*, Cambridge University Press, 2013, p. 159.

在尊重现有义务下，努力促使所有国家，不分大小，战胜者或战败者，都有机会在同等条件下，为了实现它们经济的繁荣，参加世界贸易和获得世界的原料"。第 5 条规定，"他们希望促成所有国家在经济领域内最充分的合作，以促进所有国家的劳动水平、经济进步和社会保障"。另一方面，促成多边贸易体系构建的主要是英美两国重要的经济学家和官员，他们信奉经济合作有助于实现世界和平。英美两国在经贸合作方式、帝国特惠、国营贸易等具体问题上仍有很大的分歧，两国的分权政治结构、党派之争等因素则增加达成共识的难度。① 1941 年至1946 年间，英美双方的官员和经济学家频繁往返于两国展开艰难的谈判，其中一些具有国际化视野的官员和经济学家对战后贸易政策的形成发挥了重要作用，比如美国罗斯福政府的国务卿赫尔、英国战时内阁秘书处经济部的经济学家詹姆斯·米德等。科德尔·赫尔（Cordell Hull）是美国南部的一位民主党政治家，是美国历史上任期最长的国务卿，被认为是推动国际贸易问题开展合作的一位先驱者。他于 1916 年就提议在世界各国之间促进公平、友好的贸易关系，被罗斯福任命为国务卿后长期并深刻影响了美国国务院的贸易政策，促使美国从保护主义走向自由贸易主义的《互惠贸易法案》就是在他的规划和帮助下通过的。② 英国战时内阁秘书处经济部中有经济学家莱昂内尔·罗宾斯、詹姆斯·米德、J. 马科斯·弗莱明等。其中，米德曾任牛津大学的经济学讲师，他于 1940 年发表《持久和平的经济基础》并提出"国际冲突的原因在本质上是经济，国际组织只有建立在稳定、公正和高效的经济基础上才能实现其首要的政治任务"。米德因完成了两卷经典著作《国际经济政策理论》而获得了 1977 年诺贝尔经济学奖。

早期的多边贸易体系以及国营条款受到美国自由市场经济和公平竞争理念的影响。早在商谈国际商业联盟时，英美就有不同立场，英国希望保留国营贸易，而美国则希望对其制定规则。英国经济学家、官员米德于 1942 年 7 月撰写的《关于建立国际商业联盟的建议案》提出，要普遍取消国际商业限制，但提议

---

① Douglas A. Irwin, Petros C. Mavroidis, Alan O. Sykes, *The Genesis of the GATT*, Cambridge University Press, 2013, pp. 22-27.

② Douglas A. Irwin, Petros C. Mavroidis, Alan O. Sykes, *The Genesis of the GATT*, Cambridge University Press, 2013, pp. 9-11.

"为国营贸易预留空间"，要求贸易壁垒的多边削减"不与国营贸易体制相冲突"。① 由于英国指望美国能提供战争援助这一特殊情势使得其不得不对美国做出更多的妥协。美国以公平竞争的理念和反垄断法的思路设计国营条款，并影响了多边贸易体系国营条款的形成。美国于 1943 年 12 月开始起草贸易建议案，其对外经贸政策执行委员会的主管迪安·艾奇逊 1944 年 11 月在国会作证，首次公开讨论美国政府的战后商业政策规划，其中就提到要"制定关于政府垄断和国营贸易的公平贸易规则，包括私营企业占据主导地位的各国贸易以及由国家管理的对外贸易"。② 美国于 1945 年 11 月起草的《扩展世界贸易和就业的建议》的第 26~28 条分别规定了"对国营企业的非歧视管理""国家垄断产品的贸易扩展""国家完全垄断的进口贸易的贸易扩展"。③ 该建议稿还提出，来自政府以及私人联盟或卡特尔的限制是影响国际贸易规模的原因之一，要求从事外国贸易的政府机构（agencies of governments）对友好国家的商业提供公平待遇，其购销应该是基于经济的理由，避免使用进口垄断对国内生产者提供过度的保护，建议"确立所有国家都接受且对各方都有益的公平原则"。④ 美国最初设计的规则和立场影响了《哈瓦那宪章》相关条款的内容。美国认为要以非歧视、公平贸易等理念规制国企，主张尽量减少国营企业、国营贸易必须遵循非歧视和商业考量的要求、扩展贸易与保持供需平衡。这几乎奠定了后来 GATT 中适用了半个多世纪的国企条款的规制框架。美国之所以重视对国营贸易进行非歧视和公平贸易规制，主要是受其国内反垄断法以及规范政府限制竞争行为的理念与实践的影响。美国宪法中有著名的"休眠贸易条款"（又被称为"商业管制权"），其授予国会享有州

---

① Douglas A. Irwin, Petros C. Mavroidis, Alan O. Sykes, *The Genesis of the GATT*, Cambridge University Press, 2013, pp. 28-29.

② Douglas A. Irwin, Petros C. Mavroidis, Alan O. Sykes, *The Genesis of the GATT*, Cambridge University Press, 2013, p. 51.

③ US Department of State, Proposals for Expansion of World trade and Employment, November 1945, https://www.worldtradelaw.net/misc/ProposalsForExpansionOfWorldTradeAndEmployment.pdf. download#page=8, last visited on December 7, 2023.

④ US Department of State, Proposals for Expansion of World trade and Employment, November 1945, https://www.worldtradelaw.net/misc/ProposalsForExpansionOfWorldTradeAndEmployment.pdf. download #page=8, last visited on December 7, 2023.

际贸易管制权和对外贸易管制权，目的是为了制止地方保护主义和商业歧视，在各州之间创造自由的贸易体制。美国最高法院将其解释为，如果各州监管州际贸易的法律偏袒本州企业，该法律就会被视为无效。① 同时，美国有发达的反垄断法传统，其1890年推出的《谢尔曼法》、1914年的《克莱顿法》《联邦贸易委员会法》共同构成美国系统化的竞争法体系，成为推行自由经济和公平竞争的重要工具。美国这些法律制度反映了反对政府滥用权力干预经济、确保公平竞争的重要理念，其正是美国构建自由竞争、自由贸易的多边贸易体系的思想来源。

## 二、多边贸易体系初现国企条款的原因

对国企进行规范并非21世纪的新问题，"二战"后期英美等国就已高度关注国营贸易问题并成功设计了规制框架。那么，为何国营企业在多边贸易体系构建初期就受到重视？主要有下述三个方面的原因。

第一，国营经济属于20世纪上半叶极为特殊和普遍的国际经济现象，必然成为国际经贸规则创设中不可忽视的对象。国营贸易曾是许多经济体普遍存在的现象，无论是发达国家还是发展中国家都可能借其实现农业政策目标或者工业战略目标。② "二战"时期及"二战"后的经济复苏建设和冷战都催生了国家对国营贸易、国家控制经济手段的需求。美国在"二战"期间就有很多大型的国家贸易商，比如金融复苏公司（美国政府公司）之下的美国橡胶储备公司在1941年6月后就负责采购所有的橡胶进口；农业部下的商品信贷公司也广泛参与国外采购活动。③ 1945年，欧洲大陆的多数国家仍通过采购团在美国集中采购，美国为照顾其国内外贸团体的利益不得不要求比利时、法国、希腊、意大利、波兰以及苏、英、中等外国政府采购委员会在过渡期后终结国营性质的采购。④ "二战"后美对欧经济援助计划以及美苏两大阵营对抗的情势，又使得政府主导型经济不

① 应品广：《法治视角下的竞争政策》，法律出版社2013年版，第45页。

② WTO, Technical Information on State Trading Enterprises, https：//www.wto.org/english/tratop_e/statra_e/statra_info_e.htm, last visited on December 7, 2023.

③ Document from the CQ Researcher Archives：State Trading, https：//library.cqpress.com/cqresearcher/document.php? id=cqresrre1947121200, last visited on December 7, 2023.

④ John N. Hazard, State Trading in History and Theory, *Law and Contemporary Problems*, Vol. 24, 1959, p. 252.

时成为各国政府斗争的工具。① 因而，起草和谈判国际经贸规则的国家显然意识到此类客观情形，自然会在规则设计时将国营贸易与其他贸易限制措施的规制问题一并考虑。

第二，国营经济会影响贸易自由化目标的实现。早在《哈瓦那宪章》起草时期，各国就认识到要实现贸易自由化就得解决五种贸易壁垒问题，即关税、海关手续、数量限制、国家垄断产品贸易与补贴。② 这是因为经营国家专控产品的单位具有垄断地位，其经营方式有可能构成一种变相的关税或独特的数量限制，如果不加以规范就会变成逃避关税减让约束与禁止数量限制的规定。③ 美国1948年3月国会内部文件《〈哈瓦那宪章〉的指引》就透露出专门设计国营贸易条款的意图，它提出，如果没有《哈瓦那宪章》第29条的非歧视规定，第16条的非歧视规则就会被国企绕过；如果没有第30条相关的规定，国营进出口垄断就相当于绕过关税，直接起到关税的作用。④

第三，国营经济涉及多边贸易体系对过渡经济体、非市场经济体的兼容性问题，即能否接收非市场经济阵营的国家问题。这一问题后来被"WTO之父"杰克逊认为是对GATT体系挑战最大也是最重要的问题。⑤ "二战"后的国际贸易体系主要建立在自由市场和自由贸易的基础上，⑥ 那么，它能否接纳苏联阵营的非市场经济体？联合国经济及社会理事会于1946年成立的筹备委员会成员，亦即后来GATT的23个创始缔约方就包括捷克斯洛伐克、古巴、中国、澳大利亚、英国、美国、南非等不同的国家。⑦ 1946—1947年是《哈瓦那宪章》讨论的关

---

① John N. Hazard, State Trading in History and Theory, *Law and Contemporary Problems*, Vol. 24, 1959, p. 243.

② 赵维田：《世贸组织（WTO）的法律制度》，吉林人民出版社2000年版，第195页。

③ 赵维田：《世贸组织（WTO）的法律制度》，吉林人民出版社2000年版，第196页。

④ US Depart of State, A Guide to the Study of the ITO Charter, https：//play. google. com/books/reader？id=pjQxAAAAIAAJ&hl=zh_CN&pg=GBS. PP3, last visited on December 7, 2023.

⑤ John H. Jackson, *The World Trading System*, *Law and Policy of International Economic Relations*, The MIT Press, 1997, pp. 284-285.

⑥ Craig Vangrasstek, *The History and Future of the World Trade Organization*, WTO Publication, 2013, pp. 15-16.

⑦ WTO, Fiftieth Anniversary of the Multilateral Trading System, https：//www. wto. org/english/thewto_e/minist_e/min96_e/chrono. htm, last visited on December 7, 2023.

键期间，也恰是铁幕演说及"杜鲁门主义"揭开冷战及两大阵营对立的时期。1946 年 3 月 5 日，前英国首相温斯顿·丘吉尔发表铁幕演说，1947 年 3 月 12 日美国"杜鲁门主义"出台，这通常被认为是以美国为主的资本主义阵营与以苏联为主的社会主义阵营之间的冷战正式开始。那么，新体系能否让制度和意识形态差异极大的经济体进行国际经贸合作？1947 年日内瓦会议上，偏向共产主义阵营的捷克斯洛伐克积极参与国企条款的谈判，它认为 GATT 应允许政治、经济或社会结构不同的国家和平合作，GATT 的参与不限于市场经济体，要求对条款作出修改以确保国营企业的活动空间。① 法国反对纳入此类灵活性条款，要求国企条款确保国企像私企一样行为。② 最后，各方经过谈判和妥协，形成了可以容纳不同国家进行经贸合作的国营条款。从思想根源上看，这很可能与"二战"后世界秩序安排的"全球治理"理念相关，国际联盟的失败教训和杜绝法西斯主义的现实需求促成了新的全球政治和经济制度构想。③

## 第二节　20 世纪国企条款的规制框架及运作

### 一、20 世纪国企条款概述

#### （一）20 世纪国企条款的体现

20 世纪国企条款主要源于 1947 年关贸总协定的谈判、历经数次多边回合谈判以及新成员加入的谈判内容。GATT/WTO 多边体系中涉及国企条款内容通常被认为散见于 GATT 第 17 条、1994 年的解释性文件、GATS 第 8 条、《农业协

---

① Douglas A. Irwin, Petros C. Mavroidis, Alan O. Sykes, *The Genesis of the GATT*, Cambridge University Press, 2013, p. 160.

② Douglas A. Irwin, Petros C. Mavroidis, Alan O. Sykes, *The Genesis of the GATT*, Cambridge University Press, 2013, p. 160

③ 参见约翰·伊肯伯里著，门洪华译：《大战胜利之后：制度、战略约束与战后秩序重建》，北京大学出版社 2008 年版，第 161~163 页。

定》《补贴与反补贴措施协定》等①，也包括一些成员加入议定书中的条款，尤其是"超 WTO 义务"条款。其中，GATT 第 17 条"国企条款"又被称为"国营条款"，是规范国有企业国际贸易活动的基本条款。该条有四款内容，其中第 1 款规定非歧视待遇要求和商业考量规则；第 2 款规定对直接或最终供政府消费使用的产品的排除适用；第 3 款规定各方对国营企业易对国际贸易造成严重障碍的确认以及承诺日后谈判以限制或减少障碍；第 4 款规定通知义务。《补贴与反补贴措施协议》与国企相关的规则是，公共机构不可提供不合规的补贴。这些国企条款主要涉及货物和服务贸易领域，规则的核心内容主要包括非歧视待遇、透明度和公平贸易救济三大方面。国企条款规则的内涵不仅体现在文本上，还往往体现在早期的规则谈判历史以及丰富的司法实践中。

GATT/WTO 贸易体系中的国企条款的存续表明，在对待国营企业的态度上，GATT 认可其存在的必要性和必然性，允许其参与国际贸易活动，并反对在多边贸易体系中歧视国营企业。1964 年 3 月，埃及代表要求对 GATT 第 17 条进行解释时提出，"在解释总协定第 17 条所载的规定时，缔约方应同情地顾及发展国家必须利用国家贸易企业作为其在发展早期阶段克服困难的一种手段"。② 涉及最不发达国家的关贸总协定的法律和制度框架委员会同意其主张，称，"第 17 条中没有任何规定阻止缔约方建立或维持国有贸易企业，GATT 也不支持对国有贸易企业的歧视，国有企业与任何其他企业受同等对待"。③

## （二）国企条款的性质和规制目的

规制国有企业贸易的目的是为了避免其特权和垄断成为变相的贸易壁垒，它

---

① Petros C. Mavroidis and Thomas Cottier, State Trading in the Twenty-First Century: An Overview, in *World Trade Forum: State Trading in the Twenty-First Century*, edited by Thomas Cottier, P. C. Mavroidis, Krista Nadakavukaren Schefer, University of Michigan Press, 1998, pp. 4-7.

② WTO, GATT Analytical Index (pre-1995) Article Xvii State Trading Enterprises, p. 472, https://www.wto.org/english/res_e/publications_e/ai17_e/gatt1994_art17_gatt47.pdf, last visited on December 7, 2023.

③ WTO, GATT Analytical Index (pre-1995) Article Xvii State Trading Enterprises, p. 472, https://www.wto.org/english/res_e/publications_e/ai17_e/gatt1994_art17_gatt47.pdf, last visited on December 7, 2023.

本身属于"防规避"的条款。GATT 并不反对也不关注国营企业的存在或组织形式，但会重点关注其运营状况和对贸易的影响，原因在于国营贸易的垄断或特权可能会构成类似于关税或数量限制等限制措施。赵维田教授指出，国家专营的实体进行进出口贸易的垄断就相当于变相的关税或数量限制措施。① 加拿大小麦出口和谷物进口案的上诉机构就称，GATT 第 17.1（a）条旨在避免 WTO 成员通过创建国有企业或授予独家垄断、特权而从事歧视性的行为，上诉机构直接将第 17.1（a）条称为是"一个'反规避'条款"（anticircumvention provision）。② 1989 年的"美国诉韩国限制牛肉进口案"中，美国就认为韩国政府构建的负责管理牛肉进口限制的"牲畜产品营销组织"构成影响贸易自由化的变相壁垒，其存在会影响外国牛肉的进口。③

　　详细讨论国有企业贸易条款规制垄断的另一典型案件是 1992 年加拿大省级市场营销机构进口、分销和销售某些酒精饮料案。④ 该案的专家组报告审查了加拿大省级酒类委员会在啤酒内部运输垄断方面的措施，详细分析了为何垄断要受到规制的原因。专家小组指出，该案的问题不在于加拿大是否有权对啤酒的进口、内部运输和销售建立政府垄断，GATT 并不反对加拿大建立进口、销售和运输垄断的企业；关键要点在于加拿大决定建立一个啤酒内部运输的垄断时，如何使国内啤酒的运输不受这种垄断的影响。专家组注意到，GATT 第 3.4 条⑤并没有将两种措施予以区别，即，由政府垄断企业实施的影响进口产品内部运输的措施和以管理私人贸易的条例形式实施的措施；GATT 第 2.4 条、第 17 条、第 11～14 条、第 18 条都明确表明规则的起草者不允许缔约方以垄断的方式管制贸易从

---

　　① 赵维田：《世贸组织（WTO）的法律制度》，吉林人民出版社 2000 年版，第 196 页。

　　② Canada-Wheat Exports and Grain Imports（WT/DS276/AB/R），para. 85.

　　③ Republic of Korea-Restrictions on Imports of Beef-Complaint by the United States，Report of the Panel Adopted on 7 November 1989（L/6503-36S/268），para. 32.

　　④ Canada-Import, Distribution and Sale of Certain Alcoholic Drinks by Provincial Marketing Agencies Report by the Panel Adopted on 18 February 1992（DS17/R-39S/27）.

　　⑤ GATT 第 3.4 条规定，"任何缔约方领土的产品进口至任何其他缔约方领土时，在有关影响其国内销售、标价出售、购买、运输、分销或使用的所有法律、法规和规定方面，所享受的待遇不得低于同类国产品所享受的待遇。本款的规定不得阻止国内差别运输费的实施，此类运输费仅根据运输工具的经济营运，而不根据产品的国别"。

而影响 GATT 规范私人贸易的规则。最后，专家组认定，加拿大有权允许销售、进口啤酒垄断的企业同时享有运输垄断，但它不能无条件地禁止私人运输进口啤酒，不能以与 GATT 第 3.4 条国民待遇规则不一致的、影响国内运输的条例歧视进口啤酒。① 可见，GATT 的早期司法实践表明，GATT 并不反对一国国内政府的垄断措施，但是如果该国内的政府垄断措施构成了变相的歧视待遇，那么就仍会受到 GATT 的规制。换言之，国企垄断或政府垄断措施之所以会受到 GATT 的规制，原因在于其可能构成变相的贸易壁垒。

## （三）国有企业的定义与范围

GATT 对国有企业的定义与范围规定得并不明确。一方面，GATT 国营贸易条款并没有对"国营企业"进行明确的界定。伦敦和纽约的宪章草案中曾在国有贸易企业的非歧视性条款中给出了"国有企业"明确的定义，但是日内瓦会议在讨论时则删除了这一定义，而审议国营贸易条款的哈瓦那会议小组委员会则提出，"案文中的'国有企业'一词不需要任何特殊定义，一般的理解是，该术语主要包括任何从事买卖的政府机构（agency of government）"。② 故而，GATT/WTO 体系一直没有对国营企业/国有企业进行明确定义的条款。另一方面，GATT 的国营条款所规制的实体范围广泛，主要是针对具有政府特权或垄断特权的企业。GATT 第 17 条以"国营贸易企业"为名，但是条文内容中所罗列的实体却包括"国有企业"（state enterprise）、"专属或特权企业"、"营销委员会"（marketing board）；缔约方管辖下的"任何企业""进口垄断"等。《关于解释1994 年关税与贸易总协定第 17 条的谅解》的第 1 条在提及国营贸易企业的透明度义务时，也提出"国营贸易企业"涵盖"被授予包括法定或宪法权力在内的专有权、特殊权利或特权的政府和非政府企业，包括销售局"。《服务贸易总协

---

① Canada-Import, Distribution and Sale of Certain Alcoholic Drinks by Provincial Marketing Agencies Report by the Panel Adopted on 18 February 1992（DS17/R-39S/27），para. 5. 15.

② WTO, GATT Analytical Index（pre-1995）Article XVII State Trading Enterprises，p. 472，https：//www. wto. org/english/res_e/publications_e/ai17_e/gatt1994_art17_gatt47. pdf，last visited on December 7, 2023.

定》第8条"垄断和专营服务提供者"则明确规定，WTO成员的任何垄断服务提供者在有关市场提供垄断服务时，不得违反最惠国待遇和具体承诺下的义务；要求成员的垄断提供者不滥用其垄断地位在其领土内以与承诺不一致的方式行事。WTO甚至强调，第17条所规制的对象不一定是国有企业也不必具有垄断地位，重要的标准是该企业是否享有排他或特殊的权利或特权，并且在进行买卖活动时因行使特权而影响进出口。[①] 从本质上看，多边贸易体系国企条款所欲规制的对象是一种具有政府特权或垄断特权的企业或政府机构。

## （四）国营企业的判断标准

在判断某一企业是否为国有或政府代理人时，一直存在是以国有股比例或政府控制等因素作为判断标准的争论。但是从GATT的发展史看，多边贸易协定其实具有以"实质控制"作为国企判断标准的倾向。有学者指出，GATT第17条对国有企业的认定关注的是"授权"和"职能"而非以"所有权"为一般标志的"控制"。[②] 美国早期提供的宪章草案在国家贸易一节中包含以下定义："国有企业（state enterprise）应被理解为成员国政府直接或间接对其经营行使实质性控制的任何企业"。伦敦会议的报告指出，一些代表在伦敦会议的筹备委员会上提出希望添加《有效控制此类企业的贸易运营》一文，也有人提出"政府对某些企业授予独家或特权，那么政府就应该对这些行使了有效控制的企业的对外贸易承担责任"。[③] 乌拉圭回合谈判沿袭了这一思路，并不强调国有企业的所有权，而是着重于"已被授予排他或特别优先权，包括法定或宪法性权力"，以及其在国内市场中的"通过购买或销售对进出口的程度或方向施加影响力"。[④]

---

① WTO, Technical Information on State Trading Enterprises, https：//www.wto.org/english/tratop_e/statra_e/statra_info_e.htm, last visited on December 7, 2023.

② 毕莹：《国有企业规则的国际造法走向及中国因应》，载《法商研究》2022年第3期，第173页。

③ WTO, GATT Analytical Index（pre-1995）Article Xvii State Trading Enterprises, p. 472, https：//www.wto.org/english/res_e/publications_e/ai17_e/gatt1994_art17_gatt47.pdf, last visited on December 7, 2023.

④ 参见毕莹：《国有企业规则的国际造法走向及中国因应》，载《法商研究》2022年第3期，第173页。

## 二、非歧视待遇要求

### (一) 国企条款中的非歧视待遇规则

国有企业条款最主要的规则内容就是非歧视待遇要求，体现在 GATT 第 17.1 条中。该条文文本如下：

第 17 条　国营贸易企业

1. (a) 每一缔约方承诺，如其建立或维持一国营企业，无论位于何处或在形式上或事实上给予任何企业专有权或特权，则该企业在其涉及进口或出口的购买和销售方面，应以符合本协定对影响私营贸易商进出口的政府措施所规定的非歧视待遇的一般原则行事。

(b) 本款 (a) 项的规定应理解为要求此类企业在适当注意本协定其他规定的前提下，应仅依照商业因素进行任何此类购买或销售，包括价格、质量、可获性、适销性、运输和其他购销条件，并应依照商业惯例给予其他缔约方的企业参与此类购买或销售的充分竞争机会。

(c) 缔约方不得阻止其管辖范围内的企业 (无论是否属本款 (a) 项所述企业) 依照本款 (a) 项和 (b) 项的原则行事。

国企条款的非歧视待遇内容主要是指国营企业在涉及进口或出口的购买和销售方面，应遵循政府对影响私营贸易商进出口的同等规则。该规则的范围最初只包括最惠国待遇，后来才逐渐扩展至国民待遇要求。美国提交的宪章草案第 26 条规定，国有企业在其他成员国之间同等提供的"非歧视性待遇"。在《伦敦宪章草案》中，不歧视义务被表述为："其他成员的商业应被给予不低于所给予任何其他国家商业的优惠待遇。"① 日内瓦会议的版本则插入了"以符合非歧视待遇的一般原则的方式行事"一语，以避免将"商业考虑"解读为在不同市场中

---

① London Report of the First Session of the Preparatory Committee of the United Nations Conference on Trade and Employment, p. 32.

还必须存在完全相同的价格。① 在非歧视待遇规则的内容范围是否同时包括最惠国待遇和国民待遇这一问题上曾长期存在争议。早期的美国建议文本第 26 条和伦敦会议草案第 31 条表明，美国认为非歧视待遇原则仅指内外一视同仁而不包括国民待遇，缔约国的国营贸易购销行为如果是基于商业考虑就相当于承担了最惠国义务。②

国有企业非歧视待遇规则的内容范围曾引发争议。1952 年挪威和丹麦诉比利时关于家庭补贴（family allowances）的争端案中，专家组就裁定，第 17.2 条关于政府采购适用例外的规定仅指向第 1 款所规定的商业考虑，而不应延伸到第 3 条国民待遇的相关义务内容，而 GATT 秘书处报告也支持了这一解释。③ 1984 年关于加拿大-管理外国投资审查法案的专家小组报告则指出，GATT 第 17.1（a）条规定的非歧视待遇原则只包括最惠国待遇而没有国民待遇义务，该案的专家组之所以没有对其进行进一步分析是因为相关的购买承诺行为已经违反了第 3.4 条国民待遇的规定。④ 在乌拉圭回合中，美国及一些成员曾建议有关国营贸易企业纪律的谈判应就国民待遇原则的适用达成一致，但由于谈判重点放在国营贸易企业的界定和透明度问题上，最终达成的《关于解释 GATT1994 第 17 条的谅解》第 1 段对此仅作了笼统阐述。⑤ 尽管存在争议，WTO 成立后的司法实践表明，各方逐渐达成共识认为国企条款的非歧视待遇除了包括最惠国待遇外，还包括了国民待遇。比如，2000 年韩国-牛肉各项措施案的专家组声称，第 17.1（a）条规定的国家贸易企业不歧视义务至少包括 GATT 第 1 条最惠国待遇条款和第 3 条国民待遇条款的规定。⑥

①　EPCT/160, p. 5-6; EPCT/A/PV. 14, p. 24.

②　参见张斌：《国有企业商业考虑原则：规则演变与实践》，载《上海对外经贸大学学报》2020 年第 4 期，第 24 页。

③　Belgian Family Allowances（Allocations Familiales），Report Adopted by the Contracting Parties on 7 November 1952（G/32-1S/59），para. 4.

④　Canada-Administration of the Foreign Investment Review Act, Report of the Panel adopted on 7 February 1984（L/5504-30S/140），para. 5. 16.

⑤　参见张斌：《国有企业商业考虑原则：规则演变与实践》，载《上海对外经贸大学学报》2020 年第 4 期，第 24 页。

⑥　Korea-Various Measures on Beef（WT/DS161/R，WT/DS169/R），para. 753.

## （二）　国企非歧视规则与商业考量规则之关系

关于非歧视待遇义务与商业考量规则之间的关系问题上，传统的国企条款规定商业考量属于非歧视待遇规则的一部分而非独立的条款。国企是否遵循了非歧视待遇义务的具体判断标准是商业考量，商业考量旨在澄清非歧视条款。对于商业考量规则是否一项独立的义务要求曾有激烈讨论。1984 年"加拿大外国投资审查法案管理局"专家组报告指出，GATT 第 17.1（a）条非歧视待遇义务主要体现在第 17.1（b）条，即，要求企业完全按照商业考虑进行购买和销售；同时专家组也提出，第 17.1（b）条的引言"本款（a）项的规定应理解为……"这一措辞说明第 17.1（b）条下"根据商业考量行事"的义务是从属于第 17.1（a）条的非歧视要求的，第 17.1（b）条要求企业根据商业考量行事并非一项单独的义务。① 专家组进一步指出这两项之间的适用顺序时称，只有确定相关的政府行动（governmental action）属于 GATT 所规定的非歧视性待遇问题后，才会结合案情分析商业考量标准的具体适用。② 后来的"美国诉加拿大小麦案"也表达了相似的观点，该案的上诉机构称，"确定一个国营企业的行为是否符合第 17.1 条非歧视待遇的要求，就涉及对差别待遇和商业考量的审查"。③

关于国有企业的商业考量规则讨论热烈的还有 1989 年的"美国诉韩国限制牛肉进口案"。该案中，美国诉称韩国所设立的负责管理牛肉进口限制的"牲畜产品营销组织"（LPMO）构成由国内生产商控制的进口垄断，违反了 GATT 第 11 条中独立的"进口限制"以及第 17 条国营贸易条款的内容。"牲畜产品营销组织"是韩国政府 1988 年设立的组织，其在韩国政府制定的数量限制框架内独家管理牛肉的进口，章程显示其目的主要是通过平稳的供需调整来稳定畜产品价格、支持畜牧养殖者和消费者，同时助力于改善韩国的国际收支平衡。"牲畜产

---

① Canada-Administration of The Foreign Investment Review Act，Report of the Panel adopted on 7 February 1984（L/5504-30S/140），paras. 5. 16-5. 18.

② Canada-Administration of the Foreign Investment Review Act，Report of the Panel adopted on 7 February 1984（L/5504-30S/140），para. 5. 16.

③ Canada-Measures Relating to Exports of Wheat and Treatment of Imported Grain（WT/DS276/AB/R），para. 94.

品营销组织"的董事会成员多数包括政府公职人员，包括农林水产省畜牧局局长、釜山畜产合作社会长、全国农业合作社联合会营销副会长、韩国饮食和生活改善运动全国总部总裁、韩国奶牛养殖者协会会长等 15 人。① 韩国农林水产省根据评估的国内牛肉产量和国内消费量等各种标准设定最高进口水平，再由LPMO 通过公开招标制度进口牛肉，再通过基于一定的基准价格在国内市场上拍卖牛肉。将大部分牛肉转售至国内市场。

　　该案中，美国认为"牲畜产品营销组织"违反 GATT 第 11.1 条和第 17 条规定的理由主要有三点：（1）建立和实施国家贸易垄断未能以中立和客观的方式进行，不符合按照第 17 条"商业考虑"的要求。（2）在涉及生产者控制的垄断情况下，可以推定该实体会通过限制进口竞争优先利益于国内生产商而不是"商业考虑"，LPMO 同时属于违反第 11 条的"其他限制性措施"。（3）政府构建会对贸易产生明显抑制作用的垄断会影响自由贸易。美国认为，只要有 LPMO 继续存在，贸易增加的可能性很小，类似组织的扩散将对世界贸易产生灾难性影响；专家组应该建议缔约方要求韩国取消该实体，并避免在未来建立类似的生产者控制的进口垄断企业。②

　　对此，韩国提出了两点抗辩理由。（1）LPMO 并不是国有贸易垄断企业。它无权独立决定进口到韩国的牛肉数量。韩国认为，牛肉的进口限制水平是由韩国政府决定的，LPMO 机制并不是单独的进口限制制度，LPMO 无权设置或修改牛肉进口限制数量，也无职责向韩国政府提出适度的牛肉进口水平的建议。相反，LPMO 只管理韩国政府规定的数量限制范围内的牛肉进口，仅是一个实施机制。③（2）生产者控制的进口垄断并不会构成贸易的额外障碍，韩国认为 LPMO 的存在并不影响政府对牛肉进行进口限制的正当性，因为 GATT 相关解释性说明表明，拥有国营贸易企业的国家仍可以像市场经济体一样基于国际收支平衡的原因

---

　　① Republic of Korea-Restrictions on Imports of Beef-Complaint by the United States, Report of the Panel adopted on 7 November 1989（L/6503-36S/268），paras. 22-24.

　　② Republic of Korea-Restrictions on Imports of Beef-Complaint by the United States, Report of the Panel adopted on 7 November 1989（L/6503-36S/268），para. 32.

　　③ Republic of Korea-Restrictions on Imports of Beef-Complaint by the United States, Report of the Panel adopted on 7 November 1989（L/6503-36S/268），para. 33.

实施进口限制。①

专家组认为，LPMO 已被授予牛肉唯一进口商的独家特权，必须遵守 GATT 第 11.1 条和第 17 条的规定。第 11.1 条是关于"普遍取消数量限制"的规定，要求任何缔约方不得对进出口的产品设立或维持除关税、国内税或其他费用之外的禁止或限制措施，包括配额、进出口许可证或其他措施。第 17 条允许设立或维持国营贸易企业，包括已被授予独家或特殊特权的企业。专家组认为 GATT 的规则不涉及组织或管理进口垄断，而仅限于规制它们的运作和对贸易的影响，韩国设立的生产者控制的进口垄断的存在本身并不能就被视为不符合 GATT 的单独进口限制。② 专家组最后认定韩国的牛肉进口限制措施违反了第 11.1 条第 17 条的规定，同时也不符合国际收支平衡的豁免理由，建议韩国取消或以其他合规的方式修改自 1984 和 1985 年引入并于 1988 年修订的牛肉进口限制措施。③

可见，无论是从条文的安排还是 GATT/WTO 实践案例看，商业考量规则是依附于非歧视规则而非一项单独的义务要求，是判断是否违反歧视规则的重要判断标准。是否真正存在歧视待遇，就要看某一措施行为是否在定价、质量、销售条件，以及出口市场之间存在歧视。

## （三）国企非歧视规则是否包括竞争法规制

尽管 21 世纪存在以竞争法规制国企可能引发的不公平竞争问题，但是 GATT 第 17 条并无竞争法规制的内容，也无意针对国企的竞争优势进行规制。在"美国诉加拿大小麦案"中，美国政府主张 GATT 第 17 条禁止国营贸易企业行使其享有的专有权或特权。美国认为，第 17 条承认国有企业拥有特权存在很大的风险，国有企业可能利用其特权对特定市场中的商业行为者不利、对贸易造成严重障碍，因而，为了消除国企滥用特权产生的风险，第 17.1（b）条要解读为要求

---

① Republic of Korea-Restrictions on Imports of Beef-Complaint by the United States, Report of the Panel adopted on 7 November 1989 (L/6503-36S/268), para. 33.

② Republic of Korea-Restrictions on Imports of Beef-Complaint by the United States, Report of the Panel adopted on 7 November 1989 (L/6503-36S/268), paras. 111-115.

③ Republic of Korea-Restrictions on Imports of Beef-Complaint by the United States, Report of the Panel adopted on 7 November 1989 (L/6503-36S/268), para. 131.

国有企业"完全按照商业考虑"行事。① 加拿大、澳大利亚、中国和欧洲共同体都不同意美国的推理，他们认为美国对第 17.1（b）条的解读会迫使国有企业避免利用它们可能享有的特权从而处于竞争劣势，但是，私营企业却可以召集并使用所有的市场力；美国的解释违背第 17.1 条关于成员有权建立和维护国有企业并授予他们专有或特殊的特权的明确规定。② 专家组认为美国的主张缺乏条文支持，扩大了该条的适用范围。上诉机构也否定美国将该条款解释为对国营贸易企业施加类似竞争法的全面性义务（competition-law-type obligations）的主张，认为第 17 条第 1 款所确立的纪律旨在禁止某些类型的歧视行为。③ 即，国营企业活动只要做到不歧视即可，而不考虑是否存在因公优势以及引发的不公平竞争问题。上诉机构甚至还声称，国营企业可以像私营企业一样有权利用其可能享有的优势来谋取其经济利益，第 17.1（b）条仅仅禁止国有企业出于非商业考虑进行买卖。④

总之，从价值效果上看，对国营企业进行非歧视约束，具有重大的进步意义。一方面，对国营企业贯彻非歧视要求有助于自由贸易目标的实现。国营企业容易通过利用政府权力来实现对 GATT 其他规则的规避，对国企与私企一视同仁，甚至更强调要遵守非歧视待遇，是一种有远见的"矫正"举措。GATT 时期的司法裁决也明确了第 17 条的核心规制要求，做出了与时代相符的解读。另一方面，第 17 条没有将商业考量作为一项单独的法律义务，也未明确提出公平竞争规制要求，是符合 20 世纪的时代要求。1947 年 GATT 成立之时，各国的国营贸易主要集中于进出口的专营，全球经济也主要以货物贸易而非服务贸易或投资为主，解决市场准入、削减关税壁垒问题并形成统一的国际大市场是当时最主要的任务。但是，随着时代的发展，GATT 第 17 条相对简单的非歧视待遇规则难以

---

① Canada-Measures Relating to Exports of Wheat and Treatment of Imported Grain（WT/DS276/AB/R），para. 146.

② Canada-Measures Relating to Exports of Wheat and Treatment of Imported Grain（WT/DS276/AB/R），para. 147.

③ Canada-Measures Relating to Exports of Wheat and Treatment of Imported Grain（WT/DS276/AB/R），paras. 148-149.

④ Canada-Measures Relating to Exports of Wheat and Treatment of Imported Grain（WT/DS276/AB/R），para. 149.

适应实践的需要，必须面临着革新的挑战。

## 三、透明度要求

### （一）GATT/WTO 透明度原则的基本要求

GATT/WTO 透明度要求一直被视为与国民待遇、最惠国待遇原则相提并论的重要原则。GATT/WTO 通过条文明确规定了透明度原则，同时也通过争端解决机构对某些案件的审理发展了该规则，使其成为国际经济法的理性基础和 WTO 法律秩序获得成功的重要因素。① 透明度要求各方公开其贸易管理行为及其执法依据，以使得外国的经济活动主体和政府能够了解一国的贸易管理政策并预判国际贸易风险。GATT/WTO 透明度制度的法律渊源包括 GATT 第 10 条和贸易政策审议机制（TPRM）这一专门的透明度机制。通知义务要求各国通过世贸组织与其贸易伙伴共享贸易措施信息。

GATT 早期的透明度制度内容主要是通知和公布，后来经过实践的发展，尤其是东京回合和乌拉圭回合关贸总协定的推进，透明度制度进一步制度化。GATT/WTO 透明度内容主要包括四大方面：（1）贸易政策和法规的公布。GATT 第 10 条"贸易条例的公布和实施"要求缔约方国内产品的海关归类或海关估价、关税税率、国内税税率和其他费用等任何涉及国际贸易的法律、法规、司法判决和行政裁定都应当应迅速公布，使各国政府和贸易商能够及时知晓；要求每一缔约方以统一、公正和合理的方式管理涉及国际贸易政策的所有法律、法规、判决和裁定。缔约方国内与国际贸易政策相关的法律一般要由政府在指定的公开出版发行的官方刊物上公布，以便公众及其他成员能及时知晓和获得。（2）通知。通知义务要求成员在事先或事后必须将其所采取的贸易措施通知 WTO 秘书处或相关的理事会、委员会或其他成员，通知的内容主要是政府所制定和采取的时限较短的具体贸易措施或某一特定事项。② （3）报告。报告主要针对成员在某一阶段或某一专题上的贸易政策的综合性通报，有利于获取各成员贸易政策的阶段性或

---

① 张潇剑：《WTO 透明度原则研究》，《清华法学》2007 年第 3 期，第 130 页。
② 全晓莲：《WTO 透明度原则研究》，厦门大学出版社 2012 年版，第 63 页。

专项性的综合信息。① （4）设立咨询点。如果某一成员就相关政策和法规请求其他成员提供详细情况，那么后者就应及时予以答复，并为此设立咨询点，为贸易政策查询提供制度上的保障和便利。GATT 第 10 条也可成为 WTO 的诉讼依据。比如，在中国诉美国反补贴反倾销措施案（DS 449）中，中国就 GATT 第 10 条为依据指控美国的 GPX 法案违反了透明度要求，上诉机构在澄清 GATT 第 10.2 条的法理基础和实际作用时就指出，该条款意在保障与贸易有关的法律法规在执行前的透明度，并以此保护贸易商对法律的合理期待，体现了法律中的正当程序原理。②

透明度对多边贸易合作意义重大。Robert Wolfe 指出，如果没有透明度，贸易协定就只是纸上谈兵，透明度下的信息披露有助于经济参与者和贸易伙伴了解规则是如何制定和产生的，可允许同行评估、确保决策公平。③ 《GATT 起源》一书也指出，"国际贸易合作一度被认为可以减少战争的发生，其原因之一就是它可以增加国家之间的交流。战略博弈理论表明，战争主要是起源于对国家利益和能力方面的信息不对称，而不是对战争成本的计算本身"④。

## （二）以标准问卷为主要的国企透明度制度

由于国企贸易活动具有较大的特殊性，GATT 一开始就在货物贸易领域明确提出透明度要求，体现于 GATT 第 17 条第 4 款的规定。该条规定国营贸易活动的透明度要求包括通知相关企业的进出口产品、进口加价或转售价格、如受不利影响可请求提供相关信息等。具体条文如下：

第 17 条

4.（a）各缔约方应将由本条第 1 款（a）项所述类型企业进口至各自领

---

① 全晓莲：《WTO 透明度原则研究》，厦门大学出版社 2012 年版，第 64 页。

② United States-Countervailing and Anti-dumping Measures on Certain Products from China（WT/DS449/AB/R），para. 4. 67.

③ Robert Wolfe, Letting the Sun Shine in at the WTO: How Transparency Brings the Trading System to Life, Staff Working Paper ERSD-2013-03, p. 1.

④ Douglas A. Irwin, Petros C. Mavroidis, Alan O. Sykes, *The Genesis of the GATT*, Cambridge University Press, 2013, p. 193.

土或自各自领土出口的产品通知缔约方全体。

（b）对不属第 2 条下减让对象的产品设立、维持或授权实行进口垄断的一缔约方，应在有关产品贸易中占实质性份额的另一缔约方的请求，应将最近代表期内该产品的进口加价通知缔约方全体，如无法进行此类通知，则应通知该产品的转售价格。

（c）如一缔约方有理由认为其在本协定项下的利益受到第 1 款（a）项所述企业经营活动的不利影响，在其请求下，缔约方全体可请建立、维持或授权建立该企业的缔约方提供关于其运用本协定条款情况的信息。

（d）本款的规定不得要求任何缔约方披露会阻碍执法或违背公共利益或损害特定企业合法商业利益的机密信息。

GATT 第 17 条所规定的国营企业贸易透明度规则自 1947 年开始实施适用，但由于该规定过于概括且没有强制约束力，该通知义务的执行效果不佳。于是 GATT 为其设定了第一个截止日期（1958 年 2 月），并开始为第 17 条第 4 款创设具体的配套执行机制，即以国企问卷模式收集国企信息。① 问卷模式是指由 GATT/WTO 设计标准问题清单，各缔约国依本国情况填写，最初的问卷源于 1957 年，后来经过 1960 年、1998 年、2003 年的修订。② 新的通知为了减轻成员的负担并鼓励成员履行义务，将通知的频率降低，仅要求成员国每两年填写并提交一份"新的且完整的"问卷调查答案并提交给货物贸易委员会，货物贸易委员会再将其分发给所有成员。其他成员如果有理由认为某一成员未充分履行其通知义务时可提出反向通知（Counter-notifications）。2003 年的问卷框架基本与以往相似，主要包括国营企业的情况、目的、运作以及市场结构等。③ 具体如表 1-1 所示。

---

① WTO, Technical Information on State Trading Enterprises，https：//www.wto.org/english/tratop_e/statra_e/statra_info_e.htm, last visited on July 1, 2022.

② WTO, Technical Information on State Trading Enterprises，https：//www.wto.org/english/tratop_e/statra_e/statra_info_e.htm, last visited on July 1, 2022.

③ WTO, Questionnaire on State-Trading，G/STR/3/Rev.1, 14 November 2003, https：//docs.wto.org/dol2fe/Pages/SS/directdoc.aspx? filename = Q：/G/STR/3R1.pdf&Open = True, last visited on December 7, 2023.

表 1-1　　　　　　　　　　**国有贸易调查问卷（2003 修订版本）**

| 一、列举国营贸易企业 | A. 国营贸易企业的名单 | |
| --- | --- | --- |
| | B. 受影响产品的描述（包括关税项目编号） | |
| 二、理由和目的 | A. 建立和维持国有贸易企业的原因或目的。 | |
| | B. 授予相关专有权或特殊权利的法律依据，包括法律规定、条文摘要或宪法权力 | |
| 三、国营贸易企业运作情况说明 | A. 提供国营贸易企业经营概况的说明 | |
| | B. 国营贸易企业享有的专有或特殊权利或特权的说明 | |
| | C. 允许进出口的国营贸易企业以外的实体类型以及参与的条件 | |
| | D. 国营贸易企业如何确定进出口水平 | |
| | E. 如何确定出口价格 | |
| | F. 如何确定进口产品的转售价格 | |
| | G. 长期合同是否与国营贸易企业谈判协商；国营贸易企业是否用于履行其与政府所签订的合同义务 | |
| | H. 市场结构简述 | |
| 四、统计信息 | | |
| 五、没有对外贸易的原因（视情况而定） | | |
| 六、附加信息（视情况而定） | | |

可见，国企的调查问卷内容相对比较简单，仅要求成员国提供国企设立的原因、获得特权或垄断的法律依据、对进出口贸易可能产生的影响等信息，成员国履行通知义务的主要方式就是填写并提交标准问卷。具体的工作流程后来在《关于解释 1994 年关税与贸易总协定第 17 条的谅解》中确定下来，即主要由成员各方填写国营贸易问卷履行通报要求，他方可提出反向通知；具体的运作则由国营企业工作组负责，包括审议通知、反向通知的接收与传递、评估国营企业的政策及对国际贸易的影响、制定会议纪要和工作报告、提供政府与国营企业关系的列

示清单等。① 此外，《关于解释 1994 年关税与贸易总协定第 17 条的谅解》第 5 条还明确要求，货物贸易理事会的工作组负责审议国营贸易问卷同时还应制定一份例示清单，表明政府与企业关系的类型，以及这些企业从事的可能与第 17 条的目的有关的活动类型。根据 WTO 官网资料显示，国企工作组只在 1996 年、1998 年、1999 年提供了列示清单，有限的资料仍在某种程度上显示出 WTO 对这一问题的认识。比如，1999 年的"政府和国营贸易企业以及这些企业参与的活动种类之关系的列示清单"就指出，《关于解释 1994 年关税与贸易总协定第 17 条的谅解》第 1 段所载的"国家贸易企业"包括三个基本要素：政府或非政府实体，包括市场营销委员会；授予该企业专有性或特殊权利或特权；通过企业的买卖对进出口的水平或方向产生的影响。② 该列示清单还表明，应进行通报的国有贸易企业通过政府授予特权、进行影响进出口水平和方向的活动而与政府存在特殊关系，而存在这类特殊关系的企业因为与政府之间存在互动关系就应该应该履行通知义务。③

## （三）对国有企业透明度制度的评价

WTO 指出，对国营企业提出通知的要求是为了使成员能够判断国营贸易企业在多大程度上替代了 GATT 所涵盖的其他措施（例如数量限制、关税和补贴），同时能让成员评估国有企业运营可能导致的贸易扭曲。④ 将透明度作为国营条款的内容之一同样具有时代进步性，但在执行效果上又存在一定的问题。

一方面，透明度有助于促进了解和交流，提升信任度，方便各方作出明智理

---

① WTO, Technical Information on State Trading Enterprises, https：//www. wto. org/english/ tratop_e/statra_e/statra_info_e. htm, last visited on December 7, 2023.

② WTO Working Party on State Trading Enterprises, Illustrative List of Relationships between Governments and State Trading Enterprises and the Kinds of Activities Engaged in by These Enterprises (G/STR/4 30 July 1999), p. 2.

③ WTO Working Party on State Trading Enterprises, Illustrative List of Relationships between Governments and State Trading Enterprises and the Kinds of Activities Engaged in by These Enterprises (G/STR/4 30 July 1999), p. 2.

④ WTO, Technical Information on State Trading Enterprises, https：//www. wto. org/english/ tratop_e/statra_e/statra_info_e. htm, last visited on December 7, 2023.

性的决策和选择。对于国营企业而言，各国政府参与经济的情况不易为外界知晓，透明度要求显得尤为重要。从内容和执行情况看，国企工作组能够保持持续的运作，定期公布会议纪要、工作报告，所整理的数据信息和分析有价值；问卷的问题清单设计合理，各国的答复有助于相互了解国营企业的情况及动态发展，反向通知的设计有助于推进书面上的友好交流和消除误会，比如 2017 年中国向美国提问为何通报中缺失某些年份的数据，美国通过国营工作组回复称，2014年的信息已经包含在 2016 年的报告中。①

另一方面，国企透明度规则因为过于注重自律而轻他律，执行效果参差不齐。WTO 指出，成员方要么不积极提交问卷通报，要么选择性地回答问卷或提供不完整的信息。② 各方都相互抱怨其他成员没有很好地执行透明度要求。比如，美国 1995 年的一份报告批评其他成员国的透明度差，指责 1980 年到 1994年间遵守第 17 条报告义务的年度最高答复率仅为 21%。③ 然而，WTO 1995 年的一份报告显示，在 1980 年至 1995 年美国只有在 1984 年和 1995 年进行了通报，而欧洲国家甚至是南美国家通报的频率都比美国高。④ WTO 中的透明度义务受多种因素的影响一直履行效果不佳，比如国内不同的制度安排和归责机制、贸易官员不了解国内复杂的项目或政策、理念上未将信息共享视为公共产品等。⑤ 而国营企业规制中的透明度义务履行效果更差的原因也很多，比如：相关定义不明、没有系统性和常规的审查机制、成员没有足够重视、落后国家能力的欠缺等。⑥

---

① WTO, State Trading Replies To Questions From China1 To The United States On Its State Trading Enterprises Notification, G/STR/Q1/USA/15, 11 May, 2017.

② WTO, Operations of State Trading Enterprises as They Relate to International Trade Background Paper by the Secretariat, G/STR/2, 26 October, 1995.

③ United States General Accounting Office, State Trading Enterprises：Compliance with the General Agreement on Tariffs and Trade, p. 3.

④ WTO, Operations of State Trading Enterprises as They Relate to International Trade, Background Paper by the Secretariat, G/STR/2, 26 October, 1995, pp. 23-24.

⑤ Robert Wolfe, Is World Trade Organization Information Good Enough？How a Systematic Reflection by Members on Transparency Could Promote Institutional learning, available at https：// papers. ssrn. com/sol3/papers. cfm？abstract_id = 3299015, pp. 6, 7, 14, last visited on December 7, 2023.

⑥ WTO, Operations of State Trading Enterprises as They Relate to International Trade, Background Paper by the Secretariat, G/STR/2, 26 October, 1995, pp. 9-10.

但最根本的原因在于透明度要求重自律、轻执行监督，缺乏机制化的跟踪、监督及惩罚措施，这些缺陷都很容易减弱其约束效力和执行效果。

### 四、公平贸易要求

20世纪国企条款关于公平贸易的要求主要体现在《补贴与反补贴措施协议》相关规定上。为实现公平贸易和公平竞争，WTO框架下允许存在反倾销、反补贴和保障措施这三类贸易救济措施。一般而言，采取的"贸易救济"措施表现为：经过国内产业或其代表申请或者经一国主管当局认为有必要而自行发起之后，主管当局发起一项反倾销、反补贴或者保障措施调查，最终确定对外国进口加征关税或者实行配额管理（保障措施中可能二者并用）。但这三类措施又极易变成保护主义，故而WTO制定了《反倾销协议》《补贴与反补贴措施协议》（SCM）和《保障措施协议》对其进行规范。其中，根据《补贴与反补贴措施协议》的规定，认定一项可诉补贴的法律要件包括补贴提供者、财政利益的获得、专向性、实质性损害、因果关系。可见，"补贴提供者"在反补贴措施与规制中至关重要，其中与国企紧急相关的就是国企是否属于公共机构的定性问题。

从法律文本上看，涉及国企补贴的规定主要体现在《补贴与反补贴措施协议》第1条关于"补贴的定义"中。该条规定，补贴是指存在由政府或任何公共机构提供的财政资助或者任何形式的收入、价格支持而授予一项利益。这一条款规定的补贴提供者包括三类：政府（government）、公共机构（public body）、受到政府委托或指示的私营机构（private body）。显然，与"政府""私营机构"相比，"公共机构"的概念无论从内涵还是外延上看都是最为模糊的。国家或政府全资或多数控股的企业和银行是否可认定为公共机构？这类企业和银行从事贷款、投股、贷款担保、提供货物或服务的活动，是否会构成《补贴与反补贴措施协议》意义上的"政府或公共机构"提供"财政资助"的行为？不同国家的立场各不相同。私有经济占主导地位、市场自由化程度高的欧美等发达国家倾向于认为，此类企业、银行与政府和公共政策有着千丝万缕的联系，可将它们定性为"公共机构"而直接认定为补贴提供者；而国有经济比重较大的国家或经济转型体则认为并非所有的国有企业都可被认定为公共机构，现实中也有国企独立从事与公共权力无关的商业活动。① 在"商用船舶案""双反措施案""碳钢案"和"美国反补贴措施案"中，针对公共机构的含义和认定要件问题存在支持"政府控制说"和支持"政府权力说"两派观点，其中支持"政府控制说"的成员包括美国、欧盟、加拿大、墨西哥、日本等；支持"政府权力说"的成员包括中国、印度、巴西、韩国、沙特和挪威等。② 就中美在 WTO 反补贴领域的争议案件而言，双方一直就国企是否具有"公共机构"的属性展开博弈，在中国诉美国的"双反措施案"（DS379）中，WTO 上诉机构在判断中国商业银行是否构成公共机构时抛弃了政府占股比例为主的形式判断标准，而是发展出重实质的"有意义的控制"标准。③ 然而，WTO 也未敢进一步界定"有意义的控制"，只是称"政府所有权只是判断国有企业是否为'公共机构'的证据之一，对国有企业的核心特征、企业与政府关系的认定必须综合所有证据作出"。④ 国有企业是否构成公共机构的问题在 WTO 体系中长期存在争议、悬而未决，直接影响了补贴案件的结果走向，间接上则促成了欧美主导的新兴区域贸易协定中国企条款的革新。

　　总之，为促进国有企业公平贸易，GATT/WTO 曾尝试发展与非歧视规则并行的反补贴规则，但也存在规制力度不足的问题。其一，由于国企的界定触及政府与国企关系这一敏感又复杂的问题，GATT/WTO 难以对其进行明确规定。要求国企进行公平贸易，首先涉及身份认定问题。是依据国有股份比例还是依据控制力来判断国企性质，难以达成国际共识。尽管《哈瓦那宪章》谈判过程中伦敦代表曾提出对国企身份采用"控制标准"，但过于简单化而未被采纳，后来GATT 回避了该问题从而留下公共机构问题之争的隐患。从本质上看，国企问题涉及国家的主权行使、行政管制权甚至是宪制安排，加之政府控制企业的表现形

---

　　① 陈卫东：《中美围绕国有企业的补贴提供者身份之争：以 WTO 相关案例为重点》，载《当代法学》2017 年第 3 期，第 21~22 页。

　　② 陈卫东：《中美围绕国有企业的补贴提供者身份之争：以 WTO 相关案例为重点》，载《当代法学》2017 年第 3 期，第 22 页。

　　③ United States-Definitive Anti-Dumping and Countervailing Duties on Certain Products from China，Appellate Body Report（WT/DS379/AB），para. 318.

　　④ United States-Definitive Anti-Dumping and Countervailing Duties on Certain Products from China，WT/DS379/AB，para. 317.

式又极为多元，法律规则确实难以对其确立明确的判断标准。其次，不公平贸易致损的问题规定不明确。比如，因补贴引发的不公平贸易往往因为前述的身份判断障碍而难以获得救济；补贴中的财政转移的范围是应该从严还是从宽解释并不明确；① 补贴与损害之间的因果关系应如何坚持不同因素的影响和非归因量化分析等。② 这些问题在实践中仍具有较大的不确定性和争议，补贴规则仍处于动态的发展过程中。

# 小　　结

当前全球关注的国企规制并非新问题，而是从多边贸易体系构建之始就受到各方高度关注并在欧美的推动下成为国际贸易规则之一。英美两国是"二战"后多边贸易体制的重要设计者，双方率先达成全球经济合作、促进世界和平与繁荣的共识并推进创设了国营条款。英美两国于 1941 年达成的《大西洋宪章》除了呼吁终结战争外还提出战后国际经济合作条款，双方还联合其他国家促成《哈瓦那宪章》的产生并推进成立国际贸易组织。在多边贸易体制创建的过程中，英美双方关注到国营贸易问题并就国营条款进行了谈判，最后美国以公平竞争的理念和反垄断法的思路设计国营条款并影响了多边贸易体系国营条款的形成。《哈瓦那宪章》中的国营条款主要体现在第四章"商业政策"第四节"国营贸易与相关事项"中，后来只有非歧视条款变成 GATT 第 17 条。GATT 国营条款在后来适用中所出现的很多问题都曾在《哈瓦那宪章》的起草中受到热烈的讨论。国营企业在多边贸易体系构建初期就备受重视，主要是因为国营经济属于 20 世纪上半叶极为特殊和普遍的国际经济现象，国营经济有可能构成变相的关税或独特的数量限制从而影响贸易自由化目标的实现。此外，国营条款的设计还涉及多边贸易体系能否接收非市场经济阵营的国家问题。

GATT/WTO 多边体系中涉及国企条款内容通常被认为散见于 GATT 第 17 条、

---

① 单一：《规则与博弈——补贴与反补贴法律制度与实务》，北京大学出版社 2021 年版，第 127~128 页。

② 单一：《规则与博弈——补贴与反补贴法律制度与实务》，北京大学出版社 2021 年版，第 319~323 页。

1994 年的解释性文件、GATS 第 8 条、《农业协定》《补贴与反补贴措施协定》以及一些成员加入议定书中的条款。其中，GATT 第 17 条的"国营条款"是规范国有企业国际贸易活动的基本条款，主要包括非歧视待遇要求和商业考量规则、排除适用、承诺日后谈判以限制或减少障碍、通知义务等。《补贴与反补贴措施协议》与国企相关的规则是，公共机构不可提供不合规的补贴。这些国企条款主要涉及货物和服务贸易领域，规则的核心内容主要包括非歧视待遇、透明度和公平贸易救济三大方面。规制国有企业贸易的目的是避免其特权和垄断成为变相的贸易壁垒，本身属于"防规避"的条款。GATT 对国有企业的定义与范围规定得并不明确。GATT 国营贸易条款并没有对"国营企业"进行明确的界定。GATT 的国营条款所规制的实体范围广泛，主要是针对具有政府特权或垄断特权的企业。在判断某一企业是否为国有或政府代理人时，一直存在是以国有股比例或政府控制等因素作为判断标准的争论。但是从 GATT 的发展史看，多边贸易协定其实具有以"实质控制"作为国企判断标准的倾向。

20 世纪国企条款具有以非歧视待遇、透明度和公平贸易为主的规制结构。但是，在具体制度设计和执行方面，这三个方面却呈现逐次弱化的倾向，即非歧视待遇要求设计相对完善且具有良好的执行效果，透明度次之，公平贸易与竞争要求则最弱。国企条款的非歧视待遇除了包括最惠国待遇外，还包括了国民待遇。关于非歧视待遇义务与商业考量规则之间的关系问题上，传统的国企条款规定商业考量属于非歧视待遇规则的一部分而非独立的条款。国企是否遵循了非歧视待遇义务的具体判断标准是商业考量，商业考量旨在澄清非歧视条款。GATT 第 17 条并无竞争法规制的内容，也无意针对国企的竞争优势进行规制。从价值效果上看，对国营企业贯彻非歧视要求有助于自由贸易目标的实现，第 17 条没有将商业考量作为一项单独的法律义务，也未明确提出公平竞争规制要求，又是符合 20 世纪的时代要求的。国企条款透明度要求主要体现于 GATT 第 17 条第 4 款的规定，以标准问卷为主要内容，具体的工作流程在《关于解释 1994 年关税与贸易总协定第 17 条的谅解》中予以明确。国企条款的透明度要求有助于促进了解和交流，提升信任度，方便各方作出明智理性的决策和选择，但是其也在存在过于注重自律而轻他律、执行效果参差不齐的弊端。20 世纪国企条款对国企贸易活动提出了初步的公平贸易要求，主要体现在《补贴与反补贴措施协定》关于"公共机构"的规定上。但是，国有企业是否构成公共机构的问题在 WTO 体系中长期存在争议、悬而未决，直接影响了补贴案件的结果走向，间接上则促成了欧美主导的新兴区域贸易协定关于国企条款的革新。

# 第二章　国企国际化的新问题与规则博弈

国有企业于 20 世纪 90 年代左右开始频繁参与国际经贸投资活动，成为特殊的"全球竞争者"，国际经济领域出现了国企与私企"同台竞技"的特殊现象，其中中国国有企业积极参与国际经济活动更是受到西方的高度关注甚至抵制。公私企业同台竞技现象引发了国际社会的恐慌并对国际经贸秩序产生干扰。在国际贸易、国际投资以及争端解决等多个领域，国企规制的制度供给出现了严重的问题。纵观近百年全球经济发展史，很多国家都曾有依赖国有企业发展经济的实践。那么，为何 20 世纪末至今，国有企业参与全球经济活动会引发巨大的争议？其对传统的国际经贸秩序产生了何种影响和挑战？国企规制之争背后有哪些博弈？本章通过规范和案例分析法重点研究国企国际化中的新问题，通过分析与中国相关的一些典型案例尝试梳理国企规则革新的缘起与具体表现。

## 第一节　国企国际化中的现象、挑战和原因

### 一、各国国有企业国际化发展的现象

20 世纪中期至 90 年代，全球经济处于"二战"后的复苏期以及经济全球化的早期，即使一些国家存在国有化浪潮也主要是聚焦于国内的经济建设，并没有出现国有企业大规模参与国际经济的现象和问题。但是，随着全球化的深入，20世纪 90 年代后的国际市场结构开始发生变化，一些国家的国有企业开始频繁登上国际舞台、积极参与全球经贸投资活动，成为与私有企业相抗衡的特殊的"全球竞争者"。尤其在 2008 年全球金融危机爆发后，一些西方国家为了恢复本国的经济希望多吸引国际资金，让部分发展中国家的国有企业找到了资本输入的途

径。依据国际商会（ICC）发布的《2012 年国际投资指南》，2004 年到 2008 年年初，来自金砖四国的 117 家国有企业逐渐走上国际舞台，并跻身"福布斯世界 2000 强企业"。① 其中，中国、法国、印度、德国、沙特阿拉伯、俄罗斯、英国等都有一定数量的国有企业参与世界性投资，分布于金融业、电力、天然气、运输、电信、制造业、采矿和石油等部门。② 当前，国有企业在全球经济领域还开始涉足烟草、航运、国际贸易等一些新经济部门。从世界 500 强企业的数据看，国有企业在世界 500 强名单中的数量在 2008 年至 2017 年间逐年上升，其中中国自 2008 年开始就有大量的国有企业上榜世界 500 强。数据显示，2022 年世界 500 强前 5 名中就有 3 家中国国有企业，分别为国家电网有限公司、中国石油天然气集团有限公司和中国石油化工集团有限公司。③

国有企业参与国际经贸投资活动成为全球"竞争者"引发了国际社会的恐慌并对国际经贸秩序产生干扰。在国际贸易、国际投资以及争端解决等多个领域，国有企业能否像普通的私营企业一样获得同等待遇、能否适用传统的规则引发了巨大的争议。随着中国经济的崛起，中国国有企业积极参与国际投资贸易活动更是受到西方的高度关注甚至抵制。中国国有企业近年一直是中国企业海外投资的主力，中国公有经济控股企业对外投资处于增速趋势。据统计，截至 2019 年年末，中国对外非金融类直接投资 19443.5 亿美元，其中国有企业占比 50.1%。④ 在被戏称为中国国有企业"买买买"遍及全球的收购并购活动中，主要买家也多是中国国有企业。在西方经济衰退周期中，中国国有企业的异军突起以及强大的国际竞争力，加深了西方国家的不安和国家资本主义论的再度兴盛。在西方看来，中国实行的是以公有制为基础的经济制度，国有企业并非纯粹的企业而是复杂的"公私混合体"，是中国政府利用国际投资方式安插到西方国内的"特洛伊木马"。美国经济安全审查委员会 2016 年时甚至向国会提议，要求"（在反倾销

---

① ICC Guidelines for International Investment（2012），p. 6.

② OECD，State-Owned Enterprises as Global Competitors：A Challenge or an Opportunity，2016，pp. 21-22.

③ Fortune Global 500，https：//fortune. com/global500/2022/search/，last visited on December 7，2023.

④ 商务部：《中国对外投资合作发展报告》2020 年，第 6 页。

或反补贴相关案件中）直接将所有的中国国有企业或受国家控制的国有企业认定为国家代表"。欧美等国多次在国际场合声称中国国有企业身份不独立，是政府代理人和工具而非独立的商事主体，认为中国国有企业的贸易和资本输出行为与自由贸易和投资模式背道而驰，强烈要求重塑涉及国有企业经贸活动的国际规则。

## 二、国有企业国际化发展对国际经贸秩序的冲击

### （一）国际投资领域：国有企业的投资安全审查

在国际投资领域，国有企业常被视为政府代理人而频频遭受严苛的投资安全审查和反垄断审查，直接影响国有企业进入国际市场。由于中国国企数量众多，所面临的外国投资安全审查问题更为严峻。赴美投资过程中，我国国有企业已成为判断跨国收购交易安全性的重要指标，也常因投资安全问题引发外资并购失败。据统计，1990—2015 年，美国安全审查委员（CFIUS）以威胁国家安全为由，干预我国企业并购交易有 14 个，其中 8 个属于国有企业的并购交易。[1] 统计显示，美国 1990 年至 2015 年间对中国国有企业的安全审查中，所涉收购主体为国有企业的占总数的 57%，分别为：中航技进出口有限责任公司收购 Mamco、中国海洋石油集团有限公司竞购优尼科石油公司、西色国际投资有限公司收购美国优金公司、唐山曹妃甸投资集团收购美国光纤设备制造商 Emcore、鞍山钢铁投资美国钢铁发展公司、中兴通讯参与竞标美国 Sprint 项目、紫光收购西部数据和美光科技。[2] 在这些投资安全审查案件中，被收购领域的战略敏感性和中国收购方的国有企业背景都是重要的考量因素。2016 年受美国 CFIUS 安全调查而导致我国企业收购美国企业失败的 4 例，其中 3 例的收购方即为我国国有企业。[3] 比

---

[1] 屠新泉、周金凯：《美国国家安全审查制度对中国国有企业在美投资的影响及对策分析》，清华大学学报（哲学社会科学版），2016 年第 5 期，第 80~81 页。

[2] 屠新泉、周金凯：《美国国家安全审查制度对中国国有企业在美投资的影响及对策分析》，清华大学学报（哲学社会科学版），2016 年第 5 期，第 80~81 页。

[3] 2016 Report to Congress of The U. S. -China Economic and Security Review Commission, pp. 64-65.

如，2016 年 1 月，因遭受美国的投资安全审查，美国生产存储芯片和闪存的美光科技公司拒绝了清华控股有限公司的收购要约；2016 年 3 月，清华紫光收购西部数据公司也以双方撤销收购合作结束。而 CFIUS 对这两起收购案进行安全审查，不仅是因为担心我国所收购的对象乃具敏感性的美国高科技半导体业务，更大程度上还是基于收购主体——清华紫光和清华控股的国有企业身份。① 《2016 年美国—中国经济和安全审查委员会年度报告》甚至进一步建议国会"修改法令以授权 CFIUS 禁止中国国有企业收购美国企业或获得美国企业的控制权"。②

中国国有企业在欧盟的投资也频繁受到投资安全审查，其中最为典型的是中国国家电网收购 50Hertz 因涉及国家安全问题而失败的案例。中国国家电网是国有独资的央企，其核心业务是投资运营电网。50Herz 是德国四大电网公司之一，主要负责运营德国北部和东部的输电网络。50Herz 技术领先，在德国能源转型过程中发挥着重要作用，拥有在经受极大输出电压波动的情况下平稳输送传统电能和可再生能源的成熟技术，对于正在大力推动能源转型的中国极具吸引力。2017 年年底，中国国家电网欲出价 8 亿~10 亿欧元从澳大利亚基金 IFM Investor 手中收购 20% 的 50Hertz 股份，国家电网的这宗跨国收购交易却面临了很大的政治阻力，因为一家中国国企收购一家超高压电网公司的股份往往被认为会影响国家安全。早在 2017 年 7 月，德国联邦经济部就通过了《德国对外经济条例》的第九次修正案，对非欧盟投资者在德国进行收购制定了新的审查规则，要求非欧盟投资者在对关键基础设施和安全相关技术进行 25% 以上股份收购时必须通知德国经济和能源部。尽管中国电网收购 20% 的 50Hertz 股份并未达到 25% 这一申报要求，但是德国政府认为能源电力属于涉及公共秩序和国家安全的产业部门，并且收购主体中国国家电网有限公司属于国有企业，此项电网投资案涉及能源安全、公共秩序和技术优势等国家利益。③ 由于无法援引当时的外资安全审查机制直接

---

① 2016 Report to Congressof theU. S. -China Economic and Security Review Commission Executive Summary and Recommendations，p. 8.

② 2016 Report to Congress of The U. S. -China Economic and Security Review Commission，p. 507.

③ 寇蔻、李莉文：《德国的外资安全审查与中企在德并购面临的新挑战》，载《国际论坛》2019 年第 6 期，第 106~108 页。

否决该笔交易，德国政府便转而劝说 50Hertz 的大股东 Elia 使用股东优先购买权购入股份，以阻止中国国家电网收购。2018 年 3 月 Elia 以 9.765 亿欧元购买了 20% 的股权；2018 年 7 月，Elia 又以近 10 亿欧元买下 50Hertz 的 20% 股份，并将其转售给了德国复兴信贷银行（KFW）。至此，中国国家电网跨国收购 50Hertz 的尝试均因德国政府阻挠而失败。国家电网在德收购失败的原因主要有两点：（1）国家电网的收购对象涉及德国的关键基础设施、新能源技术领域，在德国地缘政治转向和"中国并购威胁论"的新形势下，中国企业涉及战略性资产和军民两用技术的并购行为必将面临更大的政治化和安全化风险。[1]（2）国家电网属于央企，国有企业发起的跨国收购更容易被视为一种遵从政府指令而实施的非经济行动，会让德国政府担忧中国国有企业借助国家资源"窃取"本国先进技术。[2] 此外，中国国有企业在欧盟的投资还因身份问题而遭受严格的反垄断审查。2016 年法国电力集团与中国广核集团有限公司申请成立合资公司，欧盟委员会对其进行反垄断审查以决定是否批准该项交易时提出，中国国资委属下的所有重要的能源类国有企业的营业额要合并计算，亦即将国资委下同一行业的所有央企视为单一实体。理由是，中国央企并不具有独立于国资委的独立决策权，国资委可以干预其属下能源类国有企业的战略投资决策并协调各能源公司之间的行为。[3] 这意味着今后这类收购行动或者我国国有企业与欧洲企业进行合资合作时都将会面临更严的监管审查，因为如若某一领域的国有企业被视为单一实体，那么就极易被认定为构成市场垄断从而被拒绝进入欧盟市场。

## （二）国际贸易领域：国企"公共机构"身份之困

在国际贸易领域，国企是否属于"公共机构"这一问题极为敏感且备受争议，相关的规则博弈集中体现在与中国有关的 WTO 反补贴案件中。正如上文所

---

[1]　马骥：《从德国华为 5G 政策到中欧经贸关系的嬗变》，载《外交评论》2021 年第 4 期，第 78 页。

[2]　马骥：《从德国华为 5G 政策到中欧经贸关系的嬗变》，载《外交评论》2021 年第 4 期，第 74~75 页。

[3]　European Commission DG Competition, Case M.7850-EDF / CGN / NNB Group of companiesCommission decision pursuant to Article 6（1）（b）of Council Regulation No 139/20041 and Article 57 of the Agreement on the European Economic Area, p.11.

述，中国国有商业银行等国有企业在 WTO 反补贴案中多次被判定为"公共机构"，对中国国有企业的出口以及宏观经济政策造成极大的影响。根据 WTO《补贴与反补贴措施协议》的规定，如果成员国政府或公共机构向企业提供了专向性财政资助或价格支持，那么获得某项利益的出口企业就可被进口国征收反补贴税，并被裁定构成违法补贴的政府措施而被要求及时纠正。故而，如果一国国有企业被认定为"公共机构"，就意味着任何企业只要向该国国有企业购买产品或原材料，便如同接受了该国政府补贴，其产品在出口时就可能遭受反补贴调查。中国国有企业在 WTO 中被认定为"公共机构"而非正常的商事主体，主要理由是中国政府对国有企业实施了"有意义的控制"，履行了特定政府职能。证据事实包括"中国政府在国有商业银行中拥有绝对控股权、商业银行的贷款业务要受'国家产业政策指导'、缺乏足够的风险控制和分析能力、管理层均由政府和党任命"。[1]

### （三）国际投资仲裁领域：国企投资仲裁申请资格受质疑

在国际投资仲裁领域，国有企业是否可以像国际私人投资者一样获得双边投资协定的保护与救济也引发了激烈的争议，其中一种观点认为国有企业并无资格就其投资损失提起投资仲裁申请。当前中国国有企业投资者向国际投资仲裁机构（ICSID）提起的两起投资仲裁案，都被申请国以中国国有企业为政府代理人而非商业主体为由提起管辖权异议。北京城建诉也门一案中，北京城建集团是 1997 年在北京工商总局注册的拥有 300 亿元人民币注册资本的国有独资企业，于 2006 年在也门承包了合同额 1 亿多美元的也门机场航站楼建设项目，但其机场施工却受也门当局军事和安全机构的阻碍，于是，北京城建依据我国与也门间的双边保护投资协定向 ICSID 提起投资仲裁，也门却以北京城建是"中国政府的代理人（agent），在商事交易中行使政府职能"，"不符合 ICSID 公约第 25（1）条项下'缔约另一方国民'的资格要求"为由提出管辖权异议。仲裁庭驳回对方的异议确保了北京城建有机会进入实体审理阶段，但是由于投资仲裁裁决并不具有先例

---

[1]　United States-Definitive Anti-Dumping and Countervailing Dutieson Certain Products from China，WT/DS379/AB，para. 355.

效应，并且该案的仲裁庭事实上回避了对国有企业法律性质定位的详细分析，因而，这一值得庆贺的"胜诉"事实上表明国有企业投资者身份性质会直接影响投资保护的救济。可以预见，中国国有企业投资者日后只要就其与投资东道国的争议寻求投资救济，国有企业身份必然会成为争议的焦点以及获得法律救济的障碍，而这必然会影响国有企业正常的国际经济活动，也会对中国庞大的海外国有资产带来风险和挑战。

### 三、国有企业国际化发展挑战传统国际经贸秩序的原因

国有企业国际化发展之所以会挑战传统的国际经贸秩序，是因为与政府具有特殊关系的国有企业的经济活动除了有战略目的外，还可能会引发投资安全、破坏市场秩序和公平竞争等诸多问题。

OECD 于 2016 年出具的报告《作为全球竞争者的国有企业——挑战或机遇》就专门研究了国有企业参与全球竞争引发的问题和原因，并尝试提出相应的解决方案。OECD 的调查问卷显示，受调查的政府管理者之所以警惕国有企业的国际化发展，是因为担心外国国有企业在东道国进行投资以及其他商业活动会引发诸多问题，包括：国家安全、公共利益、纯经济收入、本国主义（protect national champions）、政府干预、竞争政策的执行、公平竞技（maintaining a level playing field）、对进入者信息了解不充分、国有企业治理、腐败风险等。这些问题的产生都主要是基于国有企业不具有真正的商业身份，因为"国有企业不能像私企一样行事，国有企业的决策并非是为了商业目标和创造经济价值；国有企业即使具有管理自主权和有限的政府干预，也会把政治目标和国有出资者的非商业动机作为考量；甚至有些国家，为了弥补市场失灵、保护自然或法律垄断、执行公共政策产业政策及国家发展战略，提供公共服务、增加财政收入、保护当地就业等，会允许当地国有企业偏离共同接受的商业实践"。

国有企业参与国际经济活动所引发的诸多效应中，最受国际社会关注的是公私企业同台竞技可能产生的不公平竞争问题。OECD 研究认为，国有企业在走向国际市场时，其享受的特殊待遇和"公私不分"的行为会产生负面的溢出效应，会给东道国带来经济、政治安全隐患和管制困难，并影响全球市场的公平竞争、资源配置以及多边贸易投资体系的正常运作，其中破坏"公平竞技"为首要关注

点。① OECD 报告在一定程度上表明了国际社会对国有企业顾忌和排斥的原因，指出国有企业特殊的公私混合身份极易引发国际经济领域的不公平竞争以及贸易投资安全问题。当然，OECD 并没有提出消灭国有企业的方案，而是指引对国有企业适用竞争法，从公司法上对国有企业进行良法善治。

## 第二节　WTO"公共机构"争讼下的"公平竞争"隐患

21 世纪初至今，国有企业参与国际经济活动中的公平竞争问题备受关注。"公平贸易"和"公平竞争"是中美贸易战的争论焦点，也是令 WTO 陷入困境的原因之一。中美在 WTO 12 年关于"公共机构"之争的补贴措施案中，集中反映了各国不同的经济发展水平、政策选择和制度安排而引发的"公平贸易/竞争"的现实困境，也预示着国企条款改革的方向。尽管 WTO 裁判者已尽专业努力尝试解决问题、平衡利益，但司法解释和司法造法终究无法从根本上回应国际规则落后于瞬息万变的现实。需要正视国有企业与私企"同台竞技"可能引发的公平竞争问题、明确国企规则进行重构的必然性和方向。

### 一、涉及"公共机构"之争的 WTO 典型案件

WTO 中关于国企是否构成"公共机构"的认定问题之讨论集中体现在"中国诉美国反倾销反补贴措施案"（DS379）和"中国诉美国对中国产品的反补贴措施案"（DS437）中。

"中国诉美国反倾销反补贴措施案"（DS379）首次尝试回答"公共机构"的判断标准问题。2008 年 9 月中国在 WTO 对美国提起争端解决程序，反对美国对中国标准钢管、薄壁矩形钢管、编织袋和非公路用轮胎等进口产业征收的反倾销税和反补贴税。在该案中，中国政府对"原材料补贴""政策性贷款""提供土地使用权"等三个补贴项目从补贴的三个构成要素（财政资助、利益和专向

---

① Sultan Balbuena, S., "Concerns Related to the Internationalization of State-Owned Enterprises: Perspectives from Regulators, Government Owners and the Broader Business Community", OECD Corporate Governance Working Papers, OECD Publishing, 2016, pp. 9-10.

性）以及双重救济等措施发起挑战。其中重要的一个法律问题就是，提供了上游产品的某些国有企业以及提供贷款的国有商业银行是否属于《补贴与反补贴措施协议》上的"公共机构"。如果答案是肯定的，那么在符合其他要件的情况下，美国商务部的反补贴措施就符合《补贴与反补贴措施协议》的规定；如果答案是否定的，那么无须考虑其他要件，美国的做法就会被认定为违反 WTO 规定。2011 年 10 月专家组公布报告，2012 年 3 月上诉机构做出裁定。在公共机构的认定标准上，专家组支持了美国的主张采用"政府控制法"（governmental control approach），并依政府多数股作为判断要素；但上诉机构推翻了专家组的方法，转而发展出"政府权力法"（governmental authority approach）。

"中国诉美国对中国产品的反补贴措施案"（DS437）则进一步确认了 DS379 案上诉机构发展的法律标准，但在具体适用上又有新的变化。该案从 2012 年至 2019 年历经 7 年之久。2012 年 5 月中国就美国对中国特定产品的 17 起反补贴措施提出磋商请求，2014 年 7 月和 12 月专家组和上诉机构分别发布报告，2015 年 10 月专家组发布关于合理执行期限（DSU21.3）的报告，2018 年 3 月和 2019 年 7 月则分别发布执行之诉（DSU21.5）的专家组报告和上诉机构报告。该案几乎穷尽了 WTO 的诉讼救济程序，可见双方对相关问题的法律较量之激烈。中国对美国的质疑包括公共机构认定标准、立案标准、补贴专向性、补贴利益计算（外部基准）、可获得的不利事实、土地使用权的专向性、出口限制措施构成财政资助等。这些法律点大多数与所谓的"低价提供原材料"补贴项目有关。其中，公共机构的认定标准与证据标准仍旧成为中美争议的核心焦点。2019 年 7 月 16 日发布的执行之诉上诉机构裁定一再支持以"政府权力法"作为判断公共机构的标准。

中美在 WTO 平台展开了关于"公共机构"判断标准等补贴问题的法律论战，然而再高超的司法解释都难以解决规则不明与国企"雌雄同体"的现实困境。中美围绕公共机构的系列诉讼集结了世界最精英的国际法团队，包括双方聘请的顶尖级国际贸易律师、WTO 法官、著名的国际法教授及《国家不法行为的国家责任条款草案》（简称《国家责任条款草案》）主要编纂者 James Crawford。这些国际贸易法专业人士对相关法律问题的争辩、说理，充分展现了中美两国对相关法律争议及深层次问题的立场与认知，对于认识中美因"公平竞争"而生的贸易战全貌及未来发展意义重大。

## 二、判定"公共机构"的法律根据和解释方法

根据《补贴与反补贴措施协议》的规定，认定一项可诉补贴的法律要件包括补贴提供者、财政利益的获得、专向性、实质性损害、因果关系。可见，"补贴提供者"在反补贴措施与规制中至关重要。《补贴与反补贴措施协议》关于"补贴的定义"第 1 条规定补贴提供者包括三类：政府（government）、公共机构（public body）、私营机构（private body）。显然，与"政府""私营机构"相比，"公共机构"的概念最为模糊。不仅 WTO 的《补贴与反补贴措施协议》和其他各适用协议没有关于"公共机构"的明确定义，国际法上对其也无普遍接受的界定。在 20 世纪 80 年代末兴起私有化潮流以及国家公共职能发生变化后，多数国家的国有企业被私有化，但未彻底私有化的国有企业则可能存在身份和功能模糊的问题，这种情形在转型经济体中表现得尤为突出。那么，具有"魔幻性"的国有企业是否属于"公共机构"？对于不能拒绝"司法"的 WTO 而言，它只能利用国际公法关于条约解释的惯例针对《补贴与反补贴措施协议》第 1 条所规定的"公共机构"展开法律解释。《补贴与反补贴措施协议》第 1 条中的"公共机构"为解释文本，而第 1 条同时又是解释根据，文本原文如下：

1.1　就本协定而言，如出现下列情况应视为存在补贴：

（a）（1）在一成员（本协定中称"政府"）领土内，存在由政府或任何公共机构提供的财政资助，即如果：

（i）涉及资金的直接转移（如赠款、贷款和投股）、潜在的资金或债务的直接转移（如贷款担保）的政府做法；

（ii）放弃或未征收在其他情况下应征收的政府税收（如税收抵免之类的财政鼓励）；

（iii）政府提供除一般基础设施外的货物或服务，或购买货物；

（iv）政府向一筹资机构付款，或委托或指示一私营机构履行以上（i）至（iii）列举的一种或多种通常应属于政府的职能，且此种做法与政府通常采用的做法并无实质差别；或

（a）（2）存在 GATT 1994 第 16 条意义上的任何形式的收入或价格支持；及

（b）则因此而授予一项利益。

1.2　如按第 1 款定义的补贴依照第 2 条的规定属专向性补贴，则此种补贴应符合第二部分或符合第三部分或第五部分的规定。

根据该条规定，《补贴与反补贴措施协议》中的"补贴"是指由政府、公共机构或受到委托或指示的私营机构通过提供财政资助而授予一项利益的行为，提供财政资助的方式则包括直接的资金转移、应征未征的政府税收、货物或服务的提供，以及其他的价格支援等。

在解释方法上，《维也纳条约法公约》第 31 条则是对 WTO 协定进行解释的公认规则。因为 WTO《关于争端解决规则与程序的谅解》第 3.2 条已明确规定要采用"解释国际公法的惯例"对相关协定进行澄清，① 而 WTO 上诉机构也多次明确《维也纳条约法公约》相关条款正是对条约解释习惯规则的编纂。《维也纳条约法公约》第 31 条的文本规定如下：

第三十一条　解释之通则

一、条约应依其用语按其上下文并参照条约之目的及宗旨所具有之通常意义，善意解释之。

二、就解释条约而言，上下文除指连同弁言及附件在内之约文外，并应包括：

（a）全体当事国间因缔结条约所订与条约有关之任何协定；

（b）一个以上当事国因缔结条约所订并经其他当事国接受为条约有关文书之任何文书。

三、应与上下文一并考虑者尚有：

---

① 《关于争端解决规则与程序的谅解》第 3.2 条规定："WTO 争端解决体制在为多边贸易体制提供可靠性和可预测性方面是一个重要因素。各成员认识到该体制适于保护各成员在适用协定项下的权利和义务，及依照解释国际公法的惯例澄清这些协定的现有规定。DSB 的建议和裁决不能增加或减少适用协定所规定的权利和义务。"

（a）当事国嗣后所订关于条约之解释或其规定之适用之任何协定；

（b）嗣后在条约适用方面确定各当事国对条约解释之协定之任何惯例；

（c）适用于当事国间关系之任何有关国际法规则。

四、倘经确定当事国有此原意，条约用语应使其具有特殊意义。

简言之，WTO 的裁判必须要依据 "公共机构"一词所具有的通常含义、所处的上下文、《补贴与反补贴措施协议》的目的与宗旨，善意地赋予该词法律意义。

### 三、艰难的司法解释："公共机构"判断标准的演化

中美补贴案的专家组和上诉机构对 "公共机构"进行解释时发展出两种不同的方法，分别为 "政府控制法"和 "政府权力法"。

1. "政府控制法"（government control approach）

DS379 案专家组最初支持美国的主张，其解释进路和方法被称为 "政府控制法"，而在判断何为 "政府控制"时则以 "政府多数股"作为认定标准。依此标准，中国的商业银行后来被认定为 "公共机构"。

"政府控制法"主要起源于美国的实践。美国现今仍沿用 1998 年联邦《反补贴法》，将大多数政府控制企业视为政府本身。在具体的反补贴实践上，美国声称会采用 1987 年荷兰鲜花反补贴案中的 "五要素分析法"，即根据企业是否为政府所有、政府是否派代表在董事会任职、企业活动是否受政府控制、是否遵循政府政策谋求利益、是否通过法律创设等要素来进行判断。① 但是，美国调查机关在操作时更倾向于依所有权要素进行判断，即只要满足该要素往往就会肯定其他几项要素。美国对中国产品进行反补贴调查时就采用了此种方法。DS379 案审理过程中，除美国外的协力厂商阿根廷、加拿大、欧盟和墨西哥也都明确支援此种方法，但中国和协力厂商澳大利亚则持反对观点。美国在 DS379 案中主要依《补贴与反补贴措施协议》的目的宗旨支撑其 "政府控制法"的主张。美国认

---

① United States Department of Commerce（USDOC），Final Affirmative CVD Determination：Certain Fresh Cut Flowers from the Netherlands，52 FR 3301，February 3，1987．

为，《补贴与反补贴措施协议》的目的宗旨是为了确保对扭曲贸易的补贴行为之反制措施的有效性，故而不能对其进行过于严格或形式化的解释。① 为加强其论证，美国援引加拿大诉美国软木案上诉机构的裁定，该判决称，"《补贴与反补贴措施协议》是为了加强和改进 GATT 关于补贴和反补贴措施的纪律，同时也认可成员在特定条件下对相关措施的实施"以及"实施对扭曲贸易的补贴的多边纪律"。② 美国在该案中进一步称，"政府控制法"能够确保"进行补贴的政府不能躲在所有权利益背后发挥作用"。③ 在美国看来，如果假定国企是"私有企业"而非"公共机构"，那么就有可能让政府有机可乘（leeway），利用 SOEs 为名而行政府补贴之实。

DS379 的专家组支持了美国的主张，其解释方法主要是文义解释和目的宗旨解释。专家组首先根据常用的字典解释讨论"公共机构"的文义，通过详细考察和比较"公共""机构""公有部门"（public sectors）、"公有企业"（public enterprises）等词的含义，认定"公共机构"是受国家控制的实体，且与所有权问题高度相关。④ 同时，专家组还通过目的宗旨解释法支援了美国的主张，认为如果要求"公共机构"必须同时满足所有权控制要素和"被授权并履行政府职能"这两要素，会使得某些以"私有主体"为名却行扭曲贸易补贴行为的企业逃避规制，而这会违背《补贴与反补贴措施协议》的目的宗旨。⑤

本书认为专家组对公共机构的法律解释存在两大问题。其一，尽管专家组尝试穷尽相关的字典解释，但其文义解释运用过于机械，解释的结果与复杂的现实不尽相符。如果只以所有权而未对国有企业的核心特征进行审慎考量，就认定国有企业受政府控制并对其贴上公共机构的标签，与现实中很多政府占有多数股但

① United States—Definitive Anti-Dumping and Countervailing Duties on Certain Products from China, Panel Report（WT/DS379/R）, para. 8. 31.

② United States—Definitive Anti-Dumping and Countervailing Duties on Certain Products from China, Panel Report（WT/DS379/R）, para. 8. 25.

③ United States—Definitive Anti-Dumping and Countervailing Duties on Certain Products from China, Panel Report（WT/DS379/R）, para. 8. 31.

④ United States—Definitive Anti-Dumping and Countervailing Duties on Certain Products from China, Panel Report（WT/DS379/R）, paras. 8. 57-8. 63, 8. 69.

⑤ United States—Definitive Anti-Dumping and Countervailing Duties on Certain Products from China, Panel Report（WT/DS379/R）, para. 8. 82.

却是独立的商业主体这一事实不相符。比如，新加坡的淡马锡虽然是中央政府独资的国有企业但却是世界公认的独立商业企业。此外，在美国参与经济活动的外国国企在民事诉讼中欲以 "政府或公共机构" 主张《外国主权豁免法》上的 "国家豁免" 时，美国法院在一些案例中会视其为独立商业主体而予以否定。可见，国有企业的发展与各国的国家制度、政府职能、经济发展等问题紧密相关，对其身份认定不可一概而论，只能依个案进行综合判断。其二，"政府控制标准" 事实上违背了目的宗旨解释法。尽管《补贴与反补贴措施协议》自身并没有表明其目的与宗旨，但是主要的实践与理论已经表明，《补贴与反补贴措施协议》的目标是为了平衡从严使用补贴纪律和从严采取反补贴的纪律之间的微妙平衡，如果对公共机构采取过于宽泛的解释，将允许进口调查机构不用分析该实体是否存在受委托或指示的情况，轻易就把与政府有任何关系的实体认定为公共机构，易引发反补贴措施的滥用。故而，"政府控制标准" 其实会更多地偏向于采取反补贴措施的一方，而非实现预期目标的平衡。①

2. 政府权力说

DS379 上诉机构推翻了专家组的 "政府控制标准"，发展出 "政府权力标准"。依此标准，判断国企是否构成公共机构要符合两个要件。一是 "有意义的控制"（meaningful control），政府是否对国企进行了有意义的控制不仅看政府的所有权还要考察其他因素；二是 "政府职能" 要件，要看相关实体是否履行了政府职权（functions），是否拥有、行使或被赋予了政府权力。

上诉机构主要通过《维也纳条约法公约》第 31 条中的 "上下文" 解释要素来发展 "政府职能" 要件。上诉机构认为，《补贴与反补贴措施协议》第 1.1 关于 "私营机构" 的规定属于直接的上下文，其关于 "委托或指示一私营机构履行以上（i）至（iii）列举的一种或多种通常应属于政府的职能" 的表述，可类推适用于公共机构。尤其重要的是，上诉机构支援了中国的主张，认为体现了国际习惯规则的《国家责任条款草案》第 5 条和第 8 条可作为解释的 "上下文"。《维也纳条约法公约》第 31 条规定了 "适用于当事国间关系之任何有关国际法

---

① Ding Ru, "Public Body" or Not: Chinese State-Owned Enterprise, *Journal of World Trade*, Vol. 48, No. 1, 2014, p. 176.

规则"属于条约解释时要一并考虑的上下文范畴。而《国家责任条款草案》第 5 条规定，依授权而行使政府权力要素的个人或实体行为会被视为国家行为；第 8 条规定个人按照国家指示或在国家指挥、控制下之所为会被认定为国家的行为。① 据此推理，"不是国家机构"的企业，只有在该国法律授权其行使政府权力要素，且该企业实施政府权力时，其从事诸如提供货物的行为才能被定性为政府补贴行为。

　　至此，WTO 裁判者已发展出相对完整的"公共机构"判断标准，其司法理性与审慎的态度和做法值得肯定。但细究之，"政府权力标准"仍存在两大问题。第一，何为"有意义的控制"，操作标准并不明确。尽管"有意义的控制"并不等于"政府控制"，但何为"有意义的控制"，上诉机构并未提出具体的评判要素和证据标准，仅是模糊地说"政府所有权只是判断国有企业是否为'公共机构'的证据之一，对国有企业的核心特征、企业与政府关系的认定必须综合所有证据作出"。② 第二，政府职权要件同样存在操作困难的问题。依据该要件，国有企业如果没有履行通常的政府职能就不能被认为是公共机构。这一要求显然提高了证明的门槛，避免了对国有企业普遍性的歧视，能够在一定程度上制止进口国对涉及国有企业产品的反补贴措施的滥用。③ 但是，现代社会要对政府职能和私人行为进行界限清晰的划分其实是比较困难的。以 20 世纪 80 年代的德国为例，由国家瘦身、行政革新与自由化政策理念所催化的民营化运动过程中，与之相伴随的正是国家"生存照顾义务"范围的变化，政府公共职能的履行开始出现公权力

---

　　① 《国家责任条款草案》第 5 条和第 8 条英文规定如下："Article 5. Conduct of persons or entities exercising elements of governmental authority The conduct of a person or entity which is not an organ of the State under article but which is empowered by the law of that State to exercise elements of the governmental authority shall be considered an act of the State under international law, provided the per-son or entity is acting in that capacity in the particular instance. Article 8. Conduct directed or controlled by a State The conduct of a person or group of persons shall be considered an act of a State under international law if the person or group of persons is in fact acting on the instructions of, or under the direction or control of, that State in carrying out the conduct. "

　　② United States-Definitive Anti-Dumping and Countervailing Duties on Certain Products from China, WT/DS379/AB, para. 317.

　　③ Ding Ru, "Public Body" or Not: Chinese State-Owned Enterprise, *Journal of World Trade*, Vol. 48, No. 1, 2014, p. 178.

委托、行政辅助、公私合营等多种形式,① 此种情形下国家与社会间的界限日趋模糊。

对于国有企业是否属于公共机构的这一法律难题,可以说 WTO 裁判者已尽最大的专业努力尝试解决。一方面,WTO 利用法律解释手段通过约文解释以及谨慎适度的"司法造法",在规定非常粗糙的《补贴与反补贴措施协议》框架内发展出相对明确的"公共机构"判断标准。另一方面,为平衡中美的利益冲突、避免二者发生"决斗"或"决裂",WTO 裁判者似又利用政治平衡术"故意"使判断标准在运用中"留白"。即,明确了"公共机构"大致的判断标准,但并不细化其具体运用或证据标准,为个案的审理留下一定的自由裁量空间,这种特殊而巧妙的安排正是 DS437 案"中国赢了条约解释、输了条约适用标准"的关键因素。中国在 DS437 案中主张要从"具体的行为"来分析国有企业是否具有或履行政府职能,以确定国有企业是否为公共机构,② 但上诉机构却认为《补贴与反补贴措施协定》的条文从未规定应当从财政资助的角度来认定涉案实体是否具有政府职能。国有企业是否构成公共机构,应从国有企业"本身"来认定是否具备政府职能,而不是该实体的每个具体行为。③ 简言之,在判断国有企业是否为公共机构这个问题上,WTO 的裁判者支持了中国的判断标准主张,但在具体的运用上又非常微妙地在证据标准上进行了妥协。可见,要有效和准确地判断一个国有企业的身份,在 WTO 框架内是非常困难的,而问题的根源则在于 WTO 缺乏对国有企业参与全球竞争进行全面规制的规范以及经济转型期国有企业身份混乱这一客观现实。敏于洞悉国际经济发展趋势又精于引领国际规则设计的欧美等国,在多边领域展开国有企业"身份之争"法律解释拉锯战的同时,其实也悄然在诸边领域进行"身份改变"的"变法运动"。

---

①　刘淑范:《行政任务之变迁与"公私合营事业"之发展脉络》,载《中研院法学期刊》2008 年第 2 期,第 71~79 页。

②　United States—Countervailing Duty Measures on Certain Products from China, Panel Report (WT/DS437/R), para. 5. 77.

③　United States—Countervailing Duty Measures on Certain Products from China, Panel Report (WT/DS437/R), para. 5. 101.

## 第三节　"公共机构"中的制度博弈：
## 双重救济和非市场经济地位

### 一、美国引发的双重救济问题：从"乔治城钢铁案"到 GPX 案

自 1995 年 WTO 成立至今，在 WTO 中涉及补贴问题的案件共有 137 起，其中美国作为被告的案件有 43 起、中国的则有 18 起。① 中美在 WTO 十多年关于"双重救济"和"公共机构"之争的补贴措施案中，集中反映了各国不同的经济发展水平、政策选择和制度安排而引发的"公平贸易"的现实困境。"双重救济案"问题其实涵盖了"非市场经济方法"与"公共机构"等多个层次的问题。就中国而言，自 2007 年美国商务部对中国铜版纸采取双反措施起，关于"公共机构""非市场经济"和"公平贸易"等问题的"潘多拉盒子"就开始被打开。

对于能否对非市场经济国家产品同时进行"双反救济"的问题，美国国内经历了认知混乱、行为不一致的行政、司法、立法过程，最终通过国内"修法"并以"溯及适用"的方式明确了国内授权，使得美国突破原先不对非市场经济体采取反补贴措施规定的障碍。

美国商务部决定是否对来自非市场经济国家进口产品征收反补贴税的问题可追溯"乔治城钢铁案"，该案确定了美国不对非市场经济国家进口的产品征收反补贴税的实践。1983 年 11 月，被上诉人乔治城钢铁等公司代表美国碳钢盘条生产商向政府提交了两份反补贴税申请，声称从捷克斯洛伐克和波兰出口到美国的碳钢盘条受到了补贴，应进行调查并征收反补贴税。美国据此展开了反补贴调查并最终做出否定性决定，认为捷克斯洛伐克和波兰的碳钢盘条出口并没有获得303 调查意义上的"奖金"或"赠款"。美国认为，从法律上看，"补贴"是指"任何扭曲或推翻市场从而导致资源错配、鼓励低效生产、减少世界财富的行为"，但是，"补贴"的概念以及补贴导致的资源分配不当等问题对于没有市场

---

① WTO official website, https：//www.wto.org/english/tratop_e/dispu_e/find_dispu_cases_e.htm, last visited on December 6, 2023.

的中央计划经济体是没有任何意义的，故而第 303 条不适用于非市场经济体。①
在碳钢盘条案案未决期间，美国一些化学公司也向政府提交诉请，声称苏联和德
意志民主共和国为出口到美国的钾肥提供了补贴，要求美国商务部对其征收反补
贴税。但是，美国商务部后来撤销了对钾肥案件的调查，同样是基于 303 调查不
适用于非市场经济体的理由。② 当这一裁定被诉至美国国际贸易法院时，该法院
将此案与同期美国对苏联和前民主德国输美钾碱产品的反补贴调查案合并审理，
认为在非市场经济体与在市场经济体一样可以认定政府补贴的存在。美国联邦巡
回上诉法院分析反补贴法的立法历史时指出，国会对"第 303 节"反补贴税法的
部分进行了 6 次修订，但都没有做出重大的改动，似乎无意改变一世纪前反补贴
法的范围与含义，法院只能自己去确定国会 1897 年所制定的反补贴税法是否适
用于非市场经济体。③ 而根据之前的 Zenith 案最高法院的阐述，1897 年法案中的
"反补贴税旨在抵消外国生产商从政府支付的出口补贴中获得的不公平竞争优
势"。④ 最终，美国联邦巡回上诉法院以管辖理由撤销了国际贸易法院对"乔治
城钢铁案"的裁决，并推翻了国际贸易法院对苏联和德意志民主共和国输美钾碱
案的裁定。⑤

但是，美国"乔治城钢铁案"所确立的美国反补贴法不适用于"非市场经
济国家"的实践在 2006 年开始被推翻。2006 年 11 月，美国商务部开始改变不对
来自"非市场经济"国家进口产品适用反补贴法的惯例，对中国出口的铜版纸同
时发起反倾销和反补贴调查。此后，中国有关生产商、出口商和中国政府多次在
美国法院起诉美国商务部对华出口产品的反补贴措施。2011 年 12 月，美国联邦
巡回上诉法院对"GPX 国际轮胎公司诉美国商务部"一案作出判决，认定美国
商务部不能对"非市场经济"国家适用反补贴法。法院认为国会于 1988 年和
1994 年修订的贸易法都表明了反补贴税法不适用于非市场经济体的立场，尽管
商务部执行反补贴税和反倾销法方面有广泛的自由裁量权但也不能违背国会的意

---

① Georgetown Steel Corp. v. United States, 801 F. 2d 1308（Fed. Cir. 1986），p. 2.
② Georgetown Steel Corp. v. United States, 801 F. 2d 1308（Fed. Cir. 1986），p. 2.
③ Georgetown Steel Corp. v. United States, 801 F. 2d 1308（Fed. Cir. 1986），pp. 6-7.
④ Georgetown Steel Corp. v. United States, 801 F. 2d 1308（Fed. Cir. 1986），p. 7.
⑤ Georgetown Steel Corp. v. United States, 801 F. 2d 1308（Fed. Cir. 1986），p. 11.

图；同时法院还提出，商务部如果觉得现有立法不足以保护本国产业免于外国的不当竞争时应该寻求立法的改变。① 于是，美国政府及其国内产业于 2012 年 3 月向美国上诉法院就 GPX 案提出重审申请，并同时推动国会立法推翻该判决。美国国会在极短的时间内、未经充分辩论就匆忙推出了《对非市场经济国家适用反补贴规定法》（Pubulic Law 112-99—MAR. 13，2012）。② 2012 年 3 月 13 日，奥巴马签署了经美国国会通过的反补贴修正法案（即"GPX 法案"），其第一节就规定美国反补贴相关法律可适用于来自"非市场经济"国家的进口产品，并且规定该法可追溯适用于 2006 年 11 月 20 日之后发起的所有反补贴调查程序、诉讼以及相关的联邦司法程序。③

美国强行推出"溯及适用"的 GPX 法案必然会引发多边诉讼争议。2012 年 11 月，中国将 GPX 法案以及美国对中国出口采取的若干双反措施诉至 WTO（DS449），要求裁定 GPX 法案第一节（包括其在美国关税法中新增的第 701 节（f）项）本身违反了 GATT 1994 第 10.1 条、第 10.2 条与第 10.3（b）条的规定，裁定美国在 2006 年 11 月 20 日至 2012 年 3 月 13 日期间对中国产品发起的"双重救济"违法。④ 但是，由于该案专家组在认定事实方面存在不足，WTO 上诉机构无法完成法律分析，最后未能明确宣布美国《关税法修正案》违反 WTO 法。显然，中美关于"双重救济"问题之争表明了国际贸易争议案件会受到复杂的经济和政治因素的影响。尽管中国未能迫使美国在法律上放弃对中国产品征收反补贴税，美国商务部无论是按照 WTO 国际法还是美国国内法都不能再任意征收反补贴税，而必须承担避免双重救济的义务。⑤

---

① GPX International Tire v. United States, No. 11-1107 (Fed. Cir. 2011), p. 26.

② Elliot J. Feldman & John J. Burke, Testing The Limits of Trade Law Rationality: The GPX Case And Subsidies in Non-Market Economies, *American University Law Review*, Vol. 62, Issue 4, 2013, p. 811.

③ H. R. 4105-To apply the countervailing duty provisions of the Tariff Act of 1930 to nonmarket economy countries, and for other purposes. 112th Congress (2011-2012), https: //www. congress. gov/bill/112th-congress/house-bill/4105/text, last visited on December 7, 2023.

④ United States-Countervailing and Anti-dumping Measures on Certain Products from China (WT/DS449/R), paras. 6.3-6.5.

⑤ 徐程锦、顾宾：《关于"双反"问题的中美法律博弈》，载《国际法研究》2014 年第 3 期，第 42 页。

从"乔治城钢铁案"到 GPX 系列案件和立法实践可以看出，在对是否对非市场经济国家征收反补贴税问题上，美国态度从否定转为肯定，变化很大。自 GPX 法案后，美国对非市场经济国家同时征收反倾销税与反补贴税成为可能。GPX 案中，美国商务部已经意识到 21 世纪的中国经济既不像苏联一样实现完全由中央控制的计划经济体制，也并非完全的市场经济体制；并且，法院也预见到商务部所采取的所谓"非市场经济方法可能会造成与法规的直接冲突"或者"这种措施从根本上可能为不公平的，因而造成对法规不公正的解释或者滥用"。① 但是，是否对非市场经济国家征收反补贴税本身就是极为复杂的法律与政治问题，美国改变以往的立法和行政实践似乎又在所难免。一方面，在美国反补贴的长期实践中，行政方法占据了主导地位。美国关于政府补贴的立法本身存在模糊性，相关的监督机制又不完善，法院依据"雪佛伦尊重原则"（Chevron deference）需要尊重美国商务部是否征收反补贴税的自由裁量权。"雪佛伦尊重原则"（Chevron deference）是美国法律解释上的一项原则，指当成文法条文规定不明确时，只要政府行政部门在其审案程序中的解释合理、符合合理性原则，法院就应尊重行政部门的解释。但是法院先前的解释要优于行政部门的解释，如果法院的解释源于清晰的法律条文，未给行政部门留下自由裁量的余地，此时无需采取"雪佛伦尊重原则"。"雪佛伦尊重原则"相当于给予美国商务部"出尔反尔"的合法权利。换言之，《1930 年关税法》对于是否向来自非市场经济国家的进口产品征收反补贴税并不明确，商务部对此拥有自由裁量权，一旦非市场经济国家的情况发生变化，商务部认为可以认定补贴存在时就可随时向来自非市场经济国家的进口产品征收反补贴税。但是，在法条模糊或缺失的情况下，商务部利用其行政判断余地进行"理性重构"，只要合理，商务部就是事实上的权威解释者。②

另一方面，GPX 法案的出台充满了政治色彩。美国国会一直对中美贸易问题存在不满，经常以人民币汇率、贸易顺差为由将贸易问题政治化，国会曾要求商

① 李季、卡玛拉·达沃：《从"反补贴税的征收"到"双重补贴"——从中美贸易案的发展看中国"双反"问题的演进与特色》，载《齐鲁学刊》2018 年第 6 期，第 93 页。
② 彭岳：《美国对华产品适用反补贴法中的行政方法与司法方法》，载《北方法学》2015 年第 2 期，第 82 页。

务部研究如何用美国的反倾销法和反补贴法来抑制来自中国的所谓不公平竞争产品。当美国巡回上诉法院于 2011 年 12 月在 GPX-V 案中一再裁定美国商务部不能对非市场经济体征收反补贴税，同时美国又面临着 2011 年 3 月 WTO 上诉机构在 DS379 案中关于双反和公共机构问题上的失利裁定压力，于是，国会借机利用立法推翻司法判决以惩罚中国。① 该法规定对非市场经济体适用反补贴法，自 2006 年 11 月 20 日起生效，该法还对双重计算做了规定。至此，1986 年的乔治城案判决以及 GPX-V 的判决正式被新的立法所推翻。

## 二、市场经济体抑或非市场经济体

在多边贸易合作领域，中西方之间一直存在中国是否具有市场经济地位的争议，而国企规制问题也必须置于这一宏观问题之下进行探讨。2017 年时，欧美分别推出了两份针对中国的"非市场经济"报告。欧盟发布的《在贸易救济调查中中国经济的重大扭曲问题》报告详细分析了中国的经济结构、要素和部门。该报告指出中国并不具有市场经济地位，因为中国的社会主义市场经济以国有经济为主导、政府控制土地等主要生产要素、采用积极的产业政策、持有庞大的国企等；政府会通过引导目录、投资监控、金融刺激等一系列政策工具对经济进行控制和干预；中国的经济和资源配置并非是以市场为基础而是以政府为基础，会导致产能过剩、市场扭曲等问题。② 尤其地，该报告指出中国国有企业在国民经济中占有很大的比重，政府通过兼并、合并的政策参与塑造国有企业的格局，将陷入困境的国有企业置于更强大的合作伙伴的羽翼下或创建中国乃至国际的巨头企业，政府通过任命和罢免管理层的方式继续控制国有企业的行为；政府继续发挥国有经济的主导作用，特别是通过有选择地创造在国内免受竞争但在国际上进行战略扩张的大型国有企业从而为政府的战略性产业政策服务。③ 这相当于认

---

① Elliot J. Feldman & John J. Burke, Testing The Limits of Trade Law Rationality: The GPX Case And Subsidies in Non-Market Economies, *American University Law Review*, Vol. 62, No. 4, 2013, p. 811.

② Commission Staff Working Document on Significant Distortions in the Economy of the People's Republic of China for the Purposes of Trade Defence Investigations (20. 12. 2017), pp. 20-21.

③ Commission Staff Working Document on Significant Distortions in the Economy of the People's Republic of China for the Purposes of Trade Defence Investigations (20. 12. 2017), pp. 108-109.

为,中国国有企业的管理不同于现代的市场经济体做法,其行为并不是在公平竞争的基础上进行的。

美国关于中国非市场经济地位的报告也具有相似的逻辑。该报告依据美国法律关于非市场经济地位判定的六个要素进行分析,认为中国的货币兑换不自由、劳动者无工资议价能力、限制外资市场准入、政府所有或者控制生产资料、政府控制或主导资源配置、无真正的法治。① 美国依此得出结论,认为在中国现行的政治和经济制度下,政府和政党对经济的控制造成了中国经济的根本性扭曲,所以中国是一个非市场国家。既然中国不能充分践行市场原则,那么在反倾销审查中就不能使用中国产品国内的价格和成本。② 显然,欧美认为社会主义市场经济并非真正的市场经济,因而可以在反倾销对华继续采用与非市场经济体相对应的替代国方法,甚至是创设出新的规则和方法。

伴随非市场经济地位问题的发酵,在 WTO 层面,中国于 2016 年 12 月将美国、欧盟对华反倾销"替代国"措施诉至 WTO(案号分别为 DS515、DS516)。该案主要涉及《中华人民共和国加入世界贸易组织议定书》(以下简称《中国入世议定书》)第 15 条是否到期、可否终止适用替代国价格法以及是否与市场经济地位相关等问题。③《中国入世议定书》第 15 条的"确定补贴和倾销时的价格可比性"条款一向被认为是歧视中国的"超 WTO"义务条款,因为其允许他国在中国入世 15 年期间,在反倾销中对中国使用替代国价格法。不过,该条又同时限定中国的替代国价格法入世 15 年后终止。④然而,《中国入世议定书》第

---

① U. S. Department of Commerce, China's Status as a Non-Market Economy ( October 26, 2017 ), pp. 195-196.

② U. S. Department of Commerce, China's Status as a Non-Market Economy ( October 26, 2017 ), p. 197.

③ 为行文方便,本文将所有与《中国入世议定书》第 15 条相关的问题概括称为"WTO'非市场经济条款'"问题,条文包括《中国入世议定书》第 15 条与 GATT 第 6 条及其补充条款,内容上包括这些条款所涉及的争议问题。

④《中国入世议定书》第 15 条第(a)项(ii)"WTO 进口成员可使用不依据与中国国内价格或成本进行严格比较的方法",正是他国在反倾销中对中国使用替代国价值法的唯一法律依据;第 15 条(d)项又规定,"无论如何,(a)项(ii)目的规定应在加入之日后 15 年终止",亦即明确了对中国使用替代国价格法的终止期限。

15 条的期满约定却被欧美作出了新解读。欧美在案中采取了"釜底抽薪"之术应对"非市场经济条款"，不仅从《中国入世议定书》第 15 条之争转向对 WTO 反倾销规则的扩张解释，还将中西方的交锋从技术规则升级为国家制度之争。一方面，在中国诉欧美的替代国措施案件中，欧美极力主张 WTO 的反倾销规则已授权对中国长久地使用"非正常价值法"；另一方面，欧美不仅在当前的反倾销调查中继续对中国使用替代国价格法，还在域内分别推出"市场扭曲法"和"市场扰乱法"新规则，发布官方报告认定中国为"非市场经济国家""存在严重的市场扰乱"，直接将中国的国家制度作为实施"非正常价值法"的理由。美国商务部于 2017 年 10 月 26 日公布了《中国非市场经济地位》报告，并于 10 月 30 日公布其在铝箔反倾销调查中继续对中国出口产品适用"替代国"法；欧盟则于 2017 年 12 月正式发布了"反倾销反补贴"（"双反"）法规的新规定，同时颁布了《在贸易救济调查中中国经济的重大扭曲问题》报告，以引入"价格扭曲"的概念重新规定了反倾销的计算方法。WTO"非市场经济条款"引发了巨大的困惑和争议，被质疑为如荒诞小说中的"第二十二条军规"，有具体条文却又矛盾重重，是世上唯一的一个圈套。① 《第二十二条军规》是美国作家约瑟夫·海勒所著的黑色幽默荒诞小说，所谓的"第二十二条军规"事实上并不存在却又如影随形。欧美对 WTO"非市场经济条款"所作的颠覆性解读，正使中国陷入"第二十二条军规"一样无法摆脱的困境。根据欧美的条约解读，原本约定仅对中国适用 15 年的反倾销"替代国价格法"却变成了永久适用的规则，歧视中国的《中国入世议定书》第 15 条成为了"日不落条款"，实质上相当于判定中国为非市场经济地位。如何准确地解读 WTO"非市场经济条款"极具难度，国际社会曾对"非市场经济条款"问题展开激烈争论。比如，《全球贸易与关税期刊》于 2014 年至 2018 年就刊发了近 20 篇文章专门讨论第 15 条的解释问题，涉及第 15 条解释的各个方面。尽管中国各界也积极运用条约解释的方法（比如文义解释、有效解释、善意解释、历史性解释等）澄清第 15 条的真实含义并努

---

① 张文扬：《中国入世第 15 条规则再引争议："市场经济地位"是一个圈套?》，载经济观察网，http://www.eeo.com.cn/2016/1217/295316.shtml，2023 年 12 月 7 日访问。

力说服对方，① 但中西方的解释都各有理据、针锋相对、僵持不下，据此也可预见 WTO 对该案件的裁判难度。因为各种复杂的情势和因素，中国根据《关于争端解决规则与程序的谅解》（DSU）第 12.12 条规定于 2019 年 5 月请求专家组暂停审理程序，案件没有再推进审理而不了了之。不过，WTO "非市场经济条款" 案被认为是 WTO "最为重要的案件"，表明了国际贸易投资中的国有企业、公共机构、补贴等问题从根本上触及了经济制度等实质性问题。

从与国有企业紧密相关的公共机构和市场经济地位问题可以看出，国有企业一样具有 "法律问题政治化" 特性。正如学者所提出的，对于中美法律博弈而言，其根源还在于美国始终不承认中国的市场经济地位，其在对中国产品征收反补贴税时，美国毫不犹豫地把中国当作实质意义上的市场经济国家对待；而在征收反倾销税时，却将中国视为非市场经济国家。美国很大程度上会根据自身的意识形态和实际利益决定是否承认中国市场经济地位。② 在美国商务部的完全竞争市场理论中，政府本不应出现于市场经济之中，而无论中国如何调整国内政策，也不可能放弃政府的财政资助，美国商务部的抽象理论与中国的经济体制现状存在根本冲突。③

# 小　　结

20 世纪 90 年代后的国际市场结构开始发生变化，一些国家的国有企业开始频繁登上国际舞台、积极参与全球经贸投资活动，成为与私有企业相抗衡的特殊

---

① 张乃根：《〈中国入世议定书〉第 15 段的条约解释——以 DS397 和 DS516 为例》，载《法治研究》2017 年第 6 期；左海聪：《2016 年后反倾销领域中国（非）市场经济地位问题》，载《法学研究》2017 年第 1 期；任清：《"中国市场经济地位" 的 2016 问题》，载财新网，http://opinion.caixin.com/2016-05-13/100943411.html，2023 年 12 月 6 日访问。Weihuan Zhou, Andrew Percival, Debunking The Myth of 'Particular Market Situation', In WTO Antidumping Law, *Journal of International Economic Law*, Vol. 19, No. 4, 2016, pp. 863-892.

② 徐程锦、顾宾：《关于 "双反" 问题的中美法律博弈》，载《国际法研究》2014 年第 3 期，第 42 页。

③ 彭岳：《美国对华产品适用反补贴法中的行政方法与司法方法》，载《北方法学》2015 年第 2 期，第 83 页。

的"全球竞争者"。国有企业参与国际经贸投资活动成为全球"竞争者"引发了国际社会的恐慌并对国际经贸秩序产生干扰。在国际贸易、国际投资以及争端解决等多个领域，国有企业能否像普通的私营企业一样获得同等待遇、能否适用传统的规则引发了巨大的争议。随着中国经济的崛起，中国国有企业积极参与国际投资贸易活动更是受到西方的高度关注甚至抵制。在国际投资领域，国有企业常被视为政府代理人而频频遭受严苛的投资安全审查和反垄断审查，直接影响国有企业进入国际市场。中国国有企业赴欧美投资过程中，企业的所有制性质在事实上已成为判断跨国收购交易安全性的重要指标，中国海外投资常因投资安全问题引发外资并购失败。在国际贸易领域，国企是否属于"公共机构"这一问题也极为敏感、备受争议，相关的规则博弈集中体现在与中国有关的 WTO 反补贴案件中。在国际投资仲裁领域，甚至有观点认为国有企业并无资格就其投资损失提起投资仲裁申请。

国有企业国际化发展之所以会挑战传统的国际经贸秩序，是因为与政府具有特殊关系的国有企业的经济活动除了有战略目的外，还可能会引发投资安全、破坏市场秩序和公平竞争等诸多问题，其中最受国际社会关注的是公私企业同台竞技可能产生的不公平竞争问题。"公平贸易"和"公平竞争"是中美贸易战的争论焦点，也是令 WTO 陷入困境的原因之一。中美在 WTO 十二年关于"公共机构"之争的补贴措施案，集中反映了各国不同的经济发展水平、政策选择和制度安排而引发的"公平贸易/竞争"的现实困境，也预示着国企条款改革的方向。WTO 中关于国企是否构成"公共机构"的认定问题之讨论集中体现在"中国诉美国反倾销反补贴措施案"（DS379）和"中国诉美国对中国产品的反补贴措施案"（DS437）案中。中美在 WTO 平台展开了关于"公共机构"判断标准等补贴问题的法律论战，然而再高超的司法解释都难以解决规则不明与国企"雌雄同体"的现实困境。问题的根源则在于 WTO 缺乏对国有企业参与全球竞争进行全面规制的规范以及经济转型期国有企业身份混乱这一客观现实。

从深层次角度看，中美关于"双重救济""公共机构"之争的补贴措施案涵盖了"非市场经济方法"与"公共机构"等多个层次的问题，集中反映了各国不同的经济发展水平、政策选择和制度安排而引发的"公平贸易"的现实困境。对于能否对非市场经济国家产品同时进行"双反救济"问题，美国国内经历了认知混乱、行为不一致的行政、司法、立法过程，最终通过国内"修法"并以"溯及适用"的方式明确了国内授权，使得美国突破原先不对非市场经济体采取反补贴措施规定的障碍。美国从"乔治城钢铁案"到 GPX 系列案件和立法实践可以看出，在对是否对非市场经济国家征收反补贴税问题上，美国态度从否定转为肯定，变化很大。是否对非市场经济国家征收反补贴税本身就是极为复杂的法律与政治问题，美国改变以往的立法和行政实践又存在一定的必然性。此外，国企规制问题其实还涉及市场经济地位这一宏大的问题，主要体现在 2017 年欧美分别推出的针对中国"非市场经济"的报告以及中国诉欧美对华反倾销"替代国"措施等案件上。从与国有企业紧密相关的公共机构和市场经济地位问题可以看出，国有企业规制表面是规则博弈，深层次领域却涉及制度之争，相关的争议具有"法律问题政治化"的特性。

# 第三章　21世纪新国企条款的兴起和变法运动

国企是否构成"公共机构"之争的WTO补贴措施案集中反映了国企规制的现实困境和制度供给的不足。于是，欧美国家选择从"身份之争"转向"身份改变"、从法律解释到法律变革的新策略。① 在多边领域展开国有企业"身份之争"法律解释拉锯战的同时，欧美还通过国内单边立法和区域贸易协定的方式推进国企规制的"变法运动"，即通过区域贸易协定推行以"竞争中立"为主要内容的国有企业新规则。竞争中立由澳大利亚国内竞争政策发展而来并快速遁入欧美新区域贸易协定，很大程度上表明了欧美直接以"变法"方式解决国有企业可能存在的"不公平竞争"问题。

## 第一节　21世纪新国企条款的兴起：国内法视角

国际规则的发展往往以国内法为基础，国内法的新动向也往往预示着国际规则的发展方向。与21世纪国企条款内容紧密相关的国内法实践有澳大利亚的竞争中立制度、欧盟针对外国政府补贴的白皮书和补贴新条例以及美国的《外国公司问责法案》《竞争与创新法案》等内容。

### 一、澳大利亚的竞争中立制度

国企新规则最早起源于澳大利亚的竞争中立制度，当前各国也开始制定类似于竞争中立的国内法。起源于澳大利亚的竞争中立制度，是目前全球唯一一个既

---

① 刘雪红：《论国有企业私人投资者身份认定及启示——以ICSID仲裁申请人资格为视角》，载《上海对外经贸大学学报》2017年第3期，第5~16页。

将竞争中立作为竞争制度的原则，同时又有一套完整的执行、监督和申诉体系，常被认为是竞争中立国际规则的起源和范本。澳大利亚联邦政府和州政府对"竞争中立"制度的系统性实践至今已有 20 多年，对其深入研究有助于探析"竞争中立"作为国内法的制度功能。

## （一）澳大利亚竞争中立的起源与适用

从通常含义看，"竞争中立"是指"在经济市场上任何实体都不应有不当的竞争优势或劣势"，① 以"公平竞争"为内涵和要旨的竞争中立属于广义的竞争法范畴。20 世纪 90 年代初，澳大利亚在所有州和地区的支持下，发起一项全国性的竞争政策审议运动。该运动制定了国家竞争政策咨询独立委员会全面审查澳大利亚的竞争政策，并推出了《国家竞争政策审查报告》（又称《希尔默报告》，Hilmer Review）。该报告提出了很多法律和政策改革的建议，其中之一就是竞争中立。澳大利亚发起竞争改革运动是因为 20 世纪 90 年代时澳大利亚的政府企业在私营部门市场逐渐增加，而当时的竞争政策并不包括竞争中立的要求。一些以商业为导向的政府企业享有各种皇家豁免和优势，比如税收、监管、债务担保、优惠利率、免于资产的商业回报率等，使得效率低下的政府企业能够击败高效的竞争对手并争夺其业务，降低市场分配效率。《希尔默报告》成功地将竞争中立列入了澳大利亚的竞争改革议程中，建议通过竞争中立的方式构建统一的国家竞争政策，其中很多改革措施建议被澳大利亚政府和各州政府所通过和采用。② 2006 年的《竞争和基础设施改革协议》进一步加强和澄清了各州、领土和联邦对受竞争中立约束的各种类别政府企业的义务。其中，各政府同意以下事项：明确并报告非商业目标；在与私营部门竞争的市场中不从事规划或监管批准的活动；改善董事会任命的治理；给予政府商业企业运营自主权；明确股息分红政

---

① OECD，"*Competitive Neutrality*：*Maintaining a Level Playing Field Between Public and Private Business*"，OECD Publishing，2012，p. 15.

② 关于竞争中立的起源与发展的详细介绍参见：Australia's National Competition Policy：Its Evolution and Operation，https：//www. australiancompetitionlaw. info/law/policy，last visited on December 6，2023。

策；公开透明地确定类似于补贴的支付；加强公开报告的透明度功能。① 澳大利亚竞争改革的目标是建立一个全面覆盖竞争法、实现更有效的竞争政策框架的全国市场。

澳大利亚之所以能够推出竞争中立制度，关键原因是在发展市场经济中意识到竞争的重要作用。其多年在国际贸易、国内监管和公共部门管理方面进行的经济改革，重视通过市场和竞争促进效率和增长，而竞争中立正是这些经济改革中的一部分内容。②《希尔默报告》建议联邦和州一级的所有法律都引入确定哪些是限制竞争的审查系统，而这也获得了联邦、各州和领土的一致同意。③ 尽管澳大利亚竞争政策和法律关注竞争过程而不是纯粹的竞争力，但是竞争中立政策认识到，如果政府企业的被政府所赋予的任何优势未能被"中和"的话，那么私营部门就难以与其进行有效的竞争并存活。在推行竞争中立政策时，澳大利亚采用了多管齐下的方式。一方面对《竞争法》（当时称为《1974 年贸易行为法》，Trade Practices Act 1974）进行重大修订，要求包括政府企业在内的更多企业遵守竞争法，提出很多针对竞争政策目标的国家竞争政策倡议；另一方面，采取了很多激励措施，比如向执行希尔默审查改革建议的各州和领土政府提供财政奖励，根据希尔默审查报告签署竞争原则协议的各方能够在管辖范围内自主制定实施竞争中立的议程。④

从具体的适用角度看，澳大利亚竞争中立制定仅适用于"重要的政府商业行为"（significant government business activities），且只有在实施的收益大于成本的情况下才能够实施。具体判断步骤和标准如下：第一，是否属于政府商业行为。经营者首先需要判断，其是否符合澳大利亚竞争中立政策的商业行为标准。如果政府享有所有权的实体符合相关条件，相关行为才会被界定为政府商业行为。第

---

①　COAG, Competition and Infrastructure Reform Agreement (10 February 2006) cls 1. 4, 6. 1.

②　Treasury, Review of the Commonwealth Government's Competitive Neutrality Policy, Consultation Paper (March 2017) 1 ( "Treasury Review" ).

③　Deborah Healey, "Competitive Neutrality: Addressing Government Advantagein Australian Markets" in Josef Drexl and Vicente Bagnoli (eds), *State-Initiated Restraints of Competition*, Edward Elgar, 2015, pp. 3-39.

④　Council of Australian Governments ( "COAG" ), Competition Principles Agreement (11 April 1995), as amended (13 April 2007).

二，是否属于"重要的"（significant）政府商业行为。在澳大利亚，可以实施政府商业行为的实体主要被分为两大类，即法律上独立于政府的组织和法律上不独立于政府的组织。在判断国有企业是否参与了显著和重要的商业活动时，可依据三个条件进行判断，即：向产品和服务的用户收取费用；该市场存在一个实际或潜在的竞争者（无论国有或私有）；管理者在生产供应产品和服务以及定价方面拥有一定程序的独立性。[1] 第三，实施竞争中立政策的收益是否大于成本，即要展开成本收益分析。澳大利亚政府竞争中立投诉办公室认为，实施竞争中立政策的成本并非如想象中那样显著，完全可以基于已有的成本核算系统予以评估管理。如果有企业想要证明实施竞争中立政策的成本超过收益，则其需要考虑这些成本是否主要来自实施竞争中立政策本身。证明实施竞争中立的成本大于收益的举证责任由主张不适用竞争中立政策的一方承担。即，如想排除适用竞争中立政策，需向澳大利亚政府竞争中立投诉办公室提供成本收益分析的证据相关文件。

## （二）澳大利亚竞争中立的执行机制

澳大利亚竞争中立的执行机构主要包括金融与行政部（Department of Finance and Administration）、财政部（Treasury）和澳大利亚政府竞争中立投诉办公室（Australian Government Copetitive Neutrality Complaints Office）。金融与行政部主要负责确保有效的竞争中立支付系统，国有企业的实际控制人或国有股东必须每年通过调查报告的形式向金融与行政部报告实施竞争中立的情况；财政部负责编制包括竞争中立内容的《澳大利亚政府国家竞争政策年度报告》；竞争中立投诉办公室则是根据 1998 年《生产力委员会法》设立的、隶属于生产力委员会（Productivity Commission）的一个自治单位。[2] 澳大利亚竞争中立政策的实施和执行主要体现在投诉机制上。任何个人、企业、政府或非政府组织机构均可依法向澳大利亚政府竞争中立投诉办公室（或地方投诉机构）提出违反竞争中立政策的投诉。澳大利亚政府竞争中立投诉办公室（AGCNCO）是生产效率委员会下的

---

① OECD 著，赵立新、蒋星辉、高琳译：《竞争中立：各国实践》，经济科学出版社 2015 年版，第 127 页。

② 应品广：《竞争中立规则研究——国际比较与中国选择》，中国政法大学出版社 2020 年版，第 29~30 页。

一个机构。投诉的理由往往包括：某一政府的商业行为没有进行竞争中立的安排或没有遵循竞争中立的安排；当前的竞争中立安排无法有效地消除因政府所有权产生的竞争优势等。同时，根据1998年《生产力委员会法》的规定，澳大利亚的政府机构也可以基于受到政府政策影响而在与私人企业竞争时处于劣势的理由向投诉机构提起投诉。投诉必须以书面的形式提起，并在投诉书中说明投诉对象的竞争优势以及投诉主体因此遭受的损害。澳大利亚政府竞争中立投诉办公室可以提供投诉书模板，并有相关工作人员提供投诉帮助。澳大利亚政府竞争中立投诉办公室（地方投诉机构）的主要作用是接收投诉并进行调查，最终向相关部门其主管人员提供政策建议。在联邦层面，收到投诉后，澳大利亚政府竞争中立投诉办公室首先会对投诉申请进行初步调查。若其认为被投诉主体没有违反竞争中立义务，则驳回投诉；若认为被投诉主体违反了竞争中立义务，可以建议被投诉主体相关政府部门履行竞争中立义务，修正不合理的定价或其他限制竞争的行为；如果这种建议不能达到预期效果，可以申请财政部部长批准进行公开调查，财政部部长应在期限内决定是否接受相关的竞争中立建议之决定。如果接受，财政部就要采取相关的强力救济措施，通常是调整"重要的政府商业行为"的成本结构。相关的竞争中立调整措施包括：分离商业和非商业活动、缴纳竞争中立调整费、税收中立调整、债务中立调整、监管中立调整和商业回报率调整等。Deborah Healey教授认为，竞争中立政策的整个制度设计相对更注重透明度和问责性，对不遵守竞争中立政策的行为其实并不存在惩罚性规定。因为通过投诉程序对行为进行透明审查、对政府行为或程序事项进行纠正并公布结果，就已经能增加对政府企业和各部长的问责从而确保政府所参与竞争的市场中有一个公平的竞争环境。①

澳大利亚所形成的独具特色的、系统性的竞争中立制度已经受到国际社会的高度关注并被欧美新自由贸易协定所借鉴和利用，被认为是国企国际新规则的起源。许多国家已经以澳大利亚的"竞争中立"的理论和运作方式作为最佳样本和参照对象，比如中国就在借鉴的基础上构建了公平竞争审查法律制度。在国际法

---

① Deborah Healey and Fhonda L. Smith, Competitive Neutrality in Australia: Opportunity for Policy Development, *Competition & Consumer Law Journal*, Vol. 25, 2018, p. 230.

领域，当前主流观点和实践也表明，竞争中立侧重于规制国有企业不当竞争优势以及国有企业与私企不公平竞争的问题，属于专门规范国有企业的特殊"竞争法"。①

## 二、欧盟新法：针对外国政府补贴的白皮书和补贴新条例

在国际法领域倡导国企新规则的同时，欧美首先积极通过国内的单边立法强化对国企活动的全方位规制。其中，欧盟关于国有企业或政府经济活动最有名的新立法就是《关于扭曲内部市场的外国补贴条例》（简称《外国补贴条例》）。2021年5月5日，欧盟委员会在2020年白皮书的基础上发布了针对外国补贴扭曲内部市场的监管新规草案，目的是用以解决非欧盟国家补贴商业活动而对欧盟内部市场产生扭曲效应的问题。在欧盟看来，外国补贴可能有助于外国公司进入欧盟市场收购欧盟公司、扭曲获得补贴的企业的投资决策、市场运作和定价，或在公共采购中扭曲投标。新规将赋予欧盟委员会调查外国补贴案件的权力以及裁定资产剥离、禁止并购以及禁止向受补贴的投标人提供采购合同等。

### （一）欧盟外国补贴规则的推出过程与争论

为全面构建对补贴行为的规制，欧盟认为有必要推出解决扭曲欧盟内部市场公平竞争环境（undermine the level playing field）的新工具，针对在欧运营的非欧盟企业所涉及的国家补贴行为构建审查制度框架。2020年6月欧盟发布《关于对外国补贴建立公平竞争环境的白皮书》，2021年5月5日，欧盟委员会在白皮书的基础上发布了针对外国补贴扭曲内部市场的监管新规——《外国补贴新条例》，随后进行公众咨询，并交付至欧洲议会和成员国进行讨论并表决。2022年6月30日欧盟理事会和欧洲议会就外国补贴扭曲内部市场的规定达成了临时的政治共识，已于2023年7月生效实施。在欧盟委员会提出草案提案后仅一年多，欧盟理事会和欧洲议会就达成了政治共识，这表明欧盟内部普遍支持通过新法规以解决外国补贴产生的竞争扭曲问题。

《外国补贴条例》将成为新一代的单边反补贴规范或产业补贴规范的导向。

---

① 石伟：《"竞争中立"制度的理论和实践》，法律出版社2017年版，第16页。

该条例的目的在于解决非欧盟国家补贴商业活动而对欧盟内部市场产生扭曲效应的问题，避免获得外国补贴的企业活动扭曲欧盟市场、破坏竞争。欧盟认为，外国补贴可能有助于外国公司进入欧盟市场收购欧盟公司，扭曲获得补贴的企业的投资决策、市场运作和定价，或在公共采购中扭曲投标。故而，新规赋予欧盟委员会调查外国补贴案件的权力以及裁定资产剥离、禁止并购以及禁止向受补贴的投标人提供采购合同等权力。欧盟新推出的针对外国补贴的规范既不同于只针对欧盟成员国政府行为的国家援助制度，也不同于针对过境货物贸易中的反补贴调查与措施，而是针对外国企业在欧经营中存在的外国政府补贴问题。当然也有学者认为，《外国补贴条例》其实与国家援助制度（state aid mindset）很相似，是基于后者的逻辑而构建的。① 新制度将全方位地审查外国企业在欧经营、并购、参与政府采购等市场经营行为，如果在欧外国企被认定因补贴而扭曲了欧盟市场，则可能会被拆分、限制经营、排除出公共采购市场。在欧盟看来，外国如果不对本国的补贴措施进行审查或者约束，那进入欧盟市场后就由欧盟来实现规范制约，由欧盟委员调查非欧盟国家公共当局提供的财政资助并纠正其所导致的扭曲，从而实现市场上的公平竞争和规制上的一视同仁。欧盟将要构建起针对公共企业和补贴的全方位的规制框架，如图 3-1 所示。

《外国补贴条例》推出过程中曾引发巨大的反响与讨论。欧盟曾就外国补贴新政策向公众广泛征求意见，收到来自各国的政府、企业、协会、个人、律所、学术机构、非政府组织等 150 份咨询意见。② 多数咨询意见都支持欧盟构建新的政策工具，分歧主要集中于新政策的具体条文规定上。评论中既有支持新条例、希望再加强严监管的主张，也有反对过严监管、立法模糊和裁量权过大的意见，具体如下：（1）认为新条例的规定需要更严格和周全。比如：评论者希望补贴的定义能够更广泛地涵盖各种财政资助的情形，将第三国较低的劳动法或环境保护

---

① Jakub Kociubinski, The Proposed Regulation on Foreign Subsidies Distorting the Internal Market: The Way Forward or Dead End?, *European Competition and Regulatory Law Review*, Volume 6, Issue 1, 2022, p. 56.

② Summary of the Responses to the Public Consultation on the White Paper on Levelling the Playing Field as Regards Foreign Subsidies, https://ec.europa.eu/competition-policy/system/files/2021-06/foreign_subsidies_white_paper_2020_summary_public_consultation.pdf, p. 1, last visited on December 7, 2023.

图 3-1 欧盟针对政府补贴/公共企业的欧盟规范体系

标准也视为补贴，更明确地规定如何认定外国国有企业存在补贴。条例所规定的救济措施应该是非穷尽式清单，认为缺乏返还补贴措施、结构性补救措施（禁止合并等）影响过大应谨慎使用，应允许对处罚措施进行起诉。① （2）认为新条例不应该比欧盟竞争法或国家援助制度更严格，应与其他政策工具保持一致。此类观点意识到新条例对外国直接投资具有潜在的负面影响、会产生较大的行政负担，认为新条例创设的监管力度应该与欧盟合并条例、公共采购指令、计划的国际采购工具、外国直接投资监管条例和贸易防御工具等保持一致。② （3）认为新条例存在一定的模糊性，提议欧盟委员会通过发布指南的方式进一步细化相关规则和概念。评论者认为，要更明确地界定外国补贴、扭曲、救济措施（redressive measures）、欧盟的利益、评估标准等重要概念；提议加强透明度；当涉及产能过剩的补贴或者是对国有企业的补贴时，提议采用举证责任倒置的方式；要求外国

---

① Summary of the Responses to the Public Consultation on the White Paper on Levelling the Playing Field as Regards Foreign Subsidies，https：//ec. europa. eu/competition-policy/system/files/2021-06/foreign_subsidies_white_paper_2020_summary_public_consultation. pdf，p. 2，last visited on December 13，2023.

② Summary of the Responses to the Public Consultation on the White Paper on Levelling the Playing Field as Regards Foreign Subsidies，https：//ec. europa. eu/competition-policy/system/files/2021-06/foreign _ subsidies _ white _ paper _ 2020 _ summary _ public _ consultation. pdf，last visited on December 13，2023.

国有企业在欧盟参与经济活动之前，就应该主动告知或提供国家援助的合规认证证明（a state aid compliance certification）。① （4）在欧投资受到影响的国家则提出反对意见，希望减少监管。评论者认为过于宽泛和模糊的"补贴""扭曲"等概念会使得当局拥有太多的自由裁量权，不应对国有企业进行"过错"推定、反对举证责任倒置（a reversed burden of proof）、反对对外国投资者施加严于欧盟企业的规则等。② 可见，公众咨询意见反映了各国、各行业对新条例不同的看法和评价，既有代表欧盟利益、意欲更多地借鉴欧盟国家援助制度创设外国补贴审查制度的主张，也有赴欧投资受影响的利益相关方的反对主张，同时也有期待新条例保持制度中立的相对客观的主张。

### （二） 欧盟外国补贴规则的主要内容

新条例参照了WTO《补贴与反补贴措施协议》的逻辑对"外国补贴"进行了明细和详细的规定，主要的规则和概念界定有以下内容。

（1）构成外国补贴的三个要件。《外国补贴条例》（以下简称《条例》）第3.1条规定了外国补贴的三个要件，即：非欧盟国家直接或间接提供的"财政资助"（financial contribution），该"财政资助"能使在欧盟内部市场上从事经济活动的企业受益，"财政资助"只给予一个或几个企业而非全行业（"财政资助"具有专向性）。

（2）"财政资助"的范围或表现形式。《条例》第3.2条规定可构成"外国补贴"的"财政资助"主要包括：资金或负债的转移（例如注资、赠款、贷款、贷款担保、财政激励、抵消经营亏损、补偿公共当局施加的财务负担、债务宽恕、债转股或重新安排）、本应到期的收入、商品和服务的提供或购买。

---

① Summary of the Responses to the Public Consultation on the White Paper on Levelling the Playing Field as Regards Foreign Subsidies, https： //ec. europa. eu/competition-policy/system/files/2021-06/foreign_subsidies_white_paper_2020_summary_public_consultation. pdf, p. 4, last visited on December 13, 2023.

② Summary of the Responses to the Public Consultation on the White Paper on Levelling the Playing Field as Regards Foreign Subsidies, https： //ec. europa. eu/competition-policy/system/files/2021-06/foreign_subsidies_white_paper_2020_summary_public_consultation. pdf, pp. 4, 5, last visited on December 13, 2023.

（3）对提供财政资助的第三国主体的范围界定。第3.2条规定提供财政资助的第三国主体包括：中央政府和各级政府部门、行为可归因于第三国的外国公共实体，以及其行为可归因于第三国的任何私人实体。其中，外国公共实体的判断因素包括外国公共实体的特征、所在国的法律和经济环境、实体的运作以及政府在经济中的作用。

（4）对欧盟内部市场扭曲的判断。《条例》第4条规定，一项外国补贴如果有可能提高在内部市场中的企业的竞争地位，并且实际上或潜在地对内部市场的竞争产生负面影响，那么就可认定其扭曲了内部市场。具体的判断指标包括：补贴的金额和性质，相关企业和有关市场的情形，有关企业的经济活动水平，外国补贴的目的、条件和用途。该条同时规定不构成扭曲内部市场的例外情况，即：如果外国补贴在连续三个财政年度内总额低于400万欧元，就可能被欧盟认定没有扭曲内部市场。

（5）对可能扭曲内部市场的外国补贴进行类型化规定。《条例》第5条规定了最有可能扭曲内部市场的外国补贴类型，包括四种：① 给予陷入困境的企业的外国补贴，因为某一企业在没有任何补贴的情况下可能会在短期或中期停业，除非有一个能够促进其长期生存能力的重组计划以及该企业自身的重大努力；② 违反OECD关于官方支持出口信贷安排的出口融资措施；③ 以无限担保形式提供的外国补贴，即对金额或期限没有任何限制的担保；④ 直接促成企业集中的外国补贴；⑤ 能够使企业提交具有不当优势的投标并获得公共合同的外国补贴。可见，《条例》通过二元的方式来判断外国补贴是否"扭曲"了欧盟内部市场，第5条规定了典型的、可被自动视为具有扭曲性的补贴，而第4条则规定了判断扭曲效应的非详尽性的指标以指导相关的评估工作。

（6）对外国补贴规制的三种模式。欧盟新条例对外国补贴规制规定了三种模式或工具，包括非欧盟企业的合并申报、公共采购招标的申报和通用的市场调查工具，具体如下。其一，符合营业额和补贴额度的非欧盟企业的合并申报。当被收购的公司（或至少一个合并方）在欧盟的营业额超过5亿欧元，且有关经营者从第三国获得的财政资助超过5000万欧元时，则会触发强制性申报。如果欧盟委员会认为参与集中的经营者在过去三年内可能受益于外国补贴，也可要求未达到申报门槛的经营者进行申报。其二，非欧盟国家政府提供财政资助的公共采购招标的申报。如果公共采购金额达到或超过 2.5 亿欧元，且投标者已从第三国收到至少 400 万欧元的财政贡献，那么所有投标者均需申报曾接受过的外国补贴。其三，普通调查机制。主要用于调查较小的企业合并、公共采购以及所有其他的市场扭曲情形，委员会可以依职权主动启动调查并可以要求临时申报。普通调查机制涉及的范围广泛，涵盖 2023 年 7 月 12 日之前五年内外国企业所获得的任何外国补贴，包括低于强制性申报门槛的补贴。但是，任何连续三个财政年度期间少于 400 万欧元的外国补贴除外，因为其被认为"不太可能"扭曲欧盟市场。

对于申报的两种模式，收购方或投标人必须事先申报从非欧盟国家政府获得的、与企业集中或公共采购有关的任何财政资助。在委员会完成审查前，相关的企业集中不能实施，被调查的投标人不能被授予合同。如果一家公司没有履行申报义务，未按要求对获得补贴的企业集中或受到财政资助的采购进行申报，欧盟委员会可以对该交易实施罚款并审查。普通调查机制则可以使欧盟委员会在怀疑可能存在外国补贴时展开调查，比如出现绿地投资或低于规定门槛的企业集中和采购。在这种情况下，委员会将能够主动依职权启动调查，并可要求临时申报。《条例》将完全由委员会负责执行，以确保其在整个欧盟范围内的统一适用。如果委员会确定存在外国补贴且该补贴将导致扭曲，那么它将在必要时考虑外国补贴潜在的积极作用，并综合考虑这些积极作用对市场扭曲的抵消。当消极作用大于积极作用时，委员会将有权实施纠正措施或接受有关公司对于纠正扭曲的承诺。关于纠正扭曲的措施和承诺，规定中包括一系列结构性或行为纠正措施，如拆分特定资产、禁止特定市场行为、退回外国补贴等。对于已经申报的交易，委员会也有权禁止受补贴的收购或禁止将公共采购合同授予获得补贴的投标人。

### (三)《外国补贴条例》立法特点

《外国补贴条例》具有立法规定不够明确、过于灵活的特点，而立法上的不确定易产生投资环境的不确定性。

第一，《外国补贴条例》的申报和审查程序繁杂。欧盟设置重叠和交互的审查机制可能带来双重矫正的问题，使得决策程序拖沓、严苛，不仅增加了交易成本，还加大了交易难度。① 比如，《外国补贴条例》不仅对企业增设了事前申报义务，还设置长达10年的追溯期，审查机关可以依据审查结果做出禁止、中止或终止交易的决定。

第二，《外国补贴条例》扩张了规制范围并设置了多种惩罚机制。新法将补贴的审查范围从传统的贸易领域扩展至投资、并购及政府采购领域，还对扭曲欧盟内部市场公平竞争的行为设置了严格惩罚机制。

第三，只重行为审查而不再以主体为约束条件，并且行为审查标准相对模糊。与 SCM 协议以及 CPTPP 不同，《外国补贴条例》的审查核心主要看外国补贴是否对欧盟市场具有扭曲的影响，而判断市场扭曲主要看外国补贴是否使得接受补贴的企业具有相较于其他企业的不当竞争优势以及对内部市场的竞争影响。尽管《外国补贴条例》在第3.1条提供了判断市场扭曲的五项概括性参考指标，相关企业和有关市场的情形、有关企业的经济活动水平等指标过于宽泛，使得欧委会在操作上具有较大的自由裁量权，存在着权力被滥用的危险，会导致欧盟投资市场的不确定性和不可预测性。

第四，欧盟新推出外国补贴新政策与欧盟的国家援助制度高度相似，二者配合对欧盟领域内的补贴和外国补贴形成了全面的规制，可以说是针对政府补贴问题的一体两面。一方面，欧盟国家援助制度相当于外国补贴规则的模板，二者在概念和内容上有诸多相似之处。比如，负责实施《外国补贴条例》的机构正是负责欧盟国家援助的欧盟委员会，规定了主动申报、接受审查等要求。《外国补贴条例》中很多概念和评估标准都是以《欧盟国家援助法》为基础，欧盟委员会可能明确用实施欧盟国家援助的方法来实施《外国补贴条例》。② 另一方面，外国补贴规则与欧盟国家援助制度又存在一定的不同。对于成员国政府的补贴行为，欧盟国家援助制度规定了收回援助的内容，如果不执行则通过司法程序救济，但对于外国政府的补贴行为，欧盟并无权强行要求外国政府收回援助，于是设计了禁止在欧企业意欲从事的经济活动，包括罚款、禁止并购、参与公共招

---

① 张生、李妮：《欧盟外国补贴立法：发展、影响及中国的应对》，载《国际贸易》2022年第3期，第53页。

② 徐明妍：《欧盟竞争政策的重大变革：规制外国补贴》，载《竞争政策研究》2021年第5期，第52页。

标、拆分特定资产等。

### （四）对欧盟《外国补贴条例》的评价

欧盟委员会已经在并购审查中开始尝试了解和评估补贴对市场的影响并开始构建系统的评估和纠正制度，而这一新制度将与欧盟域内的国家援助制度、多边层面的反补贴制度一起共同形成防范国有企业以及国家补贴扭曲欧盟市场的"防火墙"。欧盟针对外国补贴的新政策必将成为对外国投资进行国家安全审查和反垄断审查并行的投资审查制度，某种程度上有利于促进补贴的规范化以及更公平的竞争环境。但是，也要看到欧盟新规规定的不确定性以及侧重于加强对欧盟竞争力的保护以及对外国投资的限制。

首先，欧盟新规定会影响赴欧投资，加重企业的投资风险和负担甚至形成新的投资障碍。比如，对于赴欧投资就需要将进行两类新增的事前申报制度。如果是并购交易，在达到相应申报标准的前提下，企业就须向欧盟委员会申报涉及外国政府补贴的并购交易，在获得批准后方可交割，而这一申报将是一项独立于欧盟或其成员国现行的企业并购反垄断申报的全新制度。对于公共采购，则需要在达到相应申报标准的前提下，参与欧盟公共采购项目的企业须申报其在过去 3 年所获得的外国政府补贴的情况，或声明确认其在过去 3 年未获得任何外国政府补贴，在获得批准后方可被授予公共采购合同，而该申报制度下的"公共采购"则覆盖了工程、货物或服务投标。尤其重要的是，新规将赋予欧盟委员会对过去10 年内可能扭曲欧盟市场的外国政府补贴主动进行事后审查的权利，相关企业可能被欧盟委员会要求提供所有必要的信息接受审查，覆盖的领域也包括了未达申报标准的并购交易和绿地投资等，相关企业可能在欧盟境内和境外受到欧盟委员会的调查。任何一家欧洲公司都很难承受久拖不决且充满不确定性的政府审查，在选择交易对象时，外国企业很可能会由于交易成本过高、交易难度过大、交易周期过长等因素而被排除欧盟投资合作伙伴之外。[①]

其次，欧盟新规定可能成为欧盟发展高科技和重要产业的战略工具，尤其针

---

① 胡子南、高拴平：《欧盟推出外国财政补贴新监管机制的动向、影响和应对》，载《国际贸易》2021 年第 4 期，第 79 页。

对中国国有企业竞争者，会加剧中欧之间的经济竞争。近年来，中欧经济竞争加剧，中国对欧洲的投资并购活动主要通过国有企业或者在国外的合资公司完成，引发了欧盟对其核心产业竞争力和国家安全的担忧。2019年3月欧盟委员会发布的《欧中战略展望》就指出中国在高科技领域是欧盟的经济竞争者，在治理模式上是欧盟的制度对手，认为需要以灵活的、务实的整体方针去捍卫欧盟的利益和价值观。① 德国颁布的《德国工业战略2030》提出，高科技是推动结构变革的决定性因素，新技术将主导经济发展和增长周期、促进地区的长期繁荣，欧盟不应该仅成为全球的主要市场，还应该成为高新科技的供应者。报告认为，美国的大型科技公司每年都在科技上投入巨额资本，而中国则通过国家为科技发展提供大量的资金，相比之下德国和欧洲对高科技和重要产业的投入相对不足。② 《欧盟外国补贴条例》借助对外国补贴的投资进行严格的审查和限制以保护其战略产业和核心技术，具有比较明显的对华针对性。一方面，欧盟新规定对中国国有企业投资影响较大。欧盟新规定将国有企业、国有银行贷款及通过所有权结构将私人实体纳入审查范围，中国国有企业参与对欧并购、基础设施投标、使用欧盟内部结构基金等都会成为重点审查对象；新规对中国政府与企业之间的控制关系做"有罪推定"并对中国企业进入欧盟市场设置更多、更复杂和更严苛的审查程序，从而削减我国对欧盟高科技领域和战略性行业的直接投资。③ 另一方面，欧盟新规定也会波及中国私营企业在欧投资。在欧盟的大型交易中，来自中国的投资多数含有国有股份或来自国有机构的融资（比如国有性质银行贷款），易使欧盟误以为是中国政府主导企业在欧投资和收购，从而不加区分地对我国企业实施财政补贴审查。欧盟新规定会极大地影响中国企业在欧开展正常的生产经营和投标投资业务，特别是近些年我国大力扶持和鼓励发展的高新技术产业和战略性新兴产业。

再次，欧盟通过单边立法来解决国际贸易领域中的补贴问题，可能会对他国

---

① European Commission, EU-China A Strategic Outlook, 12 March 2019, p. 1.

② Federal Ministry for Economic Affairs and Energy of Germany, Industrial Strategy 2030-Guidelines for a German and European Industrial Policy, p. 20.

③ 张生、李妮：《欧盟外国补贴立法：发展、影响及中国的应对》，载《国际贸易》2022年第3期，第54页。

产生示范效应。以欧盟过去三年构建外商投资安全审查机制为例，欧盟理事会
2019 年 3 月批准《欧盟外商直接投资审查条例》后，不仅很多欧盟成员国纷纷
修订或构建本国的外商投资安全审查制度，全球范围内的其他主要经济体（加拿
大、日本、韩国、印度和澳大利亚等）也快速推出了外商投资安全审查制度。欧
盟通过《外国补贴条例》率先推出监管外国补贴的机制，极有可能会引发连锁反
应，刺激其他西方国家跟进设置更加严密的外国补贴审查网络。① 尤其在全球贸
易保护主义泛滥的情况下，美国、英国、日本、加拿大、新西兰和澳大利亚等国
很有可能跟进欧盟的立法并继续收紧对华投资监管。外国补贴规制网络不仅直接
导致外国企业需要应对越来越多的投资目标国审查，还会在 WTO 改革和双边协
定谈判过程中就国有企业规制、投资资金来源审查、公平贸易问题进行博弈，从
而造成国际投资环境低迷，不利于世界经济的恢复。②

总之，欧盟《外国补贴条例》创建了将竞争法和贸易法相结合的独特的混合
型制度（a unique hybrid of competition and trade law tools），是对政府补贴行为进
行严格规制的典范。《外国补贴条例》的目的在于解决外国向在欧盟开展业务的
公司提供补贴所造成的竞争扭曲问题，其中重点规制的对象是外国国有企业
（SOEs）利用外国补贴在欧盟进行不公平竞争的行为。通过《外国补贴条例》的
系统化规范，欧盟将构建起针对国有企业和政府补贴的全方位的规制框架，有助
于促成公平的竞争环境、保障国家间良性的竞争，但是也会对国际投资合作形成
新的挑战，会加重企业的投资负担和风险、构成欧盟的新战略工具且具有较明显
的对华针对性，需要密切关注。

## 三、美国新法：《外国公司问责法案》和《创新与竞争法案》

为应对国有企业参与国际经济的挑战，美国除了在多边场合推进国企新规则
外，同时也在国内酝酿推出《外国公司问责法案》（Holding Foreign Company
Accountable Act）、《创新与竞争法案》《稳定就业与抗全球市场扭曲法案》等新法

---

① 胡子南、高拴平：《欧盟推出外国财政补贴新监管机制的动向、影响和应对》，载
《国际贸易》2021 年第 4 期，第 79 页。
② 张生、李妮：《欧盟外国补贴立法：发展、影响及中国的应对》，载《国际贸易》
2022 年第 3 期，第 54 页。

案。美国推行单边立法目的就是要防治外国国企活动和政府补贴引发的不公平竞争问题。下文对《外国公司问责法案》和《创新与竞争法案》展开分析。

## （一）《外国公司问责法案》

### 1.《外国公司问责法案》的出台与内容

美国于 2020 年 12 月 18 日获批的《外国公司问责法案》对在美上市的外国公司提出了新的监管要求。该法案规定在美国上市的外国公司出具审计报告，前提是如果美国上市公司会计监督委员会（the Public Company Accounting Oversight Board，简称 PCAOB）认定因外国司法管辖区当局采取的立场使得它无法进行全面检查或调查要求。[1] 美国上市公司会计监督委员会要确保上市公司发行人聘用了其所认定的公共会计师事务所并由其审计其财务报表。该法案旨在对 2002 年《萨班斯—奥克斯利法案》（Sarbanes-Oxley Act）进行修改，要求外国公司必须向美国证监会提交文件，证明公司不受外国政府拥有或掌控，并要求外国公司遵守 PCAOB 的审计标准。该法案出台的外在诱因是在美国上市的瑞幸咖啡公司于 2020 年虚假交易额达 22 亿元人民币的财务造假事件，对中概股的集体声誉带来了负面影响；内在诱因则是中美之间跨境证券监管难题以及美国针对中国的政治目的。[2] 美国证券市场的信息披露制度要求在美上市公司应最大限度地向公众披露相关信息，并保障信息披露的真实性和完整性，但美国认为上市公司母国法律出于国家经济主权和安全考虑会限制某些信息的获取。

从内容上看，《外国公司问责法案》是对《萨班斯—奥克斯利法案》的修订和补充。《萨班斯—奥克斯利法案》又被称为《上市公司会计改革与投资者保护法案》，其立法目的是规制上市公司的信息披露和保护投资者，规定了上市公司的信息披露义务以及对证券市场财务欺诈等违法犯罪行为的处罚，通过规范上市公司行为保护投资者。《外国公司问责法案》在其基础上新增了对外国上市公司更严格的信息披露和审计要求，还加入了专门针对中国上市公司的额外披露义

---

[1]　U. S. Securities and Exchange Commission, Holding Foreign Companies Accountable Act, https：//www. sec. gov/hfcaa, last visited on December 13, 2023.

[2]　马更新、郑英龙、程乐：《〈外国公司问责法案〉的美式"安全观"及中国应对方案》，载《商业经济与管理》2020 年第 9 期，第 83 页。

务，其内容总共三部分，分别为：法案全称、具体的信息披露义务以及违反规定的后果、相关术语界定以及额外信息披露义务。根据新法案的要求，披露主体必须提交文件证明其并非由外国政府所拥有或控制。新法案额外信息披露要求则包括：（1）在申报的涵盖的年度内注册会计师事务所为发行人出具的审计报告。（2）发行人本国政府实体所持有的该公司股份的比例。（3）在注册会计师事务所所在的外国法域，政府实体对发行人是否拥有控制性的财务利益（a controlling financial interest）。（4）发行人或发行人的营业实体的董事会成员如有共产党官员，需披露姓名。（5）发行人的公司章程（或同类文件）中是否包含中国共产党章程的相关内容。《外国公司问责法案》生效后，如果外国证券发行人连续三年不能满足美国公众公司会计监督委员会对证券发行人会计师事务所的检查，其证券可能将被禁止在美进行交易。具言之，如果美国公众公司会计监督委员会连续三年无法对特定上市公司进行检查和监督，则美国监督交易委员会有权对该公司采取以下措施：禁止在全国交易所进行交易；禁止美国监督交易委员会管辖范围内的其他市场进行场外交易。被采取以上措施的上市公司只有重新聘用能够受美国监督交易委员会监督的会计师事务所才能解除禁令。但是，若在解除禁止后该公司再次出现"无法监督"的情况，美国监督交易委员将有权发布效力长达5年的交易禁令。

2.《外国公司问责法案》针对中国国企或政府参与经济的行为

《外国公司问责法案》最大的特点就是对中国国有企业或政府参与经济行为的针对性，对拥有国资背景的中概股影响尤甚。《外国公司问责法案》要求发行人必须证明其不受外国政府控制，但是否由外国政府控制的判断标准难以把握，这使得在美国上市的中国国企面临着各种不确定性。

首先，是否"受外国政府控制"的判断标准模糊，可能同时包括股权控制和非股权控制的形式，对中国国有企业影响尤其大。中国由国家参与出资的企业包括国有独资企业、国有控股企业和国有参股企业，其中国有独资公司属于中国的有限责任公司，相当于美国公司法上的封闭式公司，该类国有独资公司无法在美上市，因而可能受到美国新规影响的只有后两类国有企业。国有控股企业又分为国有绝对控股和国有相对控股公司，这类企业极有可能被美国证券监管机构认定为由外国政府机构控制，从而面临退市的风险。在国有参股的私营企业中，国家所占股份比例虽低，但是其是否属于《外国公司问责法案》所谓的由外国政府控制则存在很大的自由裁量空间，在中美关系紧张的政治背景下易被视为由外国政府控制。① 此外，由国有独资公司控股的上市公司也可能属于《外国公司问责法案》中的"由外国政府控制"的企业，比如，中国石油天然气股份有限公司的控股股东是中国石油天然气集团有限公司，而中国石油天然气集团有限公司属于国有独资企业，其唯一股东是国务院国有资产监督管理委员会，这种间接控股的方式似乎也可能被认定为"由外国政府控制"。②

其次，《外国公司问责法案》所规定的"控制性财务利益"进一步超越了股权控制，扩张至更高层面的财务控制。在金融创新的背景下，采用协议控制模式的融资方式被广泛适用，其主要指出资人通过协议对该企业享有控制性财务利益。《外国公司问责法案》中所规定的政府实体享有控制性财务利益，应该指向的就是政府实体向企业出资但并不成为其股东，而是通过协议的方式使得该政府实体对企业享有控制权。这显然会极大扩充新法案的规范范围，将"不受外国政府拥有或掌控"的企业进一步扩展至更多的私有企业。

最后，从《外国公司问责法案》的文本规定和立法过程可以看出美国对中国国企和政府参与经济行为的不信任。虽然《外国公司问责法案》适用于所有在美上市的外国公司，但提出法案的参议员以及该法案的条文规定本身毫不掩饰地表明其主要针对在美上市的中国公司。《外国公司问责法案》立法过程中所收到的一些立法评论认为，新修正案可帮助投资者了解中国政府对上市公司的所有权和控制权水平，他们赞同新法案的立法目标、担心中国公司缺乏透明度。③ 另有评论者表示，由于许多在美国上市但在中国开展业务的公司都使用了可变利益实体（VIE）架构，披露要求可以理解为在美上市公司不要求披露中国政府所拥有的股份，而《外国公司问责法案》刚好填补了这一监管漏洞，因为其规定"委员

---

① 马更新、郑英龙、程乐：《〈外国公司问责法案〉的美式"安全观"及中国应对方案》，载《商业经济与管理》2020 年第 9 期，第 85 页。

② 马更新、郑英龙、程乐：《〈外国公司问责法案〉的美式"安全观"及中国应对方案》，载《商业经济与管理》2020 年第 9 期，第 86 页。

③ U. S. Securities and Exchange Commission, Holding Foreign Companies Accountable Act Disclosure（No. 34-93701）, p. 5.

会所认定的外国发行人必须披露政府实体所拥有的股份比例，包括注册成立的外国司法管辖区以及经营实体成立地的外国发行人的政府实体"。①

3. 对《外国公司问责法案》的评价

首先，《外国公司问责法案》重点强调信息披露相关的透明度要求，某种程度上确实具有保护投资者的积极意义。美国证券市场的信息披露制度要求上市公司最大限度地向公众披露相关信息，同时保障信息披露的真实性，以维护美国投资者的投资安全。美国证券的立法实践始终是以强制信息披露为核心保障资本市场有序与安全，在对以各种形式上市后的公司融资等活动的监管主要通过财务报告、重大事项等形式进行信息披露。② 近年来，由于中概股多次出现造假事件使得美国监管部门认为难以获取中概股的全面信息是中概股造假的重要原因。于是，美国有关部门全方位出手解决中概股信息披露问题。2020年6月4日，美国政府发布《保护美国投资者免受中国公司重大风险危害的备忘录》，再次提及中概股信息披露问题以及跨境审计冲突对于美国投资人和美国资本市场的损害。③ 该《备忘录》要求财政部部长领导金融市场工作组讨论中国政府未能履行关于市场透明度、问责监督等国际承诺而对美国投资者和金融市场带来风险。④ 《外国公司问责法案》一定程度上体现了从上市公司内部审计转向内部审计和外部独立审计相结合的监管模式的转向，也体现了美国证券监管从自律到自律与监管结合、从放松到严格的实质转变。⑤ 《外国公司问责法案》正是在此背景下为了加强透明度而推出的，其与2002年《萨班斯—奥克斯利法》一样，都注重信息披

---

① U. S. Securities and Exchange Commission, Holding Foreign Companies Accountable Act Disclosure（No. 34-93701）, p. 13.

② 耿志强：《美国金融安全审查的新趋向、影响及应对——以〈外国公司问责法〉为切入》，载《西南金融》2021年第1期，第31页。

③ Memorandum on Protecting United States Investors from Significant Risks from Chinese Companies, https：//trumpwhitehouse. archives. gov/presidential-actions/memorandum-protecting-united-states-investors-significant-risks-chinese-companies/, last visited on December 13, 2023.

④ Memorandum on Protecting United States Investors from Significant Risks from Chinese Companies, https：//trumpwhitehouse. archives. gov/presidential-actions/memorandum-protecting-united-states-investors-significant-risks-chinese-companies/, last visited on December 13, 2023.

⑤ 耿志强：《美国金融安全审查的新趋向、影响及应对——以〈外国公司问责法〉为切入》，载《西南金融》2021年第1期，第31页。

露制度机制的构建，目的是降低金融消费者与上市公司、上市公司与监管机构等诸多利益相关主体之间的信息不对称程度，保护金融消费者的合法权益并维持正常的商业目标。

其次，《外国公司问责法案》又具有将商业问题政治化的倾向，对中美的证券监管合作提出新挑战。由于上市公司母国的法律出于国家经济主权和国家安全的考虑一般会限制外国证券监管机构对某些信息的获取，美国证券监管机构无法保证获得在美上市外国公司的完整、真实的信息。① 比如，中国法律就规定，除非经过授权，美国公众公司会计监督委员会无权对在中国和香港地区注册的公司进行审计并获取相应的工作底稿。2009 年由中国证监会、国家保密局和国家档案局联合发布的《关于加强在境外发行证券与上市相关保密和档案管理工作的规定》第 6 条规定："在境外发行证券与上市过程中，提供相关证券服务的证券公司、证券服务机构在境内形成的工作底稿等档案应当存放在境内。" 2020 年 3 月 1 日起施行的《中华人民共和国证券法（2019 年修订）》第 177 条进一步规范了中国证监会对境内审计工作产生的会计底稿的管理，其规定："境外证券监督管理机构不得在中华人民共和国境内直接进行调查取证等活动。未经国务院证券监督管理机构和国务院有关主管部门同意，任何单位和个人不得擅自向境外提供与证券业务活动有关的文件和资料。" 显然，《外国公司问责法案》与中国法律规定不得向境外提供财务审计底稿及境外机构不得直接在境内调查取证存在冲突，会增大国际金融监管协调的难度。

最后，中国已经在可接受范围内进行了回应并积极应对新挑战。《外国公司问责法案》出台以来，中国证监会与美国证监会、美国公众公司会计监督委员会多次进行积极的沟通对话，双方将按照市场化、法治化原则处理监管合作问题，遵循跨境审计监管合作的国际惯例，切实推进中美审计监管合作，共同保护投资者合法权益。② 2022 年 4 月 2 日，中国证监会会同财政部、国家保密局、国家档案局推出了《关于加强境内企业境外发行证券和上市相关保密和档案管理工作的

---

① 马更新、郑英龙、程乐：《〈外国公司问责法案〉的美式"安全观"及中国应对方案》，载《商业经济与管理》2020 年第 9 期，第 83 页。

② 黄龙：《美国〈外国公司问责法案〉对中概股跨境融资的影响及对策研究》，载《当代金融研究》2022 年第 6 期，第 88 页。

规定（征求意见稿）》。该征求意见稿的修订说明指出 2009 年版的规定不适应跨境监管合作的要求，需要对相关制度安排予以完善，为下一步安全高效开展合作提供制度保障。征求意见稿删除了原《规定》关于"现场检查应以我国监管机构为主进行，或者依赖我国监管机构的检查结果"的表述，并通过第 11 条明确了联合检查的跨境监管合作制度，其规定："境外证券监督管理机构及有关主管部门提出就境内企业境外发行证券和上市相关活动对境内企业以及为该等企业境外发行证券和上市提供证券服务的证券公司、证券服务机构进行调查取证或开展检查的，应当通过跨境监管合作机制进行，证监会或有关主管部门依据双多边合作机制提供必要的协助。境内有关企业、证券公司和证券服务机构，在配合境外证券监督管理机构或境外有关主管部门调查、检查或提供文件资料前，应当事先向证监会或有关主管部门报告。"尤为重要的是，中国证监会、财政部于 2022 年 8 月 26 日与美国上市公司会计监督委员会签署审计监管合作协议，合作协议主要就双方对相关会计师事务所合作开展日常检查与执法调查作出了具体安排，约定了合作目的、合作范围、合作形式、信息使用、特定数据保护等重要事项。[1] 合作协议的重点内容包括：一是确立对等原则，中美双方均可依据法定职责对另一方辖区内相关事务所开展检查和调查，被请求方应在法律允许范围内尽力提供充分协助；二是明确合作范围，包括协助对方开展对相关事务所的检查和调查；三是明确协作方式，双方将提前就检查和调查活动计划进行沟通协调，美方须通过中方监管部门获取审计底稿等文件，在中方参与和协助下对会计师事务所相关人员开展访谈和问询。[2] 可见，中国已经通过多种方式积极回应《外国公司问责法案》的挑战，体现了统筹开放与安全的理念，将有助于提高跨境监管合作、促进中国境内企业境外发行证券和上市活动的有序开展。在具体的落实路径上，中国可构建一个类似于美国上市公司会计监督委员会的相对独立的监督机构进行合作，也可以考虑让到美国上市的公司接受香港会计师事务所的审计并由香港财务报告委员会（The Financial Reporting Council，FRC）与 PCAOB 进行对话与

---

① 《中国证监会有关负责人就签署中美审计监管合作协议答记者问》，载中国证监会官网，http：//www.csrc.gov.cn/csrc/c100028/c5572300/content.shtml，2023 年 11 月 31 日访问。

② 《中国证监会有关负责人就签署中美审计监管合作协议答记者问》，载中国证监会官网，http：//www.csrc.gov.cn/csrc/c100028/c5572300/content.shtml，2023 年 11 月 31 日访问。

合作。①

总之，中美双方可以通过深化国际证券监管合作推进《外国公司问责法案》问题的解决、平抑中概股群体风险，通过构建更高标准的信息披露合作制度有助于全球资本市场的开放发展以及投资者保护，但问题的关键在于，国际证券监管合作后，如何证明赴美上市的公司不受母国政府拥有或掌控仍是多数企业面临的挑战，这个要求仍旧会成为中国国有企业参与美国资本市场活动的最大难题。

### (二)《2021 年美国创新与竞争法案》

1.《2021 年美国创新与竞争法案》的推出与内容

《2021 年美国创新与竞争法案》是美国最新推出的高度细化的对华竞争战略方案，其内容丰富，其中包括一些与国企和政府补贴问题相关的内容，其发展过程一波三折。2021 年 6 月 9 日，美国国会参议院以 68 票赞成、32 票反对通过了《2021 年美国创新与竞争法案》，并进入了众议院讨论程序。作为对参议院法案的回应，美国众议院在 2022 年 1 月 25 日公布了《2022 年美国竞争法案》并在 2 月 4 日通过了该法案。但《2022 年美国竞争法案》送至参议院后，参议院将其整体换成《2021 年美国创新与竞争法案》的内容形成了《2021 年美国创新与竞争法案》（修订版）并于 3 月 28 日通过。美国参众两院如能消除分歧达成最终版本就可将其提交总统签署。《2021 年美国创新与竞争法案》（修订版）已经全面展示了美国与华展开竞争的思路和战略，需要高度关注。

《2021 年美国创新与竞争法案》源于 2020 年 5 月美国参议院民主党领袖查克·舒默（Chuck Schumer）和共和党参议员托德·杨提出的《无尽前沿法案（*Endless Frontiers Act*）》，之后又扩充了《2021 年战略竞争法案》《应对中国挑战法案》等内容而形成。《2021 年美国创新与竞争法案》内容宽泛，集成了贸易、产业、科技、安全、外交、教育等多方面的内容，涉及 2500 亿美元的投资支持，被形容为"数十年来规模最大的产业政策立法"，旨在维护美国在科技领域领先的优势，反映了美国转变产业创新政策和重塑国家创新体系的新思路。该

---

① Robin Hui Huang, The US-China Audit Oversight Dispute: Causes, Solutions, and Implications for Hong Kong, *The International Lawyer*, Vol. 54, No. 1, 2021, p. 199.

法案主要用于解决美国的技术、通信、外交关系、国家安全、国内制造、教育、贸易等问题。具体包括：提供资金支持美国的半导体制造、研发和供应链安全；为无线供应链创新提供资金；在国家科学基金会中设立技术与创新局；将美国国家航空航天局（NASA）租赁其非过剩不动产和相关个人财产的权力延长至2025年；授权与空间探索有关的各种计划和政策；授权各种国际事务项目和活动，包括对印太地区的对外援助；要求联邦基础设施项目使用在美国生产的材料；因网络安全和侵犯人权行为对中国实施制裁；要求美国贸易代表对数字贸易和监管活动采取特定的行动；将普遍优惠制延长至2027年。①

参众两院对《2021年美国创新与竞争法案》（修订版）在加强美国竞争力的战略层面具有共识，但在一些贸易问题上则存在分歧。参众两院都赞同斥资发展半导体产业，强调增加对科学、技术、工程及数学（STEM）等教育项目投资，增加国家科学基金会（NSF）的资助，保持美国在国际电信联盟等国际技术标准制定机构中的领导地位。参众两院的分歧突出体现在与贸易问题相关的政策上。众议院版本包含了气候变化相关条款，涉及环境标准问题，体现民主党对气候问题的诉求，但参议院版本没有相关条款。此外，存在分歧的内容还包括贸易调整援助、贸易救济法改革、最低限度改革、海外投资监管、强迫劳动、数字贸易协定便利化、美国《1974年贸易法》第301节条款适用排除、供应链弹性、普惠制、杂项关税法案以及世界贸易组织改革等内容。总体上，共和党在贸易政策上倾向强硬立场，强调丰富贸易工具，填补漏洞，减少规避现象，要求实现供应链本土化和安全化。截至2022年7月，美国参议院与众议院就《2021年美国创新与竞争法案》（修订版）的分歧正逐步缩小，两院的领导人敦促参众院的各负责委员会尽快删除不可协调的内容以期最终形成有约束力的法案。

2.《2021年美国创新与竞争法案》（修订版）对中国国企和补贴行为的关注

《2021年美国创新与竞争法案》（修订版）高度关注中国国企和补贴行为，其间详细表述了美国对相关问题的重视和应对思路，集中体现于"投资本国的经

---

① US Congress, H. R. 4521-United States Innovation and Competition Act of 2021, 117th Congress (2021-2022), https：//www.congress.gov/bill/117th-congress/house-bill/4521, last visited on December 13, 2023.

济战略"（Investing in Our Economic Statecraft）等内容中。

首先，法案指出存在问题的中国经济和产业政策。美国认为，中国通过监管干预和直接金融补贴的方式影响了企业的正常商业活动；中国对战略领域的特定企业给予特权或特殊地位，对电信、石油、电力、航空、银行和半导体等行业提供优惠贷款、税收和土地优惠，使得获得优惠待遇的公司能够在市场上排挤竞争对手、获得对关键行业的全球主导性地位。[①]

其次，美国认为中国正在推进经济和产业政策具有反竞争性，会扭曲全球市场、限制创新、不公平地牺牲美国和其他国家企业从而优惠中国公司、损害消费者的选择。美国认为中国在关键部门建立了由政府支持的事实上的垄断企业、卡特尔和其他反市场安排，会限制或消除其他公司的竞争机会、导致外国和私营公司的利润和收入，相当于破坏了基于公平竞争的市场原则、扭曲全球市场经济从而导致外国或私营公司进入壁垒并被迫退出市场。[②]

最后，美国在法案中详细提出了应对策略。其一，曝光对中国公司的补贴行为以及它们对美国、国外市场和全球市场造成的损害。法案中新增了政府补贴清单（the government of PRC subsidies list），要求国务卿与商务部长和美国贸易代表在法案实施后一年内制定中国补贴清单，并在此后5年内每年更新一次，公布的内容包括中国企业获得的补贴以及对外国市场参与者的歧视待遇。[③] 具言之，《2021年美国创新与竞争法案》（修订版）新增的政府补贴清单范围宽泛，既包括政府直接的资助和补贴，又涵盖政府间接的差别性对待措施；资助或补贴可以来自政府也可以来自中央管理的国有企业，既可以是直接的资金补贴也可以是优惠的贷款，以及任何满足美国《乌拉圭回合协议法案》（Uruguay Round Agreements Act）中"补贴"定义的补贴。受益企业不局限于国有企业，还包括任何受益的中国企业。可见，法案下美国有关机关在准备和制定这一清单时可以

---

① United States Innovation and Competition Act of 2021, 117th Congress（2021-2022），p. 1086.

② United States Innovation and Competition Act of 2021, 117th Congress（2021-2022），p. 1086.

③ United States Innovation and Competition Act of 2021, 117th Congress（2021-2022），pp. 1098-1099.

非常灵活，具有很大的决定权力。其二，为解决和回应中国不合理和歧视的产业政策，法案要求中国公司承担反竞争行为的成本和后果，并为受影响的美国企业提供选择或应对。由于美国总统具有实施经济制裁的权力，如果法案这一条款能够通过两院表决并予以实施，那么政府补贴清单很有较大可能纳入美国经济制裁的范围，即美国会通过行政命令的方式对获得政府补贴的企业实施出口管制、禁止交易、财产冻结等多种经济制裁。美国在法案中表态称，必须要采取措施不给予中国与自由市场一样的待遇，直到其停止执行实施会为中国企业提供不公平的优势以实现国家目标、并不再对基于市场的国际商业实施不合理的、歧视性的和非法的负担的法律、法规、政策和实践时。① 其三，美国计划与其盟友通过OECD、WTO 等国际场合展开合作，以解决可能影响全球经济增长和创新的中国经济和产业政策问题。比如，倡导对补贴政策构建全球统一的规则，包括更高的透明度和通知要求。法案提出，世贸组织的规则不足以规制非市场经济体扭曲性的经济政策，比如涉及产能过剩、强制技术转让、为国有企业提供特殊待遇、庞大且不透明的工业补贴政策等，推进 WTO 改革以解决上述失能问题是两党的共识。②

3. 评价

《2021 年美国创新与竞争法案》（修订版）最大的特点在于公开推出与中国全面竞争的战略，其中融合了美国多项涉华法案，预示着美国从法律层面开启全方位、系统性制华的时代。

一方面，《2021 年美国创新与竞争法案》（修订版）是应对中国"科技威胁"的一揽子法案，其立法目的就是在前沿科学技术领域与中国竞争并构建让中国无法超越的绝对竞争优势。未来时期，美国同中国进行战略竞争的科技核心领域包括科技创新与研发、人工智能、机器学习、高性能计算、半导体（含芯片、先进计算机软硬件、电信、量子信息科技、太空技术等）。2022 年 7 月 19 日，美国参议院以 64 票对 34 票程序性通过了 520 亿美元的芯片法案（CHIPS plus）。

---

① United States Innovation and Competition Act of 2021, 117th Congress （2021-2022），p. 1092.

② United States Innovation and Competition Act of 2021, 117th Congress （2021-2022），p. 1599.

芯片法案本来是《2021 年美国创新与竞争法案》6 个法案中的一个，由于推出时间较慢，为快速解决美国芯片供应短缺问题并与中国展开竞争，美国先行通过芯片法案。美国一直就想建立美国、日本、韩国以及中国台湾组成的"芯片四方联盟"。芯片法案正是通过拨款（540 亿美元）资助半导体制造和研究以及 5G 无线部署，通过补贴建厂和税收减免的方式吸引高通、英特尔、AMD、得州仪器、英伟达、三星等国际芯片大厂在美落地，以构建封闭的芯片市场联盟。该法案更要求获得补助的企业在美国建厂后 10 年内不得扩大对中国高端芯片的投资。从"产业和技术优势护持论"的角度看，新法案不过表明美国作为技术守成国的技术民族主义的趋向，其目的在于防范中国在全球价值链中取得领先优势，维护自身的"产业和技术霸权"。

另一方面，美国法案具有很强的对华针对性，意欲与中国的经济发展模式展开较量。法案包括了很多涉华法案，含有多处针对中国的规定，比如要求芯片生产"去中国化"，要求美国国务卿开列"窃取知识产权"或"强制技术转让"的企业清单，要求美国盟友停止进口以所窃知识产权制造的商品，禁止在政府设备上下载社交媒体应用 TikTok，并禁止购买由中国政府支持的公司制造和销售的无人机等。其中，美国一再批判中国的市场经济地位、国有企业经济、产业补贴问题，认为中国的产业政策具有反竞争性、破坏了公平竞争、扭曲了全球市场。势发生逆转。当前中国在经济崛起的同时，也不断在信息通信、人工智能等高端技术领域取得突破并向国际生产分工体系和产业链的顶端发展，必然会遭受现有全球价值链主导者欧美国家的阻挠。在美国看来，中国经济和技术的发展已经开始超越美国，而中国通过国有企业经济或产业补贴等方式发展经济和科技无疑会加速超越的速度，因而需要采用多元的手段防范中国的发展，并重点针对中国的经济发展模式。不过，需要注意的是，美国对华的指责与支持美国经济发展的战略形成了巨大的反差，因为美国法案明确表示要通过政府补贴等方式支持美国产业的发展。无论如何，美国既然已经坚定立场要对国有企业和产业政策推出新规则，那么中国就应该密切关注规则的发展走向并积极应对。中国政府要积极参与国企和产业补贴国际立法为中国企业争取良好的经济环境。中国企业则应当完善企业内部的合规风险控制，为可能出现的经济制裁提前做好备案；持续关注法案实施后美国公布的补贴清单并及时提出异议、与有关机关进行沟通，充分说明某项差别性政策或补贴对企业和公平竞争影响的有限性。

## 第二节　国际多边平台对国企新规则的倡导和运动推进

### 一、国际组织多边平台对国企新规则的倡导概述

国际组织多边平台一直在积极倡导与推进形成国企新规则。联合国贸发会、OECD 等国际机构发布了一系列与国有企业规制相关的政策报告、声明和指南，为大规模推广国企新规则提供了重要的支持。比如，OECD 发布了《竞争中立和国有企业：挑战和政策选择》（2011）、《竞争中立：维持国有企业与私有企业公平竞争的环境》（2012）、《OECD 国有企业公司治理指引》（2015），联合国贸发会发表了《竞争中立及其在特定国家的应用》（2014）。2019 年开始，OECD 还掀起了反全球市场扭曲运动，发表了《衡量国际市场的扭曲：半导体价值链》[①]、《衡量国际市场的扭曲：低于市场的融资》[②] 等系列报告。其中，联合国贸发会发表的研究报告《竞争中立及其在特定国家的应用》（2014）对中国、印度、马来西亚和越南涉及"竞争中立"的竞争政策制度进行了分析，并提出完善竞争中立制度的建议，其中《中国国有企业的竞争中立》部分由徐士英教授团队所著，详细介绍了中国国企业的概念特征、改革发展史、国企的优势与劣势、国企与《反垄断法》的关系、投诉与监管体制等内容。OECD 与 WTO、国际货币基金组织、世界银行则于 2022 年联合推出《补贴、贸易和国际合作报告》。这些研究和指南为大规模推广竞争中立制度和规则提供了理论支持，其中一些还可被视为"软法"而具有行为规范效果，并为欧美在新贸易协定中交叉援引、实现软法"硬法化"做准备。

---

① OECD，"Measuring distortions in international markets：The semiconductor value chain"，OECD Trade Policy Papers，No. 234，OECD Publishing，Paris. http：//dx. doi. org/10. 1787/8fe4491d-en，last visited on December 6，2023.

② OECD，Measuring Distortions in International Markets：Below-Market Finance，2021，https：//www. oecd-ilibrary. org/docserver/a1a5aa8a-en. pdf？ expires = 1656033125&id = id&accname = guest&checksum=EB1892CB37071E881961D17AC2D06476，last visited on December 6，2023.

## 二、要求国企实现竞争中立的倡导和推进

OECD 长期关注并致力于推进国有企业竞争中立规制的实践。OECD 认为，企业应根据自身的优势展开市场竞争，而不应因所有权或国籍带来的不当优势而受益、获得额外的竞争优势；政府可能通过采购、税收、监管、补贴等方式使得国家控制或支持的公司比私营公司更有优势，从而限制或扭曲市场竞争；只有确保公平的竞争环境（ensuring a level playing field）才能使竞争有序正常并提升消费者福利、促进经济发展。①

OECD 对国有企竞争中立倡导的运动持续了近 20 年，所倡导的内容也逐渐丰富和体系化。OECD 官网对其竞争倡导工作的内容进行了详细的介绍。早在 2004 年，OECD 第一次深入讨论了国家在市场中的作用以及授予国家企业优势可能导致的竞争扭曲后果，而所谓的授予优势包括税收优惠、低于成本的融资、直接补贴、宽松的采购规则和竞争法豁免等。2009 年，OECD 关注到对国有企业进行竞争中立规制可能遇到的挑战，认为除了竞争法之外的其他立法（比如破产和税收规则）也有助于实现公有和私有竞争者之间的竞争中立。2012 年，OECD 竞争委员会与国家所有权和私有化工作组联合开展项目，调查统计各国解决公私竞争问题的做法和政策，并从八个重点领域为各国提出了实现竞争中立的指南和最佳实践，即政府商业的运营形式、成本识别、回报率要求、公共服务义务、税收中立、债务中立、监管中立和公共采购实践。2015 年，OECD 组织讨论国家干预市场带来的挑战以及竞争主管机构对政府干预引发市场扭曲可采取的对策，提出了可用于解决竞争扭曲的最佳实践和法律工具，并制定了两份文件，分别为《关于竞争政策和竞争中立性的说明》（*A Note on Competition Policy & Competitive Neutrality*）和《竞争中立扭曲措施的清单》（*An Inventory of Competitive Neutrality Distortions and Measures*）。OECD 除了进行理论型研究外，也指导并开展具体的国别实践。比如，2018 年开启了促进东盟竞争的项目，OECD 与英国政府、东盟竞争主管机构合作，对东盟成员国的小型物流运输服务业中的竞争中立评估，即评

---

① OECD, Competitive neutrality in competition policy, https：//www. oecd. org/competition/competitive-neutrality. htm, last visited on December 6, 2023.

估调查授予国有企业和政府相关垄断企业的特权及其对物流部门所产生的竞争影响。①

基于多年的研究和经验，OECD理事会于2021年通过了《2021竞争中立的倡议》。该建议书设立了一套原则以确保政府的行为是竞争中立的，以保证所有企业都面临公平的竞争环境，无论企业的所有权、所在地或法律形式等因素。它建议采用维持中立的市场规则，要求政府确保法律框架是中立的，不会避免、限制或扭曲竞争，建议避免产生选择性优势、不当提升企业的市场能力、扭曲竞争的措施。② 该倡议书面向各国的监管者和政策制定者，邀请未能遵守竞争中立的相关方适当考虑并予以遵守，并指示竞争委员会在与公司治理委员会协商后开发一个工具包帮助实施。该倡议书主要提出了三大方面的建议内容：（1）除了重大的公共政策目标所需要外，应最大限度地确保竞争中立，包括：采用维持竞争中立的竞争法；在竞争法和破产法的执行中保持竞争中立；确保监管中立；在政府采购中建立公开、公平、非歧视和透明的竞争条件。（2）在政策设计时要保持竞争中立，应该避免通过贷款、贷款担保、国家投资、税收优惠、补贴等方式为企业提供易扭曲竞争的不正当优势；对企业承担的任何公共服务义务的补偿应适当、透明，避免交叉补贴；对国有企业采用避免不正当优势的治理规则。（3）采取措施建立适当的问责机制。

## 三、反扭曲运动和反补贴运动

自2019年开始，全球掀起了反全球市场扭曲运动和反补贴运动，这些都对国企国际新规则的形成与发展产生重要的引导性作用。OECD曾推出一系列关于国际市场扭曲评估的报告，比如：《衡量国际市场的扭曲：铝的价值链》（2019）、《衡量国际市场的扭曲：半导体价值链》（2019）、《衡量国际市场的扭曲：低于市场的

---

① OECD, Towards a Level Playing Field between SOEs and Private Entities in ASEAN, https：//www. oecd. org/daf/competition/towards-a-level-playing-field-logistics-sector-asean. htm, last visited on December 6, 2023.

② OECD, Recommendation of the Council on Competitive Neutrality, https：//www. oecd. org/mcm/Recommendation%20of%20the%20Council%20on%20Competitive%20Neutrality. pdf, last visited on Decmber 6, 2023.

融资》（2021）。2021 年，IMF、OECD、世界银行和 WTO 还联合发表了《补贴、贸易和国际合作》报告。这些研究报告的出台，表明国际社会越来越重视政府支持措施对国际市场的影响，并在积极酝酿关于跨境补贴和产业补贴规制的规则。

《衡量国际市场的扭曲：半导体价值链》报告指出，OECD 长期以来一直致力于识别和评估国际市场的扭曲，其之前关注政府对农业、渔业和化石燃料的支持，最近则开始调查政府对重点工业的支持。该报告发现价值链复杂且具有全球性的半导体行业中普遍存在着政府支持，政府会投资半导体公司或提供低于市场的融资、协助跨境并购。① 但是，对于低于市场的股权融资等政府支持措施却很难仅通过补贴规则予以规范，因为对低于市场的股权融资缺乏国际公认的定义并且也难以监管，除了要改进当前的补贴规则之外，还需要推出专门的与国有企业有关的贸易纪律，而关键步骤就是加强透明度机制。②

《衡量国际市场的扭曲：低于市场的融资》报告通过对 2005—2019 年 13 个工业部门中 306 家最大的制造企业的实证研究发现，包括一些出现产能过剩的重工业行业中存在较多的低于市场的借贷现象，而在航空航天和半导体等高科技行业中则存在较多的低于市场的资本回报。报告指出国际市场上存在通过低于市场借贷或低于市场资本（equity）的融资形式提供政府支持的普遍现象，而这些低于市场的融资对贸易规则中的透明度、补贴纪律带来很大的挑战。③

《补贴、贸易和国际合作》报告从宏观上关注全球性的跨国补贴问题，敦促各国政府通力合作推出全面有效的补贴规范。与传统的货物贸易补贴不同，国际社会现在更关注广义上的跨国补贴，即一国提供的旨在鼓励本国企业参与其他国家领土内经济活动的补贴，比如鼓励货物和服务的出口、海外投资和运营、海外采购领域的补贴。该报告传递的信息主要包括三大方面：第一，指出当前政府补

---

① OECD, *Measuring Distortions in International Markets：The Semiconductor Value Chain*, OECD Trade Policy Papers, 2019, OECD Publishing, p. 7.

② OECD, *Measuring Distortions in International Markets：The Semiconductor Value Chain*, OECD Trade Policy Papers, 2019, OECD Publishing, p. 10.

③ OECD, *Measuring Distortions in International Markets：Below-Market Finance*, OECD Trade Policy Papers, 2019, OECD Publishing, p. 1.

贴的全球性和普遍性。OECD 指出,当前中国、美国和欧盟等最大的贸易经济体中存在较多的补贴,排名前 10 位的国家的补贴额就占全球补贴总额的一半以上,多数的补贴表现为财政拨款、补贴贸易融资、国家贷款、担保或补贴利息、税收激励措施等。① 第二,当前各国的补贴的形式多元,除了传统的直接赠款、税收奖励、融资优惠等方式外,出现了新型且隐蔽的补贴方式。处于不同发展阶段的国家以及不同的部门都可能采用补贴手段,当前比较特别的补贴方式主要是低于市场条件的债权融资形式(优惠利率、政府贷款担保等)和以低于市场条件的股权融资形式(比如,政府提供优惠的股权注资、政府股东容忍较低的股权回报)。这两种融资方式都可降低公司的成本资本,帮助他们开展对外投资业务或承受损失。其中,OECD 的实证研究发现,在 2005—2019 年,其所调查的铝、太阳能光伏板、造船、钢铁等制造业企业有一半从低于市场的借贷中受益;而高科技行业更多地依赖无形资产和股权融资,比如一些国家通过政府投资基金投资半导体、航空航天和国防行业,但实践中出现较多的低于市场的股权回报率现象,这种低于市场水平的融资降低了这些企业的融资成本但又提高了其制造能力。② 第三,补贴存在一定的负面性。一些补贴是为了解决市场失灵问题并且表现良好,但是许多国家的补贴设计却并非为了纠正市场失灵而是具有一定的进攻性和战略性,成本大却又无助于推进其既定目标、无助于全球公共福利和一些最贫穷和最脆弱的国家。重新推动工业政策以发展"战略"部门的冲动(drive),可能会扭曲国际竞争,尤其是不利于规模较小、财政拮据的发展中国家。从贸易的角度看,扭曲性补贴日益改变贸易和投资流动,降低了关税约束和其他市场准入承诺的价值,削弱了公众对开放贸易的支持,加剧全球贸易紧张局势。第四,倡导各国通过国际合作减少补贴的总体使用并评估、改进补贴的设计。报告指出,由于气候、健康、粮食等危机问题需要政府支持的应对,而实践中则更需要区分"好"和"坏"的补贴;现行国际规则尽管为管理补贴提供了坚实的基础,但是全球价值链、数字市场、网络集中效应、国家主导型经济发展模式、国有企业的国际化

---

① IMF, OECD, World Bank, and WTO, *Subsidies, Trade, and International Cooperation*, 2022, p. 14.

② IMF, OECD, World Bank, and WTO, *Subsidies, Trade, and International Cooperation*, 2022, p. 14.

等新情势却使得改进国际补贴纪律成为现实必要。报告提议对补贴进行科学和高质量的经济分析，明确每项补贴方案的效果、成本、溢出效应以及对其他国际社会政策目标（如减缓气候变化）的影响，通过强化的透明度等规则规范或优化补贴的使用、减少有害的补贴。①

## 第三节　区域贸易投资协定对国企新规则的发展

自 21 世纪开始，国际经贸领域出现以竞争中立为主要内容的国企新规则，集中体现于欧美新一代的区域贸易投资协定中。国企新规则的形成与发展主要有三种路径方式，它们互相配合、促进，不断凝聚融合为国企新规则发展的强大趋势。当前在实践中生效运用的国企新规则主要是欧美等新一代的区域贸易投资协定的规定，往往体现在国企章节、竞争章节、补贴章节甚至是透明度章节中，多以竞争中立作为国有企业"公平竞争"的行为规范，主要条款有定义、非歧视、补贴或非商业援助、商业考量、透明度、技术交换等。基于不同的利益诉求和法律传统，不同国家主导的国企新规则在内容和约束性上亦有所不同，大致可分为澳大利亚的纯粹竞争中立模式、欧盟主导的温和模式以及美国主导的激进模式。随着时间的推移，欧美主导的国企新规则模式已经开始出现合流，强调以竞争中立和透明度为新一代规则的主要内容。

### 一、区域贸易协定中的国企新规则模式

#### （一）竞争中立型的澳大利亚模式

澳大利亚与其他国家签订的自由贸易协定在涉及国企规制时一般直接使用"竞争中立"一词，并概括性地规定政府不得以政府所有权为由向国企提供竞争优势。2003 年生效的《新加坡—澳大利亚自由贸易协定》第 12 章"竞争政策"第 4 条首次以"竞争中立"为名，规定"双方应采取合理措施，以确保各级政

---

① IMF, OECD, World Bank, and WTO, *Subsidies*, *Trade*, *and International Cooperation*, 2022, p. 14.

府不得仅以政府拥有所有权为由，向进行商业活动的政府企业提供竞争优势。"2005年生效的《澳大利亚—美国自由贸易协定》第14.4条有相同的规定，并增设"澳大利亚竞争中立投资办公室同等对待美国政府和美国人提出的投诉"这一内容。① 澳大利亚与韩国、日本的贸易协定也有类似的规定，但与中国、泰国某些国家的贸易协定却没有"竞争中立"的内容。② 可见，作为系统性竞争中立制度发源地的澳大利亚在区域贸易协定中设计国企规则时，仅是将其成熟的国内制度推进区域贸易协定，属于国内法国际化的正常发展路径。澳大利亚模式更多是对参与国际经济活动的国企提出概括性、原则性的竞争中立要求，并没有将其国内制度全盘向国际社会推广的强烈意愿。澳式国企规则的国际推广被认为具有显著的本土"烙印"，在双边和区域贸易协定中，倾向于在竞争政策框架下基于"竞争中性"条款来约束国企行为。③

### （二）温和型的欧盟模式

欧盟并不像美国那样积极地为国企设立专门规则，总体立场上相对保守。但是随着国际经贸投资格局新形势的发展，欧盟也开始加入美国主导的国企规则升级活动中，从开始概括性地提议以竞争法规制国企到当前大胆地将欧盟国家援助制度引入区域协议。

欧盟一开始无意为国企专门设置竞争中立规则，在《欧盟—加拿大贸易协定》（CETA）中只是以竞争法规制国企。④ 后来受美国对国企规制的激进政策的影响，也开始重视在贸易政策中增加国企规则。在欧盟主导的贸易协定中开始出现渐进发展的国企条款，体现在 CETA、TTIP（搁置）《欧盟与日本经济合作协定》《欧盟与澳大利亚贸易协议》《欧盟—英国贸易与合作协议》（2021）、《欧盟—中国全面投资协定》以及欧盟与东南亚国家（新加坡、韩国、越南和印度尼

---

① 石伟：《"竞争中立"制度的理论和实践》，法律出版社2017年版，第44页。
② 石伟：《"竞争中立"制度的理论和实践》，法律出版社2017年版，第46页。
③ 应品广：《美式国有企业规则的推行路径与逻辑谬误——基于与澳式规则的比较分析》，载《国际商务研究》2021年第5期，第64页。
④ 比如，CETA第17.3条规定，欧盟和加拿大国内的竞争法直接适用于进入其管辖范围内的国有企业。

西亚）所签订的协定中。

于 2021 年 5 月生效的《欧盟—英国贸易与合作协议》对国企活动进行了最为系统的规制，既借鉴了很多美式贸易协议的国企条款，同时又全面地引入了欧盟国家援助制度，开始超越美国的实践尝试引领新一代的补贴规则的发展。该协议虽然弱于英国作为欧盟成员国时的经济一体化水平，但是却超越了传统的自由贸易协定，在货物、服务贸易、数字贸易、知识产权、公共采购、航空和公路运输、能源、渔业、社会安全合作、法律执行等多个领域做出了优惠安排，提倡自由、公平和可持续发展的贸易，其中特别强调确保公平竞争的环境和对基本权利的尊重（ensuring a level playing field and respect for fundamental rights）。[①] 与国有企业规则相关的内容主要体现在《欧盟—英国贸易与合作协议》的"贸易、运输、渔业和其他安排"部分的第 11 编（Title XI）"为开放和公平的竞争及可持续发展创造公平竞争环境"中，该编包含了"竞争政策""补贴控制"和"国有企业、被授予特权的企业和指定垄断企业"极具特色的三章内容，对国有企业经贸活动进行了全方面的规制。规则的实体内容包括非歧视和商业考量要求、独立和公正的监管、透明度以及补贴控制制度。其中，而补贴控制制度的设计基本上参照了欧盟国家援助制度，系统地规定了补贴要素、补贴的原则和类型、补贴的可诉性及补贴的回收机制。

（三）相对激进的美国模式

美式的国企新规则主要体现于美国主导的 TPP、TiSA、USMCA 等国企章节，主要内容为竞争中立规制。其中，美国退出的 TPP 演变为 2018 年生效的亚太国家参与的自由贸易协定《全面与进步跨太平洋伙伴关系协定》（CPTPP），TiSA 则是美国、欧盟、英国等于 2012 年提议的致力于推动服务贸易自由化的贸易协定，目前处于搁置状态。《美国—墨西哥—加拿大协定》（USMCA）是美国、加拿大和墨西哥达成的于 2020 年 7 月 1 日生效的贸易协

---

① EU Commission, The EU-UK Trade and Cooperation Agreement, https：//ec. europa. eu/info/strategy/relations-non-eu-countries/relations-united-kingdom/eu-uk-trade-and-cooperation-agreement_en#freetradeagreement, last visited on December 6, 2023.

议，其取代了之前的《北美自由贸易协定》（NAFTA），意在创造更加平衡、互惠的贸易以促进就业和北美经济的发展。美国在TPP中首次正式提出以竞争中立的方式规制国有企业的国际经济活动，随后的CPTPP以及USMCA都直接参照了TPP国企规则的范本。

2004年《美国—新加坡自由贸易协定》之前，美国的区域贸易协定的国企条款多以《北美自由贸易协定》第1503条为模板，侧重于规定具有"准政府"职能的国企必须受相关章节（投资、金融等）中对政府的约束性义务的同等规制，承担非歧视义务。比如，2004年的《美国—智利自由贸易协定》第16.4条、2009年的《美国—秘鲁自由贸易协定》第13.6条、2012年《美国—韩国自由贸易协定》第16.3条。美国国企条款模式的重大转变是2004年《美国—新加坡自由贸易协议》第12.3条。该条为新加坡规定了多项单方义务，包括：对新加坡政府企业以"有效影响力"作为判断标准，而判断美国政府企业则采用"所有权标准"，[①] 要求新加坡政府企业的商业活动要依商业考虑行事、要遵守严格的竞争法，新加坡政府不得影响政府企业的决策并要进行信息披露，甚至要求新加坡政府逐步降低政府所有权。[②]《美国—新加坡自由贸易协议》的国企条款进一步强化了新加坡备受赞誉的"淡马锡"国企发展模式。

美国在区域贸易协定中对国企施加竞争中立要求，虽然受到澳大利亚实践的影响，但又依不同的合作对象灵活变通，最后于2015年推出成熟的TPP国企规范版本。虽然TPP已被美国搁置，但体现了竞争中立内容的国企条款却在多种场合被新区域贸易协议借鉴采用。引领了新一代国企规则的发展。比如，NAFTA的替代版本USMCA中的国企规则就与TPP国企规则高度重合，欧盟区域贸易协议中的国企规则也受到TPP模式的影响。

## 二、国企新规则的美国模式——全面严管

美国的TPP开启了新区域贸易协议以高标准规制国企的时代，不过很多内容都可在20世纪90年代的《北美自由贸易区协定》（NAFTA）中找到相似的规

---

① 石伟：《"竞争中立"制度的理论和实践》，法律出版社2017年版，第51页。
② 石伟：《"竞争中立"制度的理论和实践》，法律出版社2017年版，第52~53页。

定。美国在 TPP 谈判的过程中就曾声称，TPP 是亚洲再平衡的基石，是"二战"后美国引领的开放的、规则导向的经济体系向前发展的重要一步。其建立的高标准贸易规则包含了与知识产权、劳工权利、环境和国有企业（SOE）等内容，有助于促进公平竞争、透明度和良好治理。① 美国解释 TPP 是第一个全面包含国有企业义务的贸易协定，目标在于为企业提供公平的竞争环境、确保公平竞争，要求缔约国确保国有企业基于商业考虑的运营、坚持中立的监管、规范对国有企业提供的优惠待遇、坚持严格的透明度要求。基于美国对国际经贸规制的强大设计能力和话语权实力，在其引领下的 TPP 协议确实被视为新一代高水平区域贸易协议的典范，而其中的国企新规则则代表并影响了该领域规则的革新。

（一）NAFTA 的国企规制

正如前文所述，随着经济全球化的发展，国有企业积极参与跨界活动，在其所属国之外进行贸易和投资所引发的公平竞争问题备受关注。但是，事实上，在 20 世纪 90 年代之时，美国就已经在 NAFTA（1994 年 1 月 1 日生效）中意识到要对国企进行超越 GATT 水平的规制，专门在 NAFTA 中设计了第 15 章"竞争政策、垄断和国有企业"，而这些规定构成美国推行 21 世纪国企新规则的重要框架和基础。

NAFTA 第 15 章的条款一共 6 条（含一个附件条款），规定内容相对简单，主要包括明确竞争政策、法律义务和概念界定三方面。

首先，明确了竞争法在区域贸易协定中的地位。第 1501 条规定各方需要采取措施禁止反竞争的商业行为，倡导各方就竞争执法政策问题进行司法协助、通知、协商信息交流等方面的合作，但仅是明确竞争政策和合作而不规定强制性的争端解决。

其次，对垄断企业和国有企业提出了非歧视、商业考量和不从事反竞争行为的义务要求。第 1502 条首先提出协议不得解释为阻止一方指定垄断，但是指定

---

① Office of US Trade Representative, Trans-Pacific Partnership's High-Standard Rules Promote U. S. Interests and Values, https：//ustr. gov/about-us/policy-offices/press-office/fact-sheets/2016/may/fact-sheet-trans-pacific-partnership%E2%80%99s, last visited on July 29, 2023.

的垄断如果可能影响另一方的利益时，那么指定垄断方就应该事先向另一方提供与指定垄断相关的书面通知，并且尽量减少或消除对对方利益的减损。该条同时要求各方通过监管控制、行政监督等措施确保其指定的任何私营垄断和政府垄断遵循四项具体的义务：（1）以不违反缔约方在本协议下的义务的方式行事；（2）在相关市场购买或销售垄断商品或服务时，仅出于商业考虑行事，商业考虑的因素包括价格、质量、可用性、适销性、运输和其他购买或销售条款和条件；（3）对另一方在相关市场上的投资、商品和服务的提供遵循非歧视性待遇规则；（4）不得利用其垄断地位在其领土内的非垄断市场上从事反竞争行为，比如歧视性地提供垄断商品或服务、交叉补贴或进行掠夺性行为，以免得对另一方的投资者产生不利影响。

最后，对一些重要概念进行了界定。第1505条规定，政府垄断是政府通过所有权利益拥有或控制的垄断；按照商业考虑则是指在相关经济或行业中的私营企业的正常商业惯例相一致；垄断则是指在一方领土内的任何相关市场上被指定为商品或服务的唯一提供者或购买者的实体，包括财团或政府机构，但不包括被授予独家知识产权的实体；国有企业是指由一方通过所有者权益拥有或控制的企业，其中加拿大的国有企业是指根据《金融管理法》（Financial Administration Act）设立的皇家公司（crown corporation）以及根据省级法律设立的皇家公司；对墨西哥而言，此章的国有企业不包括销售玉米、豆类和奶粉国家基本商品公司及其关联公司等。

可见，NAFTA很早就意识到要对国有企业以及各种垄断进行法律规制，其所设计的国企章节内容有三大特点。第一，不仅继续采用非歧视规则，还重视以竞争法和竞争思维规制国有企业的垄断行为，有预见性地提出不可利用其垄断地位从事反竞争行为，要求国企或垄断企业的运营以私营企业作为参照物坚持商业考虑准则。第二，所规制的重点指向国有企业或指定的私人垄断或政府垄断，并没有扩散至国有企业其他利用竞争优势的行为，也没有提及国有企业相关的补贴规制。第三，界定的概念相对初级简单，约束性相对较弱。比如，规定竞争合作不适用强制的争端解决机制，以所有权来界定国有企业，允许墨西哥特定国有企业的例外适用等。其中，NAFTA所规定的不可利用其垄断地位从事反竞争行为、商业考量规则则为后来发展的国企新规则所继续沿袭采用。

## （二）TPP/CPTPP 的国企规制

《跨太平洋伙伴关系协定》（TPP）是 21 世纪贸易协定中标准较高、内容丰富、设计成熟的新一代 FTA 典型，不过它的推出与发展却是一波三折。2002 年，新西兰、智利和新加坡首先在墨西哥 APEC 峰会上建立 FTA 举行谈判。2005 年 7 月，智利、新西兰、新加坡和文莱四国签订了"跨太平洋战略经济伙伴关系协议"（TPSEP），由于该协议的初始成员国为四个，故又称为"P4 协议"。2009 年 11 月，美国时任总统奥巴马宣布美国将参与 TPP 谈判，意欲以此促进美国的就业和经济繁荣。从 2008 年开始，更多的国家加入 TPP 的谈判，包括澳大利亚、加拿大、日本、韩国、马来西亚、墨西哥、秘鲁等。2015 年 10 月 5 日，美国、日本、澳大利亚等 12 个国家谈判成功并达成 TPP 贸易协定，各方于 2016 年 2 月完成签署。但是，由于美国内部对是否接受 TPP 的分歧太大，TPP 在奥巴马任内未能获得国会批准。2017 年美国当时新任总统唐纳德·特朗普上台后推行以单边和双边主义为主的新贸易政策，其于就职后不久（2017 年 1 月 23 日），在白宫签署行政命令，标志美国正式退出 TPP。TPP 剩下的其他 11 个国家于 2017 年 5 月同意恢复 TPP 协议，并于 2018 年达成并签署了包含 TPP 的部分条款的修订版，即《全面和进步的跨太平洋伙伴关系》（CPTPP）。TPP 协议的条款内容和涵盖领域超过以往任何自由贸易协定，既包括货物贸易、服务贸易、投资、原产地规则等传统的 FTA 条款，也包含知识产权、劳工、环境、临时入境、电子商务、政府采购、竞争政策、国有企业、金融、发展、能力建设、监管一致性、透明度和反腐败等以往绝大多数 FTA 以及 WTO 未涉及或较少涉及的规定。

TPP 第 17 章以"国有企业和指定垄断"为名，对传统的国有企业规则进行了全面的升级，内容极为丰富，随后的 CPTPP 全部保留了此章的内容。该章一共包括 15 个条款和一个附件，分别为定义、范围、指定机构、非歧视待遇和商业考量、非商业援助、透明度、技术合作、国企和指定垄断委员会、例外规定等内容，详述如下。

第一，对商业活动、商业考虑、非商业援助、国有企业等重要概念进行了界定。TPP 对国有企业的界定开始突破 NAFTA 仅以所有权作为判断标准的规定，明确以所有权、投票权、人事任命权作为国企的判断，即国有企业是指缔约方在从事商业活动的企业中直接拥有50%以上的股本、通过所有者权益控制超过50%的投票权或者有权任命董事会的多数成员的企业。

第二，对从事商业活动的国有企业提出非歧视待遇和商业考虑义务要求。TPP第17.4条规定，缔约方应保证其每一国有企业在从事商业活动时，在其购买或销售货物或服务时依照商业考虑行事；在其购买或销售货物或服务时给予由另一缔约方企业提供的货物或服务，以及由属该缔约方领土内涵盖投资的企业提供的货物或服务时提供非歧视待遇。同时该条以脚注的方式指出，第17.4.1条非歧视待遇和商业考虑的规定不得适用于一国有企业将购买或销售股份、股票或其他形式的权益作为对另一企业的权益参与方式的情况，即排除了通过国有企业股权融资的情形。TPP对国有企业非歧视待遇和商业考虑要求的规定超越了世贸组织协定仅强调非歧视的要求，其一方面在条款设计上直接将非歧视条款和商业考量条款分开规定，另一方面又明确要求国有企业不仅在贸易领域，同时也要在投资领域要像私营企业一样依商业考量规则行事。而对商业考虑的界定与NAFTA的规定一样，都指向的是"价格、质量、可获性、适销性、运输及其他购买或销售的条款和条件，或相关行业或产业的私营企业在商业决策中通常考虑的其他因素"。相比之下，《关贸总协定》第17条（国营企业商业考量条款）却仅涉及货物进出口措施中的非歧视要求，并不存在独立的商业考量要求。

第三，规定法院针对涉及国有企业民事诉讼诉请具有管辖权以及行政机关的独立监管权。第17.5条要求缔约方给予其法院对于基于在其领土内开展的商业活动而针对外国政府拥有或通过所有者权益控制的企业所提起的民事诉讼的管辖权，并且要求缔约方的监管国有企业的行政机构以公正的方式对其所监管的企业行使其监管自由裁量权。由于国有企业能否在外国获得豁免这一问题一直存在重大的争议，TPP明确规定法院对涉及在外国从事商业活动的国有企业民事诉讼案件享有管辖权，以避免国有企业以国家主权等理由逃避当地法院的管辖。TPP这一规定具有相应的国际法理基础。依据2001年《关于国家对国际不法行为的责任条款草案》和2004年《联合国国家及其财产管辖豁免公约》（简称《豁免公约》）的相关规定以及国家主权有限豁免理论，当国有企业"有权行使并且实际在行使国家的主权权力"时可视为"国家"而获得豁免权，但是如果国有企业从事的是"商业交易"则无法享受豁免权。① 在对"商业交易"的判断上，《豁免公约》采取"性质为主、目的为辅"的方式，在第2.2条规定"应主要参考该合同或交易的性质，但如果合同或交易的当事方已达成一致，或者根据法院地国的实践，合同或交易的目的与确定其非商业性质有关，则其目的也应予以考虑"。而TPP对"商业活动"作出了相似的界定，即"企业所从事的以营利为导向的活动，通过此类活动所生产的货物或所提供的服务将按该企业确定的数量和价格在相关市场上向消费者进行销售。"可见，TPP关于国有企业民事诉讼案件管辖权的相关规定体现了国家主权有限豁免理论的内容，也基本与美国《外国主权豁免法》关于国有企业豁免的规定相一致，② 但是却首次在区域贸易协议中表明其对参与经济活动的国有企业进行严管的立场。

第四，首次系统地提出反补贴规则制度2.0版本的非商业援助制度。TPP共有三条专门规定了非商业援助（non-commercial assistance）制度，分别为第17.6条非商业援助、第17.7条不利影响、第17.8条损害。具体内容如下。

（1）明确界定"非商业援助"的定义。TPP规定，非商业援助是指国有企业凭借其政府所有权或控制权而获得的援助，而"援助"则是指资金的直接转移或资金、债务的潜在转移，以及更优惠的商品和服务的提供。其中，资金的转移则包括拨款或债务减免、优惠的债务融资和股权融资。

（2）规定了涵盖货物的生产销售、服务以及投资等广泛的非商业援助范围。依规定，缔约方不得通过直接或间接向其国有企业提供非商业援助而对另一方的利益产生不利影响，即：缔约方对其国有企业所从事的货物的生产和销售、其自该缔约方领土向另一缔约方领土提供服务、通过属另一缔约方或任何其他缔约方领土内涵盖投资企业在该另一缔约方领土内提供服务提供非商业援助，都会构成类似于"补贴"从而受到TPP的规制。接受非商业援助的对象范围也非常广，包括缔约方国内提供货物的国有企业以及通过本国、对方或第三方的涵盖投资企业向另一缔约方提供服务的国有企业，以及在另一缔约方领土内进行货物的生产

---

① 毕莹：《国有企业规则的国际造法走向及中国因应》，载《法商研究》2022年第3期，第177～178页。

② 李庆明：《论中国国有企业在美国民事诉讼中的国家豁免》，载《江西社会科学》2018年第11期，第168页。

和销售的国有企业（如图 3-2 所示）。显然补贴对象已经超越了 WTO 反补贴救济仅适用于货物贸易这一范围，将国有企业的生产和销售、跨境服务和国际投资全部纳入规制中。

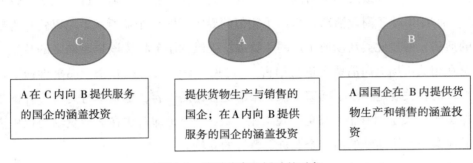

图 3-2　接受非商业援助的对象

（3）明确规定政府和国企都可构成非商业援助的主体。TPP 第 17.6.2 条的规定直接将国企当成公共机构对待，规定缔约方要保证其国家企业和国有企业不得对其国有企业提供非商业援助。脚注 18 还指明间接援助包括缔约方委托或指示非国有企业提供非商业援助的情况。显然，TPP 此规定突破了 SCM 中所规定的补贴主体为"政府或公共机构"的限定，无论是政府、国企还是政府委托指示的非国有企业都可构成非商业援助的主体。同时，TPP 在规定非法的非商业援助要件时去除了《补贴与反补贴措施协定》（SCM）传统上要求的"专向性"要件。SCM 第 1 条和第 2 条规定受到规制的补贴必须具有"专向性"，即规则针对的是只给予某些企业或地区的补贴行为。但是，TPP 直接将国有企业凭借其政府所有权或控制权而获得的援助视为非商业援助，如果其同时符合不利影响或损害要件，那么就可能产生相应的法律后果。第 17.1 条在界定"非商业援助"时明确指出了四种类型：明确将获得援助的权利限定为该缔约方的国有企业、提供主要为该缔约方的国有企业使用的援助、向该缔约方的国有企业提供不成比例的大量援助；通过使用援助提供中的自由裁量权照顾该缔约方的国有企业。

（4）规定对国有企业非商业援助认定中的"不利影响"和"损害"要件。第 17.7 条针对第 17.6.1 条和第 17.6.2 条两类非商业援助措施规定了"不利影响"要件，第 17.8 条则针对第 17.6.3 条的非商业援助措施规定了"损害"

要件。

其一，对他国进口或销售的影响提出一般的判断标准。依第 17.7 条的规定，针对并非在另一缔约方领域内的国企的非商业援助，需要判断该援助是否会取代或阻碍相关市场的货物或服务的进口或销售，或者造成大幅价格削低、价格抑制或销售损失。

其二，对他国产业的影响提出了更高的要求和标准。依第 17.6 条和第 17.8 条的规定，对在另一方领土上投资的国有企业提供非商业援助，则需要同时符合"对该另一缔约方的国内产业造成损害"这一要件。"损害"则是指对国内产业的实质损害、对国内产业实质损害威胁或对该产业建立的实质阻碍，对实质损害的确定应根据肯定性证据，并包含对相关因素进行的客观审查。需要审查的市场因素范围很广，包括已获得非商业援助的涵盖投资的产量、此种生产对国内产业生产和销售的同类货物价格的影响，以及此种生产对生产同类货物的国内产业的影响。对于已获得非商业援助的涵盖投资所生产和销售的货物对国内产业影响的审查需要全面对影响产业状况的所有相关经济因素和指标的进行估计，包括产量、销售量、市场份额、利润、生产力、投资收益或产能利用率的实际和潜在下降；影响国内价格的因素；对现金流动、库存、就业、工资、增长、筹措资金能力或投资能力的实际和潜在的消极影响等。TPP 第 17.8.4 条和第 17.8.5 条则对损害的因果关系上作了更为严格的规定。依规定，必须要证明涵盖投资所生产和销售的货物通过非商业援助的影响正在造成损害，行为和损害的因果关系认定应以对所有相关证据进行的审查为根据，要明确和排除其他不得归因于已获得非商业援助的涵盖投资所生产和销售货物的因素；对实质损害威胁的确定应根据事实，而不是仅根据指控、推测或极小的可能性，并应慎重考虑。TPP 这些规定内容与 SCM 第 5 条和第 6 条的规定相似。TPP 之所以未能突破 SCM 的规定而对"不利影响"和"损害"的判定做更具操作性的规定，很有可能是因为非商业援助与 SCM 规定下的补贴措施一样都更需要"运用精密的经济模型与计量工具进行考量"。[1] 不过，第 17.8 条对产业损害的规定显然比第 17.7 条"不利影响"

---

[1]　单一：《规则与博弈——补贴与反补贴法律制度与实务》，北京大学出版社 2021 年版，第 303 页。

的规定更为严格，在因果关系认定上明确要求排除其他可能导致损害的因素。

第五，TPP对国有企业和非商业援助规定了更高标准的透明度要求。TPP第17.10条规定，缔约方应在协定生效之日后6个月，向其他缔约方提供或通过其他方式在官方网站公开与国有企业相关的信息并且确保每年更新。所要求公布的国企信息包括：国有企业名单、对垄断的指定或对现有垄断范围的扩大及其指定所含条件、国有股份比例以及累计持有的投票权比例、特殊股份或特别投票权、董事会成员中的政府官员的政府头衔、国企最近3年年收入和总资产、国企根据缔约方法律所获益的任何免除和豁免，以及国企的年度财务报告和第三方审计情况等。此外，如果一缔约方书面请求要求提供非商业援助信息并且书面解释说明其如何影响或可能影响缔约方之间贸易或投资，那么，另一缔约方应迅速书面提供关于非商业考虑援助的任何政策或计划的信息。TPP规定提供的非商业援助信息必须足够具体，使提出请求的缔约方能够理解政策或计划的运营情况，并对政策或计划及其对缔约方之间贸易或投资的影响或潜在影响进行评估。要提供的信息内容非常详尽，包括：非商业援助的形式（例如赠款或贷款等）；提供非商业援助的主体名称（政府机关、国有企业或国家企业等）以及受援助者名称；非商业援助提供的政策或计划的法律根据和政策目标；提供非商业援助的单位金额；对于以贷款或贷款担保形式提供非商业援助的政策或计划，提供贷款或贷款担保的金额、利率和收取的规费；对于以权益资本形式提供的非商业援助的政策或计划，提供投资的金额、所获股份的数量和说明，以及对潜在投资决策开展的评估；提供政策或计划的存续时间或所附任何其他时限；提供可用以对非商业援助对缔约方之间贸易或投资的影响进行评估的统计数据。

### 三、国企新规则的欧盟模式——加强补贴控制

欧盟很多新型的区域贸易协定（比如欧日、欧加、欧盟与越南贸易协定等）都包含有国企条款，但最为成熟和独特的则是最新的《欧盟—英国贸易与合作协议》的规定，本部分择其为重点研究对象。《欧盟—英国贸易与合作协议》中与国有企业规则相关的内容主要体现在第11编（Title XI）"为开放和公平的竞争及可持续发展创造公平竞争环境"中，包括"竞争政策""补贴控制"和"国有企业、被授予特权的企业和指定垄断企业"三章内容。

### （一）竞争政策和国企章节的规定

《欧盟—英国贸易与合作协议》关于国企规制的内容首先体现在"竞争政策"和"国有企业、被授予特权的企业和指定垄断企业"章节中。

"竞争政策"一章中，第359条规定双方都应该有竞争法规制垄断协议、滥用支配地位、经营者集中等反竞争的商业做法，而此规制不分国籍或所有权状态适用于所有经济行为体，即明确要求国内的竞法统一适用于所有的公私企业，第360条则规定了独立的竞争执行，第361条则规定了国际竞争执行合作。在"国有企业、授予特殊权利或特权的企业和指定垄断企业"一章中，《欧盟—英国贸易与合作协议》一共设计了七个条款（第376~382条），分别规定了定义、范围、与WTO协议的关系、一般规定、非歧视待遇和商业考量、监管框架和信息交流。

国企章节以"国有企业、授予特殊权利或特权的企业和指定垄断企业"为名，所规定的内容基本上与美式的国企条款相似，具体内容如下。

（1）明确协议的适用范围。协议第377条规定适用对象为缔约方各级政府从事商业活动的涵盖实体，并且排除了公共采购、提供公共服务、年收入相对小的企业、为履行政府任务但基于市场条件提供的金融服务以及视听服务、海上和内陆航行运输等领域。

（2）明确了"商业考虑""涵盖实体""被授予特殊权利或特权的企业""指定垄断""国有企业"等重要概念。其中，指明协议中的"涵盖实体"是指定的垄断企业、被授予特殊权利或特权的企业以及国有企业，这表明该协议所规范的对象不仅包括公有企业也包括私营企业甚至是政府机构，规制的实质在于"特权"和"垄断"。"指定垄断"是被指定为商品或服务的唯一供应商或购买者，既包括财团也包括政府机构（consortium or a government agency）；"被授予特殊权利或特权的企业"是指在法律或事实上被授予特殊权利或特权的公共或私人企业；"特殊权利或特权"是指缔约方并非根据客观的、比例和非歧视性的标准来确定特定企业提供商品或服务，实质性地影响其他企业在同类产品市场提供商品或服务的能力。在对"国有企业"进行界定时，同时采用了多数股权和投票权、人事任命权等实质控制标准，认为在判断是否存在"控制"时要逐案考虑所有相关的法律和事实因素。

（3）在实体义务方面，协议对涵盖实体提出了非歧视性待遇和商业考量要求。第380条规定，每一缔约方应确保其涵盖实体在从事商业活动时遵循商业考量规则，在购买或销售商品或服务时对另一方的企业和本国的非涵盖实体的待遇不低于对本国企业。亦即，协议要求从事经济活动的涵盖实体遵循商业考量规则，但履行公共服务任务的涵盖实体除外；要求保障内外企业、涵盖实体企业和其他企业之间的非歧视待遇。"商业考量"规则则是以依据市场经济规则运营的私营企业作为参照物，要求涵盖实体像私营企业一样，在从事商业活动时以价格、质量、可用性、适销性、运输和其他购买或销售条件作为商业决策的因素。

（4）对监管机构提出了独立和公正监管的要求。协议的第381条"监管框架"倡导各方充分利用OECD国有企业公司治理指南等国际标准，要求各方确保建立或维持独立的监督机构，独立于被监管者并公正地对待所有企业，以一致和非歧视性的方式适用法律和法规。

（5）提出透明度要求。协议第382条"信息交流"规定，一方认为其相关利益因另一方涵盖实体的商业活动而受到不利影响，那么可书面要求另一方提供与该涵盖实体相关的信息，包括：涵盖实体的组织结构；所有权和投权结构；特殊股份或特殊表决权；对监管机构的介绍；监管机构对董事会成员、高级管理人员的聘任、解聘或薪酬等方面的权利和做法；涵盖实体在最近三年期间的年收入和总资产等信息；涵盖实体的年度信息财务报告和第三方审计，可获得的特殊待遇或规定等。

## （二）补贴控制制度

鉴于英国曾经是欧盟的成员国、具有与欧盟一致的国家援助实践，双方将欧盟当前的国家援助制度中的很多内容都纳入该协议"补贴控制"的章节中。"补贴控制"一章的内容基本是欧盟国家援助制度的翻版，做出了很多超越WTO《补贴与反补贴措施协定》规定的内容。此章共包括13条（第363条至375条），分别为定义、范围和例外、公共经济利益服务、原则、禁止补贴和需要符合条件的补贴、补贴的使用、透明度、补贴控制咨询、独立的权威机构与合作、法院和法庭、回收制度、补贴措施、争议解决。比较有特色的制度设计内容如下。

（1）规定了补贴的四个要素，但不再对补贴主体提出限定要求。协议规定，被规制的"补贴"要件包括：①来自缔约方的财政援助，包括赠款、贷款或贷款担保等直接或间接的资金转移、放弃应得的收入、提供或购买商品或服务；②赋予一个或多个经济行为者经济优势；③具有专向性，在涉及商品或服务的生产方面有利于某些经济行为者；④已经或可能对双方之间的贸易或投资产生影响。在补贴的主体上，协议不像SCM协议规定必须是由政府或公共机构提供补贴，而仅是泛泛地规"来自缔约方的财政援助"，相当于不再将主体要件视为补贴的必备要件，避免了WTO下关于"公共机构"身份判断的争论。

（2）对缔约方提出要构建或维持补贴控制制度，并提出进行补贴需要遵循的原则。第366条指出，缔约双方应设置并维持有效的补贴控制制度以确保补贴不对缔约双方之间的贸易或投资产生重大影响。所实施的补贴必须是为了纠正市场失灵或解决社会危机、分配公平等问题，必须是为了实现特定的公共政策目标，所实施的补贴要具有相称性、必需的和不可替代性，并且补贴不应补偿受益人的成本投入，要确保补贴的影响对目标的实现利大于弊。这一规定非常类似于美国最早提出的非商业援助制度，但是又比其规定得更具体明确、更具有操作性。禁止补贴和符合特定条件的补贴（Prohibited subsidies and subsidies subject to conditions）。第367条对各种补贴进行了类型化区分和不同约束，逻辑上类似于SCM下的红箱、黄箱和绿箱补贴。

（3）协议规定明确了禁止类补贴，包括无限担保的补贴、出口实绩补贴和进口替代补贴。①无限担保的补贴是指对经济行为者的债务或负债的担保没有任何数额和期限约束的补贴。②出口实绩补贴则是指为了促进货物或服务的出口的补贴，此类补贴原则上应该被禁止，除非是针对非市场风险的短期信用保险或者SCM协议所允许的特殊情形下出口信贷和出口信贷担保或保险计划。其中，"市场化风险"（marketable risk）是指一个存在市场化风险的国家中（marketable risk countries），最大风险期不超过两年对公众和非公共买家造成影响的商业和政治风险。一个国家很可能会因为缺乏充分的市场能力（private market capacity）被认为暂时从具有市场化风险国家（marketable risk countries）行列中除名，比如私人信用保险能力显著收缩、主权部门评级显著恶化、公司部门业绩显著恶化，那么此时就相当于出现了非市场化风险，该国可以为了救市而采用短期信用保险。③

进口替代补贴。第367条第12款规定，鼓励优先使用商品和服务以取代进口商品或服务就构成了进口替代补贴，此类补贴应被禁止。

（4）协议规定了需要符合特定条件的补贴。协议规定了较多的可允许的补贴，限定条件各不相同，主要包括以下几种类型：救助与重组（Rescue and restructuring）类的补贴，对银行、信贷机构和保险公司的补贴，对大型跨境或国际合作项目的补贴，对能源与环境的补贴。

①救助与重组（Rescue and restructuring）类的补贴。对于没有制定可靠的重组计划的困难或资不抵债的企业（an ailing or insolvent economic actor），原则上禁止对其进行补贴。此类补贴的条件有四个：其一，救助重组的补贴仅限于涉及公共利益目标的领域。即，只有那些为了避免社会危机、防止严重的市场失灵的情形，尤其是避免出现失业或对难以替代的服务业的破坏时，才允许对相关的资不抵债或陷入困境的经济行为者进行补贴，否则其就会在中短期内倒闭从而影响社会公共利益。其二，要有可靠的重组计划，即能确保困难企业在合理期限内恢复长期生存能力的方案，困难企业在重组计划期间可以获得贷款或贷款担保等临时的流动性支持；其三，除中小企业外，困难企业、其所有者、债权人、新投资者都应主动为重组投入资金或资产而不能坐等救助。其四，严格控制初步的频率。除非是出于受益人之外的不可预见的情况，原则上五年内都不应该给予受益人一次以上的补贴。

②对银行、信贷机构和保险公司等特殊行业的补贴。协议规定对一般行业的救助与重组补贴并不适用于银行、信贷机构和保险公司等特殊行业，而是对此类特殊行业规定了相对更宽容的规则。协议第367条第6、7款规定对银行、信贷机构和保险机构的补贴规定了四个要件：其一，原则上需要有可靠的、有助于获得长期生存能力的重组计划；其二，如果不能可靠地证明救助对象可恢复长期的生存能力，那么对银行、信贷机构和保险公司的补贴就应限于确保其有序清算从而退出市场，并且要尽量减少补贴金额、减少对双方贸易或投资的负面影响；其三，补贴的受益人、股东、债权人或获得补贴的企业集团都应该首先以自己的资源承担重组或清算成本；其四，支持流动性的补贴是临时性的，不得用于填补亏损或成为资本支持，补贴的受益人应对提供流动性资金的补贴机构给予适当的返还，即要对所给予的补贴予以返还。

③对大型跨境或国际合作项目的补贴。协议规定可在大型跨境或国际合作的背景下，对于交通、能源、环境、研发等项目给予补贴。这一"绿箱补贴"设计的目的是为了激励和促进新技术的出现和发展，具体要求则包括：补贴不包括制造业，补贴的利益不得仅限于经济行为者或参与的国家，而应该通过溢出效应获得更多的国家、部门和行业获益。这一规定很独特，在以前的 SCM 以及区域贸易协议中都从未出现，有助于全球化背景下大型项目跨境的合作，但是规则设计上仍旧相对概括，欠缺一定的操作性，但是已经指明了规则的发展方向以及战略性的国际合作，需要高度关注。

④对能源发展与环境保护的补贴。协议指出缔约方认识到发展安全、可获得的、可持续的能源系统以及环境保护的重要性，提出在不违反第 366 条规定的前提下允许与能源和环境相关的补贴，目的是为了构建可持续发展的能源系统和具有竞争力的能源市场并提高环境保护水平，但是也明确了此类补贴不免除受补贴人依据有关缔约方法律规定所应该承担的污染者责任。这一规定与欧盟正在倡导的绿色贸易政策紧密契合，很可能会为欧美等国重塑绿色能源产业链，为自己提供补贴开路，而曾经被认为构成违法补贴的光伏补贴等则可能不再被认定为违法。

⑤向航空承运人提供航线运营补贴。协议第 367 条第 15 款规定，原则上不得向航空承运人提供航线运营补贴，但是排除三种例外情形：为了履行公共服务义务、补贴可为整个社会带来普遍性利益、作为开通地区机场新航线的启动补贴，其目的在于增加人口流动性、促进区域发展。

（5）规定了补贴的透明度规则。协议第 369 条对补贴措施提出了详细的信息披露要求，要求缔约方对于在其境内授予或维持的任何补贴应于补贴发放后 6 个月内在官方网站或公共数据库上公开，所要求公开的信息包括：补贴的法律依据、政策目标或目的；补贴接受者的姓名；补贴的授予日期、期限；补贴金额或为补贴编制的预算金额等。同时，双方还约定透明度义务在本国领域范围内的具体落实途径，即：欧盟承诺在获得补贴后的 6 个月内在官方网站或公共数据库上公开信息，以允许利害关系方评估补贴措施是否遵循了第 366 条的规定；英国的规定则更为严格，允许利害关系方向法院或法庭申请审查补贴措施，同时要求授予补贴的机构向相关方提供必要信息以便利于后者就其是否能够提出诉求

(claim)、理解或识别诉求中争议问题在知情的前提下做出决定（informed decision）。其中，"利害关系人"是指利益可能受到补贴影响的任何自然人或法人、经济行为者或行业协会。可见，欧盟和英国领域内原本就对补贴控制有相对系统化的控制制度，其中欧盟侧重于引入公众评论和监督机制，而英国的规定更为严格，直接规定了政府的补贴行为是可诉的、对补贴提供者规定了强制性的信息提供义务。

（6）规定了补贴措施的可诉性。第 372 条关于"法院和法庭"的规定，明确了缔约方可依其本国法赋予法院审查补贴授权机构的补贴决定合规性的权力，规定法院可以受理利益相关方就补贴措施提出的诉讼请求（claim），可以依其国内法提供多种补救措施，包括：要求补贴授予当局暂停、禁止补贴或采取其他行动，裁定损害赔偿金，从受益人处收回补贴等。不过，第 372 条第 3 款也指出，并不要求任何一方创设超出其国内法原有规定的诉讼权、救济权或扩大的审查范围。可见，欧盟与英国之所以能够对补贴控制制度达到超过美国模式更高标准甚至引领未来规则的发展，主要还是取决于双方领域内原本就存在的法律制度基础。

（7）规定了极具欧盟特色的补贴回收机制（Recovery）。协议第 373 条规定各缔约方应建立有效的补贴回收机制。依据该机制设计，如果利害关系方已依法在法定期限内向法院起诉存疑的补贴措施并且该措施被法院裁定存在重大的法律错误，那么该缔约国就可以下令追回补贴。所谓的补贴授予存在重大的法律错误主要是指提供补贴的机构未将构成补贴的措施视为补贴、补贴的授予人未能遵循本协议第 366 条所规定的原则、以低于审查标准的方式实施补贴、补贴授予中出现滥用权力等。

总体来讲，《欧盟—英国贸易与合作协议》对国企经贸活动的规则已经趋于成熟，规则内容更丰富、约束性更强，很大程度上体现出缔约方较强的自律性以及相互监督的合作意愿。

## 四、国企新规则欧美模式的异同

### （一）国企新规则欧美模式的相同点

首先，欧美模式的国企条款的主要内容相似，规定相对全面、系统，要求严格。欧美国企新规则都主要以非歧视、商业考量、反补贴、监管中立、透明度为主要，这些内容成了新一代区域贸易协定国企新规则的必备条款。无论是美国随后的 USMCA 协议还是欧盟主导的区域贸易协议，在国企规则设计上都受到最早的 TPP 模式影响，基本上对国企的经济活动提出了非歧视、商业考量、规范和控制补贴、监管中立、信息公开的要求。比如，2019 年达成、2020 年生效的《欧盟—越南贸易协定》就设计了第 10 章竞争政策和第 11 章国有企业，其中竞争政策章节包括反竞争行为、补贴和共同原则三类内容；国有企业章则包括定义、适用范围、一般条款、非歧视与商业考量、管制框架、透明度、技术合作共七个条款。2020 年 12 月中欧达成了《中欧全面投资协定》（CAI），该协议的投资自由化和监管框架章节也规定了类似的非歧视待遇和商业考量、透明度要求以及相对简单的反补贴规则。

其次，欧美国企新规则具有动态和发展性，表明欧美对国企问题进行长期规制的决心。《欧盟—英国贸易与合作协议》规定可根据具体情势及时更新相关的规则。比如，第 367 条在规定禁止性补贴和有条件限定的补贴之类型和适用条件时指出，为确条款的与时俱进，合作理事会可根据需要更新相关规定（update these provisions as necessary to ensure the operation of this Article over time）。第 373 条第 7 款则规定，双方都认同补贴回收是任何补贴控制制度中都非常重要的补救工具，但是如果存在其他的或替代性的回收机制，可依一方的可提议考虑对原有规定做相应的修正；在本国具体落实方面，任何一方均可对域内的回收机制实施提出不同安排的建议，如果新安排与另一方的现有机制等效并且能够确保有效地回收补贴，那么另一缔约方应善意地考虑新建议并予以同意。美式国企规则代表的 TPP 则在第 17.14 条"进一步谈判"规定中提出，在协定生效之日后 5 年内缔约方要开展进一步谈判，以依照附件 17-C（进一步谈判）扩大纪律的适用范围。

最后，尽管程度有所不同，欧美国企新规则却都重视对反竞争行为的规制。除了上述的 NAFTA/USMCA、TPP/CPTPP、《欧盟—英国贸易与合作协议》外，欧美其他很多的区域贸易协定也有反竞争行为规制的相似规定。美国的贸易协定一直存在重视反竞争、防范政府干预垄断企业或政府企业的逻辑。早在 20 世纪 40 年代酝酿多边贸易体系之时，美国 1945 年 11 月拟定的《扩展世界贸易和就业的建议稿》就已经意识到来自政府以及私人联盟或卡特尔的限制会影响国际贸易，提出要避免使用进口垄断对国内生产者提供过度的保护。① 在《哈瓦那宪章》形成后，美国国内还有声音批评国营企业章节对政府卡特尔的约束力太弱、对垄断行为规制不足。② 自20世纪90年代的NAFTA开始，美国FTA更是明确提出要以竞争法规制反竞争行为、提议政府要减少对政府的干预。NAFTA第1501条明确竞争法在区域贸易协定中的地位并规定各方要采取措施禁止反竞争的商业行为，倡导竞争法执法合作。后来的《美国—韩国贸易协议》专门设置第16章"竞争相关的问题"，指出要维持或建立促进市场竞争、禁止反竞争的商业行为的竞争法，同时在该章中规定了指定垄断、国有企业的规制，即将国有企业规制置于竞争法框架内。《美国—新加坡自由贸易协议》第12章"反竞争商业行为、指定垄断企业和政府企业"同样要求各方采取措施禁止反竞争行为以避免限制双边的贸易和投资。由于新加坡存在比较有名的淡马锡式的国有企业经济，美国专门对新加坡提出政府要减少对企业干预的要求。第12.3.2条规定，新加坡不得以任何直接或间接的方式影响或指导其政府企业的决策，包括通过行使权利或利益（any rights or interests）对企业施加有效的影响，但并不反对新加坡政府依法行使其在政府企业中的投票权，并要求政府在考虑到撤资时机和相关资本市场状况的前提下，尽量减少会对政府企业产生实质性影响的所有权和其他利益。可见，美国以前的区域贸易协议就强调对反竞争行为的规制并且将国有企业的经济活动置于竞争法的规制框架内，自始就有对于反竞争行为的规制逻辑，后来美国贸易新政提出"创造公平的竞争环境"（level playing field）既是对日益突出的公私企业同台竞争问题的回应，是对其长期的反竞争行为规制逻辑的延续。欧盟早期的贸易协议多是与发展中国家或落后国家达成，尽管在其领域内严格执行控制补贴的国家援助制度和竞争法，但并无意于在国际协议中推行其约束性更强的竞争规则，其21世纪初的贸易协定也是泛泛提到竞争规制并强调以WTO协议一致的方式执行相关规则。但是，随着国际竞争加剧以及公私企业在国际舞台

---

① US Department of State, For Expansion of World trade and Employment, November 1945, p. 2.

② Thomas W Zeiler, *Free Trade, Free World: The Advent of GATT*, University of North Carolina Press, p. 151.

竞争情势的发展，欧盟一方面尝试推出反外国补贴的白皮书和条例，另一方面也在与加拿大、日本等签订的 FTA 中独立设置竞争规制章节，并最终在《欧盟—英国贸易协议》中设置了独具特色的第 11 篇"为开放和公平的竞争及可持续发展创造公平竞争环境"，以竞争法的逻辑统摄"竞争政策""补贴控制"和"国有企业"三章内容。

## （二）国企新规则欧美模式的不同点

首先，美国对国企规制一直高度重视，美式国企新规则主要是在其之前 FTA 的基础上发展，而欧盟最初的区域贸易协定并没有对国企规制予以太多的关注。美国倡导的新规则很多规定都可在其之前的 FTA 中找到相同或相似的规定。比如，在透明度规制方面，《美国—新加坡自由贸易协定》对美国和新加坡都概括性地提出了透明度的要求，但第 12.3.（2）（g）条则对新加坡的政府企业专门提出了详细的信息披露要求，要求新加坡至少每年公布一份综合报告，详细说明涵盖实体如下信息：持股比例和表决权比例、政府企业拥有的特别股或特别投票权、担任高级职员或董事会成员的政府官员信息、年收入或总资产等。《美国—韩国自由贸易协定》（2007）第 16.5 条对透明度的规定比较简单，仅要求每一方应另一方的要求应公布竞争法的执法情况、国有企业和指定垄断、竞争法的适用例外和豁免等信息。在商业考量要求方面，美国很早就在国际经贸合作协议重视该规则。在 1980 年 2 月 1 日生效的中美首个贸易关系协定中，第 1 条第 3 款就体现了商业考虑原则，其要求商业性交易应按照两国商号、公司和贸易组织间合同进行，合同的签订应基于国际贸易惯例及价格、质量、交货期和支付条件等商业考虑。该款还明确区分于规定非歧视和最惠国待遇的第 2 条第 1 款，表明美国已倾向于将商业考虑和非歧视作为两个独立原则。[1] NAFTA 第 1502 条则明确规定了商业考量义务，要求缔约方保证指定垄断和政府企业在相关市场购买或销售垄断商品或服务时，仅出于商业考虑行事，商业考虑的因素包括价格、质量、可用性、适销性、运输和其他购买或销售条款和条件；《美国—新加坡自由贸

---

[1] 张斌：《国有企业商业考虑原则：规则演变与实践》，载《上海对外经贸大学学报》2020 年第 4 期，第 24 页。

易协定》（2003）也做了相似的规定，第 12.3 条规定了与非歧视规则并行的商业考量规则，要求缔约方确保指定的指定垄断和政府企业在相关市场上购买或销售垄断商品或服务时仅依据商业考虑行事，包括价格、质量、可用性、适销性、运输等。

　　其次，欧式的国企规则相对更灵活性、更开放，既允许缔约方自主抬高标准，也允许依统一标准适用特殊例外。一方面，欧式国企规则规定了各方可自主决定是否采取其他替代性措施或更严格的要求。比如，《欧盟—英国贸易与合作协议》第 373 条第 6 款就规定，协议并不阻止缔约方根据其法律规定超出约定范围外的收回补贴的其他情形，这意味着缔约方可依本国情况采取更严格的补贴控制规则。另一方面，欧式国企规则规定各方适用反补贴例外。后全球化时代，各国的经贸社会发展以及国际合作都面临着前所未有的挑战，各国需要为国企经济和补贴措施留有一定的政策空间。相应地，新国企规则既要控制补贴措施、规制国有经济，但也允许特殊情况下符合一定条件就可存在的补贴。比如，《欧盟—英国贸易与合作协议》就规定了补贴例外的情形，包括对银行、信贷机构和保险公司等金融行业的救助、对大型跨境或国际合作项目的补贴、对能源发展与环境保护的补贴、对航空承运人提供航线运营补贴等。在规定补贴回收机制时，同时也规定了回收的例外情况，即如果补贴是根据英国议会法案、欧洲议会法案和欧盟委员会法案所授予的，那么则不需要收回补贴（第 373 条第 5 款）。《欧盟—越南贸易协议》第 10.4.2 条规定了为解决社会和经济危机而允许进行补贴的具体情形，包括：弥补因自然灾害或特殊事件造成的损失，促进生活水平异常低的地区的经济发展、解决就业，解决经济动荡，以及研发、就业、环保、中小企业补贴、促进文化和遗产保护等方面的补贴。相比之下，美式的国企规则虽然也设计了例外情况，但多数是其他国家努力谈判的基础上方争取到的，而不是基于普遍适用标准而提供的例外。

　　最后，在对国企规制的条款内容上，欧美模式最大的区别在于对新型反补贴规则的规定。美国在 TPP 中非常果断地推出超出 WTO《补贴与反补贴措施协议》规定的补贴新规则，更强调以新型的反补贴规则——非商业援助制度来规制国企获得补贴或提供补贴等影响贸易和竞争的行为。欧盟以往主导的区域贸易协定中的补贴制度曾经基本以 SCM 的规定为主，后来逐渐效仿美国的非商业援助制度，但是在 2021 年达成的《欧盟—英国贸易与合作协议》则开始将双方国内已经存在的国家援助制度全面引入区域协议中，代表着对国际补贴制度改革的最为体系化的版本，也有可能为新一代反补贴规则的发展注入新元素。

TPP 首次系统地设计了新型的反补贴规则，要求不得通过政府或国有企业向任何国企提供资金、货物、服务或债务的转移，更注重补贴对企业、产业竞争以及贸易的影响。其之所以首次采用"非商业援助"的术语，很大程度上是为了表明其与传统的反补贴规则的区别。TPP 非商业援助条款规定了宽泛的行为主体、行为方式、结果和因果关系等要件，具有比较完整的侵权损害赔偿链条。比如，扩大了主体和适用范围，规定提供非商业援助的主体包括政府和国企，相当于直接将国企视为 SCM 上的公共机构，避免了国企是否为公共机构的争论。在适用范围上，非商业援助既包括从缔约方国内出口货物或输送服务，也包括在东道国的涵盖投资。此外还开始放松专向性要件的要求。在欧盟很多贸易协定都声明坚持 WTO 补贴规则的专向性要求时，TPP 关于"非商业援助"定义的第 17.1 条已经规定，获得援助或使用援助的为国有企业即可认定符合专向性要求。相比之下，欧盟相对较早的区域贸易协定都会强调反补贴规则要与 WTO 现有规定保持一致，直到后来受美国的影响才开始考虑借鉴其域内的国家援助制度对反补贴规则进行升级。与美国的非商业援助制度侧重于对贸易和投资的救济不同，欧盟更重视补贴控制以及公共资金的合理使用与有效监督。（1）从规则内容上看，欧盟的反补贴规则主要借鉴的是国家援助制度，有很多独特的机制设计，比如补贴措施的可诉性、补贴的回收制度等。（2）欧盟的反补贴规则提出补贴控制论，主张要禁止和限制影响市场运作的补贴。《欧盟—越南贸易协定》第 10.4 条规定，缔约方都认同只有在实现公共政策必需时才提供补贴，承认某些补贴有可能扭曲市场的正常运作并破坏贸易自由化，约定原则上不应向提供货物或服务的企业提供会影响竞争和贸易的补贴。《欧盟—英国贸易协定》第 367 条也规定了限制或禁止违反市场规则的补贴类型，认为此类补贴会破坏市场主体的正常退出，影响市场的正常供需关系。（3）欧盟的反补贴规则规定了普遍适用的公共政策例外，为公共政策所需要的补贴留下政策空间。（4）要为补贴以及公共资金使用构建国际性的监督和合作机制体现在第 10.8 条磋商机制（consultations）上，该条规定，如果一方认为另一方给予的特定补贴对其贸易或投资利益产生或可能产生负面影响，那么被请求方则需要积极回应并尽力消除负面影响，要向对方提供以下信息：特定补贴是否仅用于实现公共政策目标、相关补贴金额限于实现公共政策目标所需的最低限度、补贴产生的激励、对请求方贸易和投资的负面影响是否有限。这个规则设计从表面上看是为了解决补贴引发的不公平的贸易和竞争问题，但实质上更是在构建政府公共资金使用的国际性监督机制，具有一定的进步性。

## 第四节　国企条款的发展趋势、新挑战与价值

### 一、21 世纪新国企条款的发展趋势：竞争中立与公开透明

当前，欧美新区域贸易协定的国企规制以及与之相关的产业补贴规制、全球防市场扭曲运动均在《哈瓦那宪章》开创的基础上发展而来。尽管欧美主导的区域贸易中的国企条款不尽完全相同，但都已体现出以"竞争中立"和"强透明度"为新一代国企条款主要内容的发展趋向。2021 年中欧达成的《中国—欧盟全面投资协定》的国企条款尽管相对简单，但其实也已汇入国企新规则的发展进程中。

### （一）21 世纪新国企条款的国际演进特点

欧美新贸易协定中的竞争中立国企新规则大多涵盖了非歧视原则、商业考量、补贴规则、透明度和公司治理等条款，都强调要求国企实现竞争中立，但在规则体系和内容上又各有特色。21 世纪国企新规则的国际演进相对独特，表现为三大特点。

第一，以竞争中立为主的国企新规则经历了从一国国内制度到他国区域贸易

协定的国际化发展过程。竞争中立制度本起源于澳大利亚，但将其在国际社会强力推广的却是欧美国家。美国国内的国有企业多数是公共类企业而极少商业类国有企业，并不存在对"竞争中立"的内生需求；欧盟域内虽有一定数量的商业类国有企业，但其发达的竞争法对公私企业同等适用，已足以规制国有企业引发的竞争扭曲问题。① 然而，欧美却在新一代的自由贸易协定中竭力推行内生于澳大利亚的竞争中立规则。② 一方面是基于欧美国内都重要对政府参与经济行为、反竞争行为的法律约束，另一方面主要是为了应对新形势下大量国有企业参与国际竞争所引发的不公平竞争以及投资安全等问题。

第二，以竞争中立为主的国企新规则在国际演进过程中，"主推手"欧美既有共识又有分歧，但基本已经通过区域贸易实践形成了规制框架和主要内容。欧美式国企规则在内容上具有较高的重合度，双方在非歧视待遇、商业考量、透明度、公司治理规则上高度相似，主要区别在于规则的体系安排、严格度和推行路径等方面。一方面，美国在其主导的贸易协定中以国有企业章节创设全面、系统的竞争中立规则，而欧式国企规则则分散在竞争法、国有企业、补贴等章节中；另一方面，美式国企规则为"激进型"而欧式则属于"渐进型"，前者比后者规范力度更大更严厉，但是后来欧盟尝试将国家援助制度引入区域贸易协定后却表现出更为强大的系统性。美国积极创设严厉的、甚至超越 WTO 相关要求的竞争中立规则，强调去除国有企业的政府控制；③ 欧式竞争中立规则强调以成员原有的竞争法规制国有企业并在 WTO 框架内改良国有企业规则，认为对国有企业和私企平等地适用竞争法时仍要注重平衡福利国家角色和市场公平竞争，④ 因而其在强化反补贴规则时会设置较多的例外。学者认为，这是因为欧洲向来注重公共目标的实现和市场竞争，会通过公共企业、国有企业或向私企外包的方式积极提

---

① 欧盟现代的"竞争中立"政策则主要体现在欧盟运作条约第 106 条款，该条规定："国有企业与私营企业的经营活动均受欧盟条约中的竞争条款约束。"

② 赵海乐：《是国际造法还是国家间契约——"竞争中立"规则形成之惑》，载《安徽大学学报（哲学社会科学版）》2015 年第 1 期，第 116 页。

③ 毛志远：《美国 TPP 国有企业条款提案对投资国民待遇的减损》，载《国际经贸探索》2014 年第 1 期，第 94 页。

④ 翟巍：《欧盟国家限制竞争行为反垄断规制及对我国启示——基于公共经济利益服务研究视域》，法律出版社 2016 年版，第 133 页。

供公共经济利益服务，构建了健全的国家援助制度（以 Almunia 系列法律文件为主）规范国家的补贴、扶持行为并确保对市场竞争最小的影响。①

第三，从发展趋势看，欧美推行的国企新规则已经引领并将会主导 21 世纪国企新规则的发展。21 世纪以来各国国有企业在全球化背景下大规模地参与全球竞争，被认为会引发政治、经济安全隐患以及东道国管制困难，其中破坏公平竞争备受国际社会关注。② 然而，"二战"后至今国际上并没有系统规范国有企业的国际经贸规则。欧美新区域贸易协定频繁出现的竞争中立规则则恰好可填补国有企业规范空白，解决国有企业参与全球竞争引发的竞争失衡问题。最为重要的是，竞争中立规则具有向"国际习惯规则"发展的趋势。竞争中立规则目前主要出现在欧美新区域贸易协定，属于"国际契约"而非"国际造法性条约"。③ 但是由于受到欧美等国的大力推行，其内亦含"公平竞争"等普世理念，极有可能获得国际社会更多共识从而满足国际习惯规则的"实践"和"心理"要素，最终发展为具有普遍效力的国有企业新规则。④

## （二）21 世纪新国企条款的国际演进趋势

### 1. 实体内容：从"公平贸易"到"竞争中立"

对参与国际经济活动的国有企业行为在不同时代有不同的法治要求。"二战"后，全球化刚兴起，国际贸易治理主要面临的是国门大开、关税壁垒等贸易障碍问题，因而规制国营企业主要采用非歧视规则和初级的反补贴规则。当今世界面临的却是国际大市场形成后公私企业同台竞技的公平竞争问题，这必然催生专门解决国企"因公优势"问题的新规则。

---

① 翟巍：《欧盟国家限制竞争行为反垄断规制及对我国启示——基于公共经济利益服务研究视域》，法律出版社 2016 年版，第 133 页。

② Sultan Balbuena, S., "*Concerns Related to the Internationalization of State-Owned Enterprises: Perspectives from Regulators, Government Owners and the Broader Business Community*", OECD Corporate Governance Working Papers, OECD Publishing, 2016, p. 10.

③ 赵海乐：《是国际造法还是国家间契约——"竞争中立"规则形成之惑》，载《安徽大学学报（哲学社会科学版）》2015 年第 1 期，第 116 页。

④ 冯辉：《竞争中立：国有企业改革、贸易投资新规则与国家间制度竞争》，载《环球法律评论》2016 年第 2 期，第 157 页。

　　国企规则从 20 世纪的"公平贸易"规制升级为 21 世纪的"竞争中立"规制是时代发展趋势。1997 年第一届世界贸易论坛会议主题就是"21 世纪的国家贸易"，国际经济法学者彼德斯曼极有预见性地指出，未来要改进 GATT 国营条款就要增加额外的竞争规则并逐渐取消国企特权。[1] 当前新区域贸易协定中的国企条款正是以实现"竞争中立"并解决市场扭曲问题为主旨，[2] 这也印证了彼德斯曼当年的预判。"竞争中立"原本指"在经济市场上任何实体都不应有不当的竞争优势或劣势"。[3] 体现"竞争中立"的国企条款主要包括：定义、非歧视和商业考量条款、监管中立、作为反补贴规则升级版的非商业援助制度、例外条款等。其主要特征如下。

　　第一，国企定义明确化，适用范围变宽，政府所有权和政府控制同时构成国企身份的判定标准。GATT/WTO 对"国企"的定义含糊，轻身份界定而重行为，造成实践困惑。GATT 的相关条款均将"国有贸易企业"界定为在形式上或事实上具有"专有权或特权"的企业，[4]《服务贸易协定》（GATS）第八条则对"垄断服务提供者"提出了最惠国待遇的要求。[5] 显然，国企条款规制的重点是垄断或特权行为，而垄断或特权行为又主要来源于政府的授权、参股控股或其他的控制方式。基于此逻辑，国际社会很早就意识到采用控制要素来对国企或公共机构进行判定。例如《哈瓦那宪章》起草过程中就有对国企采用控制标准的讨论。当

---

　　[1]　Ernst-Ulrich Petersmann, GATT Law on State Trading Enterprises：Critical Evaluation of Article XVII and Proposals for Reform, in *World Trade Forum*：*State Trading in the Twenty-First Century*, edited by Thomas Cottier, P. C. Mavroidis, Krista Nadakavukaren Schefer, University of Michigan Press, 1998, p. 95.

　　[2]　Weihuan Zhou, Rethinking the（CP）TPP as a Model for Regulation of Chinese State-Owned Enterprises, *Journal of International Economic Law*, Vol. 24, No. 3, 2021, p. 574.

　　[3]　OECD, *Competitive Neutrality：Maintaining a Level Field Between Public and Private Business*, OECD Publishing, 2012, p. 15.

　　[4]　GATT 第 17 条将国营企业描述为"无论位于何处或在形式上或事实上给予任何企业专有权或特权"，《关于解释 1994 年关税与贸易总协定第 17 条的谅解》对国营贸易企业规定为"（具有）法定或宪法权力在内的专有权、特殊权利或特权的政府和非政府企业，包括销售局……"

　　[5]　《服务贸易协定》（GATS）第八条规定"每一成员应保证在其领土内的任何垄断服务提供者在有关市场提供垄断服务时，不以与其在第 2 条（最惠国待遇）和具体承诺下的义务不一致的方式行事"。

前欧美国企新规则以所有权和控制因素界定国企是对以往国际实践的承继和发展。一方面，欧美国企章节标题的设计表明针对的正是具有特权或垄断特权的企业。比如，TPP 第 17 章标题为"国有企业和指定垄断"，《欧盟—越南贸易协定》第 11 章为"国有企业、被授予特殊权利或特权的企业、指定的垄断企业"，而《中国—欧盟全面投资协定》第 2 节第 3 条之二虽采用的是"涵盖企业"一词，但实指国有企业和指定垄断企业。另一方面，新规则突破 0 了 GATT/WTO 的实践，直接引入控制标准且有将控制标准泛化的趋势。比如，TPP 第 17.1 条规定了多数资本控制、投票权控制和管理控制。《中国—欧盟投资协定》则作了更严格的规定，扩充了国企范围，增加了控制企业决策的国有少数股企业以及"政府可依法指挥企业的行为或以其他方式行使同等程度的控制"的企业。① OECD 报告的解释称，"国有企业"或"社会企业"的定义应灵活设计，以适应政府能够施加重大影响的政府投资公司。② 这与国际商事活动的逻辑很相似，很多内国公司法都以多数股或控制权来认定控制股东和实际控制人。可见，国企身份判断规则具有以股份、投票权、决策权等多元控制指标作为标准的发展趋势。

第二，国企的运营要遵循商业考量和市场化运营原则。商业考量条款要求缔约方确保国企像私营企业一样在进行商业决策时以价格、质量、可获性、适销性、运输等购销因素为准。之所以将商业考量作为国企运营的一项重要要求，是因为只有公私企业统一按照商业考量行事才有可能实现竞争中立、公平竞争。此类条款具有如下特点。其一，通过不同的条款结构安排将商业考量义务独立化。商业考量条款在内容措辞上与 GATT 第 17 条差别不大，但欧美新协定以及《中国—欧盟全面投资协定》都将其与非歧视待遇要求并列，显示出商业考量规则的独立性和约束性。其二，以私营企业作为参照，间接引入市场经济原则。"相关行业或产业的私营企业在商业决策中通常考虑的其他因素"其实就是"在商言商"，要求国企依照商业规则和市场规律行事。《欧盟—越南贸易协定》第 11 章

---

① 《中国—欧盟全面投资协定》第 2 节第 3 条之二。

② OECD, *Measuring Distortions in International Markets*: *Below-Market Finance*, OECD Trade Policy Papers（May 2021），No. 247, OECD Publishing, p. 66.

在界定"商业考量"时就直接采用"市场经济原则"一词,① 可见, 确立商业考量原则就相当于确立市场经济原则。在此基础上, 与市场经济原则密切相关的平等准入、公平竞争和正常淘汰退出等细化规则就会不断衍生。比如, USMCA第22.6条第1款就明确反对国有企业仅因国有性质而不论资信能力轻易获得政府贷款和担保, 反对国有企业"大而不破"、以"债转股"方式获得重生的现象。其三, 商业考量条款是在美国以往区域贸易协定实践基础上的创制。《北美自由贸易协定》(简称NAFTA) 第1502条早就规定由国家或政府垄断指定的任何私有垄断"在其购买或销售垄断商品或服务时完全出于商业考量",② 即"与相关业务或行业中私营企业的正常商业惯例一致"。③《美国—澳大利亚自由贸易协定》《美国—新加坡自由贸易协定》《美国—韩国自由贸易协定》等贸易协定中也有类似的规定。④ 尽管商业考量规则仍存在操作性不强、威慑力不足的问题, 但是, 若一方违反该义务则可成为另一方随时启动谈判磋商的理由。同时, 将市场经济规则引入后, 商业考量条款可解释的空间非常大, 且能不断催生新的规则, 应给予充分关注。WTO当前已经开始出现以商业考量作为诉请法律依据的案件。2021年7月欧盟诉俄罗斯的国内和外国产业和服务特定措施案中(DS604), 欧盟声称俄罗斯对其本国国企的价格优惠措施使得从事商业活动的国企不根据商业考量进行采购, 而其他成员的企业则没有获得足够的商业机会参与此类采购。⑤

　　第三,"竞争中立"国企条款主要以非商业援助规则来剥离政府施加的竞争优势。非商业援助规则是在WTO反补贴规则基础上的新规则, 主要是指不得通

---

① 《欧盟—越南自由贸易协定》第11.1 (b) 条原文为:　"commercial considerations" means price, quality, availability, market ability, transportation and other terms and conditions of purchase or sale, or other factors that would normally be taken into account in the commercial decisions of an enterprise operating according to market economy principles in the relevant business or industry.

② NAFTA Article 1502 (3).

③ NAFTA Article 1505.

④ USA-Singapore FTA, Article 12.3 (1) (c) (ii); USA-Chile FTA, Article 16.3 (3) (b); USA-Australia FTA, Article 14.3 (1) (b); USA-Peru FTA, Article 13.5 (1) (b); USA-Colombia FTA, Article 13.5 (1) (b); USA-South Korea FTA, Article 16.2 (1) (b).

⑤ Russian Federation-Certain Measures Concerning Domestic and Foreign Products and Services (WT/DS604/1), p. 4.

过政府或国有企业向任何国企提供资金、货物、服务或债务的转移。与《中国—欧盟全面投资协定》中"弱化"的非商业援助条款相比，欧美版的非商业援助条款基本都规定了行为主体、行为方式、结果和因果关系等要件，具有比较完整的侵权损害赔偿链条，主要特征如下：其一，主体和适用范围扩大。提供非商业援助的主体包括政府和国企，相当于直接将国企视为 SCM 上的公共机构，避免了国企是否为公共机构的争论。在适用范围上，非商业援助既包括从缔约方国内出口货物或输送服务，也包括在东道国的涵盖投资。正在兴起的防全球市场扭曲运动甚至在内容与地域的适用范围上都有更大的扩张。比如，OECD 报告称考虑将政府对长期低于市场股票的公司的额外投资视为默认补贴，① 这意味着国企参股、混改也可能构成非商业援助。美国《稳定就业抗扭曲法案》甚至要推出新规则，专门规制通过跨境投资、经贸合作的国家战略方式所进行的跨境补贴行为。② 这表明美式的反补贴规则适用范围将有极大扩张，类似于中国的"一带一路"跨境合作项目都有可能成为规制的对象。

其二，开始放松专向性要件的要求。SCM 第 1 条和第 2 条规定受到规制的补贴必须具有"专向性"，即规则针对的是只给予某些企业或地区的补贴行为。欧盟很多贸易协定都声明坚持 WTO 补贴规则的专向性要求，但美国某些实践以及 OECD 研究都表现出不同的态度。比如《跨太平洋伙伴关系协定》（TPP）关于"非商业援助"定义的第 17.1 条规定，获得援助或使用援助的为国有企业即可认定符合专向性要求。OECD 报告则表示出对坚持专向性要求的怀疑，其认为，由于立法不明确或混杂在大量的市场融资行为或宏观产业政策中，借贷和权益资本注入等低于市场的融资难以被识别，如果坚持"专向性"要求则会增加规制此类扭曲国际市场之行为的难度。③

其三，对"不利影响"和"损害"的认定高度借鉴 SCM 的规定。比如，

---

① OECD, *Measuring Distortions in International Markets*：*Below-Market Finance*, OECD Trade Policy Papers（May 2021），No. 247, OECD Publishing, p. 71.

② US, Eliminating Global Market Distortions To Protect American Jobs Act of 2021, at https：//www. congress. gov/117/bills/s1187/BILLS-117s1187is. pdf, last visited on December 7, 2023.

③ OECD, *Measuring Distortions in International Markets*：*Below-Market Finance*, OECD Trade Policy Papers（May 2021），No. 247, OECD Publishing, p. 74.

TPP 第 17.7 条规定认定非商业援助对另一方的"不利影响"以及第 17.8 条规定非商业援助对另一方产业引发的"损害"的评估，这些内容与 SCM 第 5 条和第 6 条的规定相似。新贸易协定之所以未能突破 SCM 的规定而对"不利影响"和"损害"的判定做更具操作性的规定，很有可能是因为非商业援助与 SCM 规定下的补贴措施一样都更需要"运用精密的经济模型与计量工具进行考量"。① 可见，这方面的规则仍在发展变化中，需要紧密关注 WTO 案例以及主要国家贸易救济调查措施的新动向。

其四，突破普通侵权损害的逻辑，强调表面证据和举证责任倒置，因果关系要求降低。比如，《欧盟—新加坡贸易协定》第 11.7 条规定，除非补贴方能证明不会产生贸易影响或表明不会如此做，否则就将某些行为直接认定为禁止性补贴，这些行为包括对债务承担无限责任、对无偿债能力且又无可信的重构计划的企业提供支持等。这实际上是采用了表面证据和举证责任倒置的立法技术来扩大禁止性补贴的范围。OECD 报告则明确建议采用转移举证责任的方式对政府长期低于市场的股权投资视为默认补贴，除非其与市场基准保持一致。② 新规则在立法技术上引入举证责任倒置等利益平衡手段，其背后的考量可能是，一国采取的非常规的、非市场化的做法具有溢出效应极易对全球市场产生影响，而让受影响方去证明他国领域内涉及政府的行为及其负面影响是很困难的。

2. 程序内容：透明度从"软法"到"硬法"

构建民主、合法、高效的国际经济新秩序必然要求深入、有效、强约束的透明度规则。当前，国际社会不断呼吁以透明度作为国际经贸秩序改革的突破口，例如中国、欧盟、美国的 WTO 改革文件都提到透明度是改革的关键，G7 贸易部长会也提出要通过透明度构建反全球市场扭曲法，并承诺"投入必要的资源来开展该领域所需的技术工作"。③ GATT/WTO 虽然一直将透明度作为与国民待遇、

---

① 单一：《规则与博弈——补贴与反补贴法律制度与实务》，北京大学出版社 2021 年版，第 303 页。

② OECD, *Measuring Distortions in International Markets*：*Below-Market Finance*, OECD Trade Policy Papers（May 2021）, No. 247, OECD Publishing, p. 71.

③ CARBIS BAY G7 SUMMIT COMMUNIQUE Our Shared Agenda for Global Action to Build Back Better, p. 10, https：//www. consilium. europa. eu/media/50361/carbis-bay-g7-summit-communique. pdf, last visited on December 7, 2023.

最惠国待遇原则相提并论的重要原则，但该原则却建立在自愿、排除适用争端解决机制的基础上，因而易在实践中沦为操作性差、执行力低的"软法"。鉴于透明度对国企规制的意义尤其重大，欧美区域贸易协定率先形成了标准高、效力强、具有"硬法"特性的新一代透明度规则，其内容和特点包括如下三方面。

首先，要求披露的信息范围广泛，内容细致。国企新一代透明度规则所要求的信息披露范围广，要求远高于 WTO 透明度条款以及内国公司法只对上市公司提出严格信息披露要求的规定。例如，TPP 第 17.10 条、《欧盟—越南贸易和投资协定》（2020）第 11.6 条、《中国—欧盟全面投资协定》（2020）第 2 节和第 3 节相关条款对国企透明度都规定得很详细，要求披露非常详尽的国企信息，包括：特殊股份、特别投票权、董事会成员的政府头衔、特殊待遇、年度财务报告、第三方审计、非商业考量援助等。不过，要求提供国企的大量信息这一规定也并非新举措，之前的《美国—韩国自由贸易协定》（2007）、《美国—新加坡自由贸易协定》（2003）就有相似规定。① OECD 于 2015 年推出的《国有企业公司治理指南》解释，之所以要求国有企业像上市公司一样遵守严格的审计披露和会计标准要求，是因为国企须像上市公司向公众股东负责一样向公众负责。② 具言之，对国企提出高标准的透明度要求有两点原因：其一，预防和遏制国企内部控制人滥用权力和腐败行为，因为高标准的公开透明有助于激励代理人与内部人慎独自律，减少全民股权代理环节，降低股权行使成本。其二，基于民主的要求。国有企业的股东在形式上看是政府而实质则是全民，因而需要有比公司董事和股东更高要求的归责性。③

其次，透明度既有实施激励机制，亦有强烈的归责色彩。以 TPP 为例。其第 17.10.3 条规定，经书面请求，一缔约方应迅速提供国企股份和投票的百分比、特别股份和投票权、政府任职官员等公开信息，书面请求同时需要说明国企活动是如何影响缔约方之间的贸易或投资；TPP 第 17.10 条第 5 款还提出了信息公开的标准并含有自我解释"无害"的隐性要求，该条规定，"如缔约方根据第 4 款提供答复，则其提供的信息应足够具体，使提出请求的缔约方能够理解政策

---

①　USA-Singapore FTA, Article 12.3; USA-South Korea FTA, Article 16.5 (2) (b).

②　OECD Guidelines On Corporate Governance Of State-Owned Enterprises, 2015, pp. 13, 24.

③　Craig VanGrasstek, The History and Future of The World Trade Organization, p. 18.

或计划的运营情况，并对政策或计划及其对缔约方之间贸易或投资的影响或潜在影响进行评估"。美国在 TPP 之前与澳大利亚、新加坡和韩国的贸易协定亦有类似规定。① 同样，欧盟的透明度要求一般也会规定，只要一方在表面上证明对方有国企活动市场、有损害或可能有损害，即可提出磋商请求要求对方提供相关信息。此外，新透明度条款还要求提供者对所提供的信息负责，主动评估相关行为的影响并创设了透明度义务履行的激励和救济制度。TPP 附件 17-B《关于国有企业和指定垄断的信息形成过程》规定，专家组可对一争端方在信息收集过程中的不合作情况作出不利推论，并有主动搜集获取相关信息的权力。这一规定与《反倾销协定》第 6.8 条的"可获得最佳信息"规则的逻辑相类似。②

最后，引入第三方专业监督机制和多元的惩罚措施。当前的欧美新兴的贸易协定正采用自律与他律相结合的方式增强透明度的硬法特性。以他律的方式作为自律的补充，并对成员方的信息披露义务予以监督有助于透明度原则的实现。针对透明度的他律方式除了引入公众监督和舆论干预外，还可采用设立专业工作委员会和争端解决机制等方式。

总之，欧美版本贸易协议国企规则比中国目前所接受的规则更为严格和系统，以 OECD 为主的防全球市场扭曲运动也仍在深化发展中。无论如何，21 世纪国企条款的发展特征和趋势已越发明显——当代国企条款的规制以"竞争中立"和"透明度"为主要内容，条款设计将从概括性立法到细化实用、从软约束到强约束、从自律到自律与他律相结合的方向发展。

## 二、竞争中立型国企条款发展的必然性

### （一）竞争中立是公私企业实现公平竞争的实体性保障

竞争中立之所以成为自由贸易和公平贸易的新要求，主要理由有三点。

---

①　USA-Singapore FTA, Article 12.5.3 and 12.5.4; USA-Chile FTA, Article 16.6（3）; USA-Australia FTA, Article 14.8（2）（c）; USA-Peru FTA, Article 13.8（3）; USA-Colombia FTA, Article 13.8（3）; USA-South Korea FTA, Article 16.5（2）（c）.

②　《反倾销协定》第 6 条证据之第 8 款规定："如任何利害关系方不允许使用或未在合理时间内提供必要的信息，或严重妨碍调查，则初步和最终裁定，无论是肯定的还是否定的，均可在可获得的事实基础上作出。在适用本款时应遵守附件 2 的规定。"

第一，政府引发的竞争不中立违背市场规律，会引发各种经济扭曲的后果。正如经济学中的公共选择理论中的"重新创造市场"主张所言，"现代经济需要减少政府部门拥有的垄断权，引进竞争机制"。① 通过竞争机制这一外力可以有效刺激产品的供给效率的提高。可是，当前各国政府却以各种理由推出高比重的国企或其他的政府支持方式参与、干预经济。通过国企等形式的政府支持经济不仅会影响公平竞争，还会对本国以及全球经济产生资产泡沫化、产能过剩、价格扭曲、结构错配等负面影响。要消除这种负面影响就必须驯服"经济利维坦"，要求其遵循市场经济规律、确保公平竞争。

第二，竞争中立是现代市场经济和现代政府新发展阶段的应有之义。现代政府无论是直接参与经济还是履行经济管理职能都要坚持竞争中立、维护公平竞争。② 意大利学者很早就提出与竞争中立类似的思路，他认为过去的资产阶级反国家主义者已经不再讨论公权力是否可干预经济，事实上他们正是凭借这种干预不断发展壮大，他们现在更关心公权力应"如何"干预，他们的新主张就是国家在干预过程中不能利用其相对于私人企业主的特权地位，也不得利用其权威和控制力，而应当与私人企业主服从同样的法律规定，并按这些规定与他们缔结合同。③ 当前各国基本都有规范政府限制竞争行为的法律制度，比如欧盟的国家援助制度、美国的州际商业条款等模式。中国《反垄断法》（2022 修订）的立法就同时规范公共企业的经济垄断行为和行政垄断行为并且也确立了公平竞争审查制度的法律地位。各国的实践表明国际社会对于推进竞争中立具有一定的共识。

第三，竞争中立在自由贸易体系发展过程中有一定的历史实践基础。事实上，在多边经贸治理的发展史上，一开始就有采用竞争法消除"因公优势"、对国企进行竞争规制的尝试。无论是"二战"后期英美关于全球商业合作的讨论还是《哈瓦那宪章》中关于国营条款的设计，其实都是从竞争法或反垄断法的角度尝试对国营垄断或政府限制竞争行为进行规制。WTO 一份研究报告就提出，尽

---

① 唐祥来：《公共产品供给模式之比较》，载《山东经济》2009 年第 1 期，第 13～15 页。

② 孙晋：《公平竞争原则与政府规制变革》，载《中国法学》2021 年第 3 期，第 194 页。

③ ［意］F. 卡尔卡诺著，贾婉婷译：《商法史》，商务印书馆 2017 年版，第 168 页。

管未能在 WTO 中明确纳入系统化的竞争政策，但很多的 WTO 协议其实都包括了类似于竞争规制的条款，比如《关税与贸易总协定》（GATT）、《服务贸易总协定》（GATS）、《与贸易有关的知识产权协议》（TRIPS）、《与贸易有关的投资措施协定》（TRIM）、《政府采购协议》（GPA）、新成员加入议定书等。[①] WTO 也曾设立了一个关于贸易与竞争政策的工作小组，其从 1997 年到 2003 年期间负责探索如何在 WTO 中构建普遍性竞争规制协议的工作。WTO 认为该工作组之所以暂停是因为时机尚未成熟，因为 1997 年之时世界上只有大约 50 个经济体或国家有竞争立法，而 2018 年已约有 135 个 WTO 成员（包括巴西、俄罗斯、印度、中国、南非等国）拥有竞争立法。[②] 当前区域贸易协定中竞争中立规则的兴起，正为竞争规则再次遁入多边贸易体系奠定了基础。可见，对国企进行竞争规制具有一定的历史发展轨迹，未来的新规则将会继续依循此轨迹和逻辑展开并细化完善。

最后，从贸易与竞争的关系看，竞争中立是实现真正的公平竞争、确保贸易自由化的应有之义。其一，竞争政策与贸易规则密不可分，前者是真正实现贸易自由化目标的重要保障。国家之间的关税与非关税贸易壁垒减少后，要真正实现自由贸易的目标，仍需要通过制定和实施有效的竞争政策来配合和补充，以防止新的、隐形的市场障碍，否则就可能出现货物与服务自由进出国境但仍无法进入他国市场的尴尬局面。近年世界各国的经济发展情况也表明，没有一个竞争性的市场结构，就会导致资源错配、失当的生产结构、脆弱的金融体系，从而酝酿经济危机。如果只存在贸易政策，而缺乏竞争政策，那么国际贸易体制就无法真正实现其所追求的全球资源有效配置以及全球经济福利最大化的目标。彼德斯曼就认为，很多 GATT 规则其实是假定存在一个完全竞争条件下的商业自由买卖这一

---

① Robert D. Anderson, William E. Kovacic, Anna Caroline Müller and Nadezhda Sporysheva, *Competition Policy, Trade and the Global Economy: Existing WTO Elements, Commitments in Regional Trade Agreements, Current Challenges and Issues for Reflection* (WTO Staff Working Paper), 2018, p. 1.

② Robert D. Anderson, William E. Kovacic, Anna Caroline Müller and Nadezhda Sporysheva, *Competition Policy, Trade and the Global Economy: Existing WTO Elements, Commitments in Regional Trade Agreements, Current Challenges and Issues for Reflection* (WTO Staff Working Paper), 2018, p. 1.

个通常的市场条件之下，但是在一国之内，政府可通过监管职责或直接参与经济的方式来干预经济，从而影响关税减让的效果从而对 GATT 法律体系带来体系性的挑战，因而关税约束等纪律的实现必然要求竞争机会不应该被不可预见的政府扭曲竞争的行为所破坏。① 另一方面，从根本上看，贸易政策与竞争政策目标一致。王先林教授提出，WTO 所追求的贸易与投资自由化的目标与竞争政策和竞争法所追求的自由公平竞争秩序的目标之间是具有一致性的，理由是"贸易与贸易自由化是要消除在成员之间的市场进入障碍，最终还是为了使各成员的企业在国际市场上有一个自由公平的竞争环境"。② 松下满雄也认为，"WTO 与竞争政策在目的上有惊人的相似性，两者同时适用的概念包括促进市场的公开性、对市场参与者提供公平和均等的商业机会、法律制度的透明度和公平性、提高效益以及使消费者的权益最大化"。③

## （二）透明度是实现实体正义的程序性保障

信息透明则是驯服"商业利维坦"实现程序正义的必由之路。透明度规则是市场经济、贸易自由和法治的核心理念之一，意味着法律规则、程序以及相关的信息是公开的且易于获得。但是，有效落实透明度又非常困难，因为相关方的知情权往往取决于拥有信息和决定权的国家。④ 规制国企尤其需要强有力的透明度规则，理由有如下几点。

首先，透明度是展开国际经贸合作的必要条件。透明度要求各方的贸易管理行为及其执法依据公开，便利一国的贸易管理政策易为外国所知晓从而有效预判国际贸易风险并相应地调整自己的行为，提升国家相互间的信任。此外，通过透

---

① Ernst-Ulrich Petersmann, GATT Law on State Trading Enterprises: Critical Evaluation of Article XVII and Proposals for Reform, in *World Trade Forum: State Trading in the Twenty-First Century*, edited by Thomas Cottier, P. C. Mavroidis, Krista Nadakavukaren Schefer, University of Michigan Press, 1998, p. 71.

② 王先林：《WTO 竞争政策与中国反垄断立法》，北京大学出版社 2005 年版，第 29 页。

③ ［日］松下满雄著，朱忠良译：《世界贸易组织的基本原则和竞争政策的作用》，《环球法律评论》2003 年春季号，第 49 页。

④ Henry Gao, The WTO Transparency Obligations and China, *The Journal of Comparative Law*, Vol. 12, No. 2, 2018, p. 28.

明度实现信息共享，有助于为未来的贸易谈判设定议程并指导正在进行的谈判，有助于识别贸易体系的漏洞、制定有针对性和有效的纪律、识别可能违反 WTO 义务的措施等。①

其次，透明度是实现实体正义的程序性保障，是进行归责的前提。公开透明可以使相关方了解各国存在的国企及其动态变化，有助于判断其与政府之间的关系，监督其进行良法善治，也有助于判断行为是否符合国际规则并对违规行为进行问责追究。OECD 的研究报告指出，国企规制以及其他的政府支持经济行为尤其需要透明度，透明度是构成国企条款规则其他要素和实现归责性的前提。OECD 以补贴的专向性为例，举出信息不透明的情形，比如：要确定补贴的专向性不仅要考虑实际的接受者，还要考虑特定补贴的过去和潜在接受者，政府指示国有银行或国家基金向企业提供低于市场融资的立法不透明或不存在，政府投资的银行经常向企业以低于市场利率提供大量贷款但又很难确定有多少是针对特定公司或部门。如果缺乏透明度，则无法确定补贴的存在及其专向性，也无法进一步确定是否存在扭曲国际市场的借贷以及进一步的行动应对。②

再次，透明度规则是解决国企问题中政治和意识形态冲突的良剂。国企问题具有高度的政治敏锐性，直接涉及各国不同的制度安排以及价值取向，如不开诚布公就更容易产生误解，使经济问题升级为政治冲突和敌对。例如，中美关于反补贴措施的案件中美国主张对国企身份判断采用"有意义控制标准"，③ 并试图通过 TPP 立法变成新规则，这易被解读为"恶意"针对中国之举，但其实有一部分原因是深受其自身国内法以及以往贸易协定实践的影响。在 1994 年美国勒布龙诉美国国家铁路客运公司案中，被告辩称它不是政府实体，但美国最高院判决认为，政府为实现政府目标根据特定的法律创建公司，任命公司的大部分董事

①　William Alan Reinsch, *Transparency at the WTO: Why Does Transparency Matter, and are Members Meeting Their Obligations?* 2020, at https://www.csis.org/analysis/transparency-wto-why-does-transparency-matter-and-are-members-meeting-their-obligations, last visited on December 7, 2023.

②　OECD, Measuring Distortions in International Markets: The Semiconductor Value Chain, OECD Trade Policy Papers (2019-12-12), No. 234, OECD Publishing, p. 75.

③　United States—Countervailing Duty Measures on Certain Products from China (WT/DS437/R), para. 7.139.

以保留其控制力，那么该公司就是政府的一部分，公司形式不能成为规避宪法义务的手段。根据美国的"政府行为"主义理论，为了实现宪法目标，混合制乃至私人团体即使不属于政府组织也可被视为政府行为者，其行为仍受宪法的约束。① 美国之所以重行为性质而轻形式，对私人行动和政府行动进行明确的划分，是因为美国宪法对政府行为进行严格的、全面的规制，秉承的是有限政府的理念。

此外，美国在贸易协定中很早就有将国有股与国家控制要素相结合作为国企判断标准的做法，② 比如在《美国—澳大利亚自由贸易协定》《美国—新加坡自由贸易协定》都有相应的规定。③ 可见，充分有效的信息披露和沟通机制，对于破解国企经贸合作中的误解和政治冲突极为关键，因为"把价值问题转换为程序问题来处理，是打破政治僵局和文化差异的一个明智选择"。④

总之，随着信息技术的发展以及全球良法善治理念的深入，国家间合作亦需更新观念加强自我约束，"重心应当从古老的主权独立理念向新的——向世界解释和说明其行为的理念转移"。⑤ 巧妙设计透明度机制能够以小博大地化解具有政治敏锐性的国企问题，帮助消除中西误会和冲突从而重构战略互信，值得高度重视。

## 三、21世纪国企新规则引发的挑战

首先，竞争中立规则对国有企业提出"竞争中立"这一行为要求，从深层次上看是对国有企业身份性质的要求。"竞争中立"与国有企业性质具有客观上的关联性，因为国有企业"公私不分"的身份正是造成不公平竞争的关键因素。

---

① ［美］戴维·H. 罗森布鲁姆等著，王丛虎主译：《公共管理的法律案例分析》，中国人民大学出版社 2006 年版，第 98~99 页。

② Julien Sylvestre Fleury, Jean-Michel Marcoux, The US Shaping of State-Owned Enterprise Disciplines in the Trans-Pacific Partnership, *Journal of International Economic Law*, Vol. 19, No. 2, 2016, p. 452.

③ USA-Singapore FTA, Article 12.8（6）（b）, Article 12.8（5）; USA-Australia Article14.12（9）.

④ 谢晓尧：《透明度：固有价值与保障机制》，载《法学》2003 年第 1 期，第 72 页。

⑤ 全小莲：《WTO 透明度原则研究》，厦门大学出版社 2012 年版，第 36 页。

OECD 报告指出，国有企业在国内市场上享受特殊待遇及"公私不分"的性质是国有企业引发不公平竞争等诸多问题的根源。① 国有企业"公私不分"、国有出资者与国有企业混同，易导致国有企业获得诸多不当的竞争优势并出现双重身份滥用的情形。换言之，国有企业若不能保持竞争中立，必是"因公优势""公私混合身份"所致；国有企业若是独立的商业主体而非政府代理人，就易实现"竞争中立"。不能保持竞争中立、不具有独立商业主体身份的国有企业，其在国际市场准入以及投资贸易保护救济等方面都会受到严重的掣肘。

其次，竞争中立规则的要求超出了 WTO 传统规则的内容范畴。WTO 多边贸易体制框架内并没有统一的竞争法，更无针对国有企业的竞争中立规则。WTO 中与国有企业相关的国营条款、反补贴条款等②并不涉及或无法有效规制国有企业的不公平竞争问题。比如，依 GATT 第 17 条第 1 款 a 项规定，国营企业在涉及进出口买卖时只要求遵守非歧视待遇原则而无公平竞争的要求，且适用范围狭窄仅限于货物的进出口措施。③《补贴与反补贴措施协议》（简称 SCM）第 1 条虽规定，"由政府或任何公共机构提供的财政资助"在满足其他条件下会构成受规制的补贴，但欧美与中国长期关于国有企业是否构成"公共机构"的身份之争，表明 SCM 确实难以直接适用于国有企业。④ 欧美所推行的竞争中立规则，新型反补贴规则、严格的透明度及公司良治要求以及商业考量原则，都超越了 WTO 规则的约束范围和力度，不仅对欧美贸易协定的成员，也对所有以国有企业发展经济的国家带来新挑战。

最后，竞争中立规则对不同国家产生不同程度的影响，对中国构成极为严峻的现实挑战。基于国家制度以及发展阶段的不同，竞争中立规则对欧美国家影响

---

① Sultan Balbuena, S., *Concerns Related to the Internationalisation of State-Owned Enterprises: Perspectives from Regulators, Government Owners and the Broader Business Community*, OECD Corporate Governance Working Papers, OECD Publishing, 2016, p. 9.

② 主要是 GATT 第 17 条、《补贴与反补贴措施协议》第 1 条及某些成员国承诺的与国有企业相关的超 WTO 义务条款。

③ Canada—Wheat Exports and Grain Imports, Appellate Body Report（WT/DS276/AB/R），para. 149.

④ Ines Willemyns, Disciplines on State-Owned Enterprises in International Economic Law: Are We Moving in the Right Direction?, *Journal of International Economic Law*, Vol. 19, No. 3, 2016, p. 9.

较小，但对落后发展中国家却会产生极高的制度变革成本。① 因为欧美地区的国有企业经历 20 世纪 80 年代大规模的私有化浪潮后，参与经济活动的商业类国有企业已大为减少。② 但在社会主义国家、中东依赖石油产出国以及其他新兴发展中国家却一直保有比重较大的国有企业。③ 尤其是经济和制度相对落后的国家和地区，仍需要一定数量的国有企业肩负经济和社会发展重任，但是竞争中立规则却会成为其发挥"后发优势"的障碍和参与国际竞争的"新规则壁垒"。这种挑战对中国尤其具有严峻性和紧迫性。一方面，尽管竞争中立规则虽仍处于发展过程中，但具有辐射蔓延之势，未来必然会对中国国有企业形成约束。当前，欧盟、美国、加拿大、澳大利亚等发达国家和东南亚等国（尤其是 CPTPP 生效后）的贸易协定基本都包含了竞争中立条款，它们既会内化为国内法，又会被接纳国不断复制到其他新贸易协定中甚至被多边化。④ 中国国有企业进入这些国家的市场时仍会面临竞争中立的要求，中国与这些国家谈判签署贸易投资协定时也可能被要求接受类似规则。另一方面，中国拥有数千年的"官商"经济发展史，当前的国企虽历经改革仍旧没有完全摆脱传统"官商"体制的影响。中国封建社会在是否发展官营经济政策问题上，曾出现过著名的"桑弘羊之问"。据称，西汉汉武帝时期的儒生、贤良和当时的财政大臣（大农令）桑弘羊曾就"盐铁行业是要放开民间自由竞争，还是继续国营垄断"这一问题展开激烈的辩论。儒生们历数盐铁国营的罪恶，批判国有专营制度造成绝对垄断、与民争利并豢养权贵经济，最终会形成了以国营为名、攫取私利的特权集团，但桑弘羊却反问儒生，称：国家运转、应对战争和灾荒所需要巨额的财政开支从何来？如果中央不把重要财源掌控在手中，万一地方势力膨胀起兵造反，怎么办？⑤ 其间的逻辑当前仍

---

① 唐宜红、姚曦：《混合所有制与竞争中立规则——TPP 对我国国有企业改革的挑战与启示》，载《学术前沿》2016 年第 23 期，第 66 页。

② 王金存：《破解难题——世界国有企业比较研究》，华东师范大学出版社 1999 年版，第 96~97 页。

③ OECD, State-Owned Enterprises as Global Competitors a Challenge or an Opportunity? 2016, p. 20.

④ 王燕：《"一带一路"自由贸易协定话语建构的中国策》，载《法学》2018 年第 2 期，第 158 页。

⑤ 陈桐生译注：《盐铁论》，中华书局 2015 年版，第 2~16 页。

旧顽固而严重地影响中国经济发展模式，是政府干预经济并依赖国企的思想根源。当代学者对此积极批判并呼吁，称"我国当下的国有企业是对传统社会主义'官商'体制改革的结果，但这种改革并不彻底……应通过健全商法推进国有企业改革，建立现代商人制度，促使国有企业真正成为具有市场平等地位的'现代商人'"。[①]"徒法不足以自行"，中国国企的发展要从根本上摆脱传统和路径的依赖，仍存在极大的难度。但是，无论如何，在逆全球化和"经济民族主义"抬头的新情势下，中国国有企业如不接受竞争中立规则、有效实现身份的商业化塑造，就必然难以融入国际市场。

### 四、对 21 世纪国企新条款的初步评价

竞争中立型国企规则仍在发展过程中，既有积极的意义但也存在一定的问题，需要客观全面地看待和审慎应对。

首先，欧美竞争中立型国企规则的某些内容设计存在科学性和逻辑性方面的缺陷。德国学者克卢格在其《法律逻辑》一书中曾指出："不服从逻辑规范就不存在有意义的讨论，而在不再能够讨论之处，只存在情绪、感情和感觉交流的场合，人们就不再能谈论科学，因为我们不再能够追问对于命题之真伪的证明。"[②]以美国推行的非商业援助条款为例，其修改了 WTO 补贴规则却又未经充分的科学论证，规则缺乏一定的确定性、存在过大的自由裁量空间。其一，非商业援助过于宽松的适用范围和界定标准导致规则缺乏客观性。TPP 所规定的非商业援助已超出 WTO 中政府或公共机构所提供的财政资助范畴，任何与政府关系亲近（控股权或其他控制方式）的国有企业都可能被推定为获得政府援助。其二，因果关系认定上采用了不严谨的过错推定方式，在实践中易被滥用而成为战略工具。非商业援助制度对损害认定规定宽泛，相关协定的缔约方甚至是第三方的产品或服务经营者竞争力下降、产业经济不景气都可能被认定为出现"不利影响、产业损害"，从而归罪于某一国国有企业。学者批评此类规则相当于赋予欧美在

---

① 范健、李欢、丁凤玲：《试论传统"官商"体制镜鉴下的中国国有企业改革》，载《扬州大学学报》2018 年第 6 期，第 34 页。

② ［德］乌尔里希·克卢格著，雷磊译：《法律逻辑》，法律出版社 2016 年版，第 4 页。

经济危机中抵制竞争对手且可随意使用的工具。① 据此可见，非商业援助规则中仍存在一定的逻辑漏洞，会成为美国排斥他国国有企业参与国际竞争、歧视他国国有企业的工具，其背后隐藏着美国化解本国贸易赤字、遏制外国国有企业发展的战略意图。

其次，某些竞争中立规则过于严苛、内含对国有企业的否定，忽视不同国家国有企业发展的历史性、阶段性和地域性，具体表现为三点：其一，忽视了国有企业存在的历史必然性，不同时期具有不同历史职能。以欧美的国有企业发展为例，其兴衰与历史职能紧密相关。欧美在"二战"后曾采用大规模的国有化助力国家重建和经济恢复；20世纪70年代欧美则以注入国有资本、发展国有企业的方式助力第三次科技革命，从而发展出至今保持世界前列的电子、通信、生物技术等高科技产业；80年代末私有化浪潮下大量国有企业退出历史舞台则是西方经济发展成熟、淘汰夕阳产业的必然选择。② 其二，忽视了当前不同国家仍处于不同发展阶段的现实。当前欧美主要发达国家基本上处于相对成熟的市场经济阶段，而包括中国在内的很多发展中国家则仍处于市场经济转型期。TPP谈判过程中各国关于竞争中立条款的巨大分歧就一再表明，③ 过快推进统一、高标准的规则会超出发展中国家的现实承受能力，会出现发达国家遏制发展中国家发展经济的不公平现象。正如学者指出的，"作为经济转型国家，中国显然不能简单地比对发达经济体确定竞争中立的范围，而应依自身条件分层次、分领域地逐步推进竞争中立"。④ 其三，忽视了地域性。世界各国的国有企业发展历史表明，国有企业的存续与发展无不与其所处的社会结构、市场以及文化水平紧密相关。欧美西方国家多数是商业发达的资本主义社会，市场主体在经济活动中会自然采用商业法则。但是，在仍旧探索市场经济发展阶段的一些国家，难免存在不成熟的商业文明

---

① 韩立余：《TPP协定的规则体系：议题与结构分析》，载《求索》2016年第9期，第10页。

② 王金存：《破解难题——世界国有企业比较研究》，华东师范大学出版社1999年版，第93~95页。

③ 包晋：《TPP谈判中的竞争中立议题》，载《武大国际法评论》2014年第1期，第96~99页。

④ 张占江：《政府行为竞争中立制度的构造——以反垄断法框架为基础》，载《法学》2018年第6期，第92页。

以及复杂的政商关系，如果忽略具体的国情而直接搬用就可能出现适得其反的效果。

最后，欧美推行的竞争中立型国企规则更多是基于西方的视角和经验，很可能被西方政客用于推行其政治意图的工具从而违反所有制中立原则。美国国会研究服务局的研究员曾称："政府公司无论履行的是何种职能，也无论看起来多像'私有化'，基于宪政的限制都仍是国家的代理人。"① 这种观点建立在美国的国情与制度基础上，易以偏概全从而导致竞争中立国企规则在实践中变异从而难以真正做到规则和制度"中立"。竞争中立规则应具有制度中立性，"所有制中立"和"国籍中立"是其应有之义。OECD 竞争法小组主任 Antonio Gomes 曾指出，竞争中立规则重在要求对私企与国有企业统一适用竞争法，不应以所有制、国籍或注册地为由对从事经济活动的实体予以歧视。② 如同其他西方主导的国际制度一样，欧美竞争中立型国企规则仍可能含有"术语陷阱和制度阴谋"，③ 存在忽视发展中国家利益以实现单方利益的可能。

竞争中立型国企规则的积极作用如下所述。

首先，竞争中立型国企规则某种程度上符合市场经济的发展规律和要求。尤其地，其有助于消除国有企业的"因公优势"从而促进国有企业身份独立和商业化运作。OECD 所提出去除国有企业公有优势、维持公私企业公平竞争的方案④已初步内化为竞争中立三大规则。它们以国家条约义务的方式同时对政府与企业提出"公平竞争"要求，可以有效帮助国有企业克服其"公有身份"带来的"反竞争性"和身份非独立性，能够限制政府权力在国有企业中非法扩张，最终有助于培育国有企业自身的竞争优势并回归企业的本质，这些要求尤其符合全球

---

① Kevin R. Kosar, Federal Government Corporations: An Overview (CRS Report for Congress), June 8 of 2011, p. 5, available at https://fas.org/sgp/crs/misc/RL30365.pdf, visited on December 7, 2023.

② Antonio Gomes (Head of OECD Competition Division), *Balancing Public Policy Considerations: Application of Competition Rules*, speech on 7th ASEAN Competition Conference (Malaysia, 8 March 2017).

③ 何志鹏：《国际法的西方传统与中国观念》，载《法学杂志》2018 年第 2 期，第 64 页。

④ OECD, *Competitive Neutrality: Maintaining a Level Playing Field Between Public and Private Business*, 2012, pp. 5-6.

化背景下市场经济公平竞争的要求。自由竞争、公平竞争被认为是"经济发展的核心动力，也是竞争中立的基本内涵"。① 经济法学者早指出，随着市场体系的健全，"政府的介入与干预是有限的"，② 国家干预或参与经济都要遵循市场的决定地位。③ 因而，以公平竞争为内核的竞争中立型国企规则，正是新时代下发挥市场机制作用、政府保持谦抑干预的重要表现，也是国有企业真正获得独立商业主体地位的保障。

其次，通过"竞争中立"而非消灭国有股的方式实现国有企业的身份正位，可避免激进的私有化政策以及意识形态之争。欧美国家曾表明对世界各国国有企业私有化的期待和建议。比如，美国曾在一些区域贸易协定设置国有企业私有化条款，要求缔约方减少或消灭国家所有权。2004年的《美国—新加坡自由贸易协定》第12.3条就要求新加坡政府逐步降低其在国有企业中所有权，第9.6条也要求对政府参股的电信企业进行私有化。④《国际服务贸易协定》（TiSA）的谈判过程中，也有主张提出要对服务业（尤其是银行、医疗、交通等行业）进行私有化。⑤ 世界银行报告《中国2030年》还针对中国国有企业改革直接提出降低国有经济比重的建议，引发国有企业改革方向之争。⑥ 但是，对国有企业进行私有化并不具有普遍适用性，比如苏联曾仿效西方20世纪80年代的国有企业私有化改革，但反而出现更严重的破坏公平竞争的寡头垄断和经济危机。⑦ 此外，

---

① 张占江：《中国（上海）自贸试验区竞争中立制度承诺研究》，载《复旦学报》2015年第1期，第163页。

② 顾功耘：《论重启改革背景下的经济法治战略》，载《法学》2014年第3期，第15页。

③ 刘大洪：《论经济法上的市场优先原则：内涵与适用》，载《法商研究》2017年第2期，第83页。

④ United States-Singapore Free Trade Agreement, https：//ustr. gov/sites/default/files/uploads/agreements/fta/singapore/asset_ upload _ file708 _ 4036. pdf, last visited on December 7, 2023.

⑤ Wikepedia, Trade in Services Agreement, https：//en. wikipedia. org/wiki/Trade _ in _ Services_Agreement, last visited on December 7, 2023.

⑥《世行报告发布幕后：国资委强烈反对》，载搜狐网，http：//business. sohu. com/20120229/n336252696. shtml, 2023年12月7日访问。

⑦ 李俊江、史本叶、侯蕾：《外国国有企业改革研究》，经济科学出版社2010年版，第114～118页。

对国有企业私有化又会因干涉他国政治经济制度而缺乏正当性和可行性，有可能触及违宪问题和不干涉他国主权原则，引发无休止的意识形态之争。美国显然清醒意识到国有企业问题的复杂性而倾向于推出国有企业私有化替代方案——竞争中立规则，通过聚焦"公平竞争"这一技术问题一并解决国有企业参与经济引发的诸多问题，因为美国在谈判 TPP 国有企业规则时曾透露，"如果 TPP 成员不对本国的国有企业私有化，那么就必须要确保其国有企业与私企进行公平的商业竞争"。① 可见，竞争中立型国企规则更符合各国多元化发展的国际社会现实和国有企业新时代的发展需求，既能消除西方发达国家对外国不规范国有企业的各种外溢效应的担忧，又易于为发展中国家所接受。

最后，从实施效果看，国有企业虽因"竞争中立"失去因"公"优势，但却能提高经济效益并获取独立的市场身份。最典型的是澳大利亚很多政府公司自 1993 年重组改革和竞争中立规制后都取得良好的经济效果。比如，电力领域的政府企业就被认为，"在利润和生产率方面均获得了初步的成功，日益增强的州际间政府公司竞争也对利润盈余产生了影响"。② 此外，竞争中立有助于国有企业获得独立的市场身份及国际市场准入的认可，范例即为新加坡淡马锡的市场化运作。淡马锡是新加坡著名的国有独资企业，依照法律规定保持商业主体身份并依商业规则运作，践行竞争中立原则。因为《新加坡宪法》明确规定，淡马锡"既不是法定机构，也不是政府机关"，而是依据《新加坡公司法》运作的商业实体。尽管新加坡总统是淡马锡储备金的监护人，却不参与淡马锡的投资及商业决策，也不提供任何政府补助。同时，淡马锡还摒弃了内部治理结构的行政化，建立独立、高效且专业的董事会，甚至聘请域外成功商业人士组建经营团队，作为投资者的新加坡政府则以"无为而治"的投资者自居。③ 不过，虽无公权力扶持，淡马锡全球的商业运作却极成功，不仅经济收

---

① Raj Bhala, Exposing the Forgotten TPP Chapter: Chapter 17 as a Model for Future International Trade Disciplines on SOEs, *Manchester Journal of International Economic Law*, 2017, Vol. 14, No. 1, p. 15.

② ［澳］迈克尔·J. 温考普著，高明华译：《政府公司的法人治理》，经济科学出版社 2010 年版，第 35 页。

③ 胡改蓉：《新加坡国有控股公司的制度设计及面临的挑战》，载《法学》2014 年第 6 期，第 91 页。

益高且国际信誉良好。淡马锡的成功很大程度是基于其商业公司身份的准确定位，尤其是国家所有权与管理权的分离确保实现国家控制和市场运作之间的平衡。因而，对中国而言，竞争中立规则的适用和实施不仅有助于解决国有企业海外经营巨亏还可同时为"政府企业"身份正位，解决参与国际经济活动受歧受阻的困境。

# 小 结

20世纪国企条款确实难以适应新时代公私企业同台竞技的挑战，国际经济法存在制度供给不足的现实问题。欧美国家在多边领域展开国有企业法律解释拉锯战的同时，还通过国内单边立法和区域贸易协定的方式推进国企规制的"变法运动"，通过区域贸易协定推行以"竞争中立"为主要内容的国有企业新规则。与21世纪国企条款内容紧密相关的国内法实践有澳大利亚的竞争中立制度、欧盟针对外国政府补贴的白皮书和补贴新条例以及美国的《外国公司问责法案》《竞争与创新法案》等内容。

澳大利亚的竞争中立制度有一套完整的执行、监督和申诉体系的国家，常被认为是竞争中立国际规则的起源和范本。欧盟则于2021年5月发布了针对外国补贴扭曲内部市场的监管新规草案——《外国补贴条例》，目的是用以解决非欧盟国家补贴商业活动对欧盟内部市场产生扭曲效应的问题。通过《外国补贴条例》的系统化规范，欧盟将构建起针对国有企业和政府补贴的全方位的规制框架，有助于促成公平的竞争环境、保障国家间良性的竞争，但是也会对国际投资合作形成新的挑战。美国除了在多边场合推进国企新规则外，也非常积极在国内酝酿推出《外国公司问责法案》《竞争与创新法案》《稳定就业与抗全球市场扭曲法案》等新法案。美国推行单边立法目的就是要防治外国国企活动和政府补贴引发的不公平竞争问题。尽管中美双方可以通过深化国际证券监管合作推进《外国公司问责法案》问题的解决，但是，如何证明赴美上市的公司不受母国政府拥有或掌控仍是多数企业面临的挑战，这个要求仍旧会成为中国国有企业参与美国资本市场活动的最大难题。《2021年美国创新和竞争法案》是美国最新推出的高度细化的对华竞争战略方案，其内容丰富，其中包括一些与国企和政府补贴问题相关的内容，预示着美国从法律层面开启全方位、系统性制华的时代。

国际多边合作平台一直在积极倡导与推进形成国企新规则。其中，OECD 对国有企竞争中立倡导的运动持续了近二十年，所倡导的内容也逐渐丰富和体系化。基于多年的研究和经验，OECD 理事会于 2021 年通过了《2021 竞争中立的倡议》。该建议书设立了一套原则以确保政府的行为是竞争中立的，以保证所有企业都面临公平的竞争环境，无论企业的所有权、所在地或法律形式等因素。自 2019 年开始，全球掀起如火如荼的反全球市场扭曲运动和反补贴运动，这些都对国企国际新规则的形成与发展产生重要的引导性作用。

自 21 世纪开始，国际经贸领域出现以竞争中立为主要内容的国企新规则，集中体现于欧美新一代的区域贸易投资协定中。基于不同的利益诉求和法律传统，国企新规则模式大致可分为澳大利亚的纯粹竞争中立模式、欧盟主导的温和模式以及美国主导的激进模式。随着时间的推移，欧美主导的国企新规则模式已经开始出现合流，强调以竞争中立和透明度为新一代规则的主要内容。美国和欧盟在国企新规则的设计上分别属于全面监管型和加强补贴控制型。美国的 TPP 开启了新区域贸易协议以高标准规制国企的时代，对传统的国有企业规则进行了全面的升级，不过很多内容都可在 20 世纪 90 年代的《北美自由贸易区协定》（NAFTA）中找到相似的规定。欧盟很多新型的区域贸易协定都包含有国企条款，但最为成熟和独特的则是最新的《欧盟-英国贸易与合作协议》的规定，其与国有企业规则相关的内容主要体现在第 11 编（Title XI）"为开放和公平的竞争及可持续发展创造公平竞争环境"中。

当前，欧美新区域贸易协定的国企规制以及与之相关的产业补贴规制、全球防市场扭曲运动均在《哈瓦那宪章》开创的基础上发展而来。尽管欧美主导的区域贸易中的国企条款不尽完全相同，但都已体现出以"竞争中立"和"强透明度"为新一代国企条款主要内容的发展趋向，条款设计将从概括性立法到细化实用、从软约束到强约束、从自律到自律与他律相结合的方向发展。2021 年中欧达成的《中国—欧盟全面投资协定》的国企条款尽管相对简单，但其实也已汇入国企新规则的发展进程中。竞争中立是公私企业实现公平竞争的实体性保障，透明度是实现实体正义的程序性保障。21 世纪国企新规则会引发诸多的挑战，包括对国有企业提出"竞争中立"的行为要求、对国有企业提出身份正位的要求、标准高于 WTO 传统的规则、对不同国家产生不同程度的影响。竞争中立型国企规则仍在发展过程中，既有积极的意义但也存在一定的问题，需要客观全面地看待和审慎应对。

# 第四章　国企条款演绎的法哲学基础

20世纪至今，世界范围内的国有企业几经涨落，对各国以及国际社会都产生了深远的影响。当前备受关注的国企规制确实存在"法律问题政治化"的倾向以及较明显的"对华针对性"。但是，前述关于国企条款的历史起源、演绎发展过程表明，国企条款的发展具有一定的客观性和必然性，其背后所隐藏的逻辑和法理基础决定了其存在一定的正当性。对国企的国际经济活动进行市场化规范、公平竞争约束、补贴控制符合国际社会良法善治的要求，也符合国际社会历史发展的潮流大势。本章将从国企的公有化和私有化、国企的法律性质定位、政府与市场的关系界限、新公共管理运动、政府补贴资金监管等角度探索国企演绎和规制的法理逻辑。

## 第一节　国企的沉浮：如何超越公有化与私有化之争

### 一、国企的存续：公有化抑或民营化

#### （一）全球公有化和私有化的近代发展史

对国有企业进行法律规制往往首先涉及国企的存废问题，即国有化或民营化的不同选择。国有化（nationalization）是指将财产收归国家所有的行为，其中一个常见的表现就是通过构建国有企业参与经济活动。国有化的对立面通常是私有化（又被称为民营化、非国有化，privatization），常指将国有企业的所有权转给私人。但是，私有化其实是一个动态的概念和过程，包括组织、财产、任务和功

能多个维度，而不仅仅指财产上的私营化。有学者将其分类为形式私有化、实质私有化和功能私有化三类。其中，形式私有化（又称组织私有化）是指将负有公共任务的机构转变成为私法上的类似于有限责任公司、股份有限公司的组织，但国家仍然承担提供公共产品和服务的责任；实质私有化是指国家不再承担完成公共任务的责任，完全交给私人、社会以及市场；功能私有化则指国家仍然承担监管和保障责任，但公共任务的履行则通过特许经营等公私合作的方式交由私人去完成。① 以世界各国的铁路改革为例，多数国家铁路改革的第一步就是形式私有化；日本国铁拆分后将三个盈利好的公司上市，不再属于国家，即为实质私有化；瑞典将铁路基础设施的建设、维护通过招投标的方式委托私人完成，则属于功能私有化。②

私有化的方法和途径多种多样，大致可分为四类：（1）完全国有转为完全私有；（2）国有转为官民合有（又称为混合所有），其中凡是国有资本占 51% 以上者均列为"公有（国有）企业"，此类私有化可以广泛地吸收民间投资；（3）吸收职工入股；（4）承包和租赁，现代西方国家的市政服务、公共交通甚至是看守、监狱等行业都广泛实行承包制和租赁制，美国战后就已将大部分大型国有军工企业（比如原子能、火箭生产企业等）陆续租赁给私人垄断企业经营。③

20 世纪以来，世界曾出现三次大规模的国有化和私有化浪潮。第一次是大萧条及"二战"后的国有化浪潮，从 1929 年延续到 20 世纪 80 年代，其间虽然也有私有化，但国有化是主导。第二次是 20 世纪 80 年代开始的以"撒切尔革命"为起点的私有化浪潮。第三次是 2008 年的世界金融危机至今的小国有化浪潮。20 世纪的国有化和私有化浪潮规模大、影响深远，而当前正在出现的小国有化浪潮初露端倪，仍在动态地发展过程中。第二次世界大战以后，为恢复战后经济，许多国家纷纷推出国有化计划，使国有企业在世界范围内出现了迅猛发展

---

① 喻文光：《论铁路改革的法治化路径》，载《国家行政学院学报》2013 年第 4 期，第 95 页。

② 喻文光：《论铁路改革的法治化路径》，载《国家行政学院学报》2013 年第 4 期，第 95 页。

③ 王金存：《评西方国家国有企业私有化》，载《国际经济评论》1997 年第 11 期，第 50~51 页。

的浪潮。其中，英国、法国、意大利等受到战争严重破坏的国家通过政府参与或干预经济的方式，使得国家垄断的经济形式空前发展，国有企业的范围和数量急剧增加。从 20 世纪 60 年代末至 80 年代初，国有企业的数量在世界其他地区和国家，例如菲律宾、墨西哥、巴西、印度、孟加拉国、埃及等也持续快速地增长，世界范围内再次出现国有化浪潮，并达到最高峰。据世界银行统计，在 20 世纪 80 年代初，国有企业占全球国内生产总值的 10%，占全球总资本的份额达到 35%。① 自 20 世纪 70 年代开始西方资本主义国家普遍出现了经济滞涨，新自由主义逐步取代了凯恩斯理论，于是出现了私有化的潮流。1980 年以撒切尔夫人为首的英国保守党在执政一年以后，开始着手实施私有化方案，其中英国公路运输公司、英国航空公司、英国医疗保障集团公司、英国电信公司、英国石油公司以及水电力行业的国有企业都被出售。② 撒切尔夫人的改革引发了很多国家的私有化浪潮，世界范围内国有企业的比重呈下降趋向。不过，国有企业仍然是世界经济的重要组成部分。

从政府干预经济的角度看，从第二次世界大战后到 20 世纪 80 年代初期，该阶段的国有化主要体现了西方国家政府频繁采用宏观政策手段干预经济；而 20 世纪 80 年代开始的私有化浪潮则体现出西方国家财政政策的中性化趋向，国家资本大量退出经济领域，并且更多地利用货币政策间接调节经济。但是，2008 年经济危机至今，随着国家竞争的加剧、各种经济危机和疫情灾害的频繁出现，包括西方国家在内的政府又倾向于采用包括国企在内的各种政府支持经济措施。

### （二）20 世纪国有化与私有化浪潮的原因

1. 20 世纪国有化浪潮的主要原因

第一，应对经济危机、弥补市场失灵。1929—1933 年的世界经济大危机下，市场机制严重失灵，仅依靠市场力量和自由竞争并不能有效地破解大萧条危机。

---

① 王忠明：《"非国有化"或"私有化"浪潮——国外国有企业研究（上）》，载《煤炭企业管理》1999 年第 7 期，第 55 页。

② 王忠明：《"非国有化"或"私有化"浪潮——国外国有企业研究（上）》，载《煤炭企业管理》1999 年第 7 期，第 54 页。

于是，英国经济学家凯恩斯提出政府干预理论，主张放弃经济自由主义而代之以国家干预的方针和政策，要求政府通过财政政策和货币政策来刺激消费、增加投资、增加公共开支、降低利率，以调节有效需求来维持经济稳定。美国政府采用了凯恩斯理论，通过运用国有化和政府干预主义弥补了市场经济的缺陷。20世纪五六十年代，西方主要国家对经济的干预主要采用直接控制的方法，国家直接控制关系到国计民生的关键部门，比如采煤、石油、钢铁、汽车、造船、电力、煤气、铁路、航空、邮政、电讯等部门。此外，市场也会出现失灵，私人资本往往不愿或无力介入公共领域的投资，社会化大生产和资本私人占有之间的矛盾常使得资源不能有效利用，而国有化或国有企业却恰好可以弥补私人投资的短板。比如，美国政府在1945—1975年对公路建设的投资一直占财政支出的31.7%～41.3%；欧共体成员国1982—1988年共投资112亿欧洲货币单位用于钢铁业更换设备，方使其走出了低谷。[1] 英国为了保障电力的供应，在第二次国有化高潮中就通过《电力法》将500家电厂和私人输电系统收入中央电力局管理，20世纪50年代甚至还发展到1500家。[2]

第二，满足战争的需要。国有化可有效地动员全国的人力、财力、物力以应对紧急的战事。"二战"时，无论是战争发动国还是应战国都需要要通过国有化对经济实行国家管制方能应对特殊的情势。"一战"期间，英国将经济纳入战时轨道，出资建造了389所军需工厂并把有关军用物资的企业（比如煤矿、铁路等）收归国家经营；"二战"期间，英国政府对工业累计投资达10亿英镑，其中一半用于建立军需工厂。[3]

第三，受到政治理想和意识形态的影响。一般而言，有社会主义倾向的国家相对更青睐国有化措施。比如，"二战"后涌现的社会主义国家都推行了国有化政策。英国和法国虽是资本主义国家，但其国内战后对国有企业的国有化或私有

---

① 黄春蕾：《对西方资本主义国家从国有化到私有化的再认识》，载《当代财经》2001年第4期，第23页。

② 杨卫东：《国有化与私有化研究——西方国企进退的历史轨迹》，载《武汉大学学报》2012年第1期，第102页。

③ 杨卫东：《国有化与私有化研究——西方国企进退的历史轨迹》，载《武汉大学学报》2012年第1期，第102页。

化都与政权更迭和执政党的政治倾向有直接关系。1980 年英国的私有化与撒切尔夫人为代表的保守党上台有关，而其之前的国有化则与当时执政的工党有关，因为后者信奉民主社会主义，将国有化视为"社会主义试验"的一部分内容。同理，一般而言，西方国家的左翼政党倾向于国有化，右翼政党执政则倾向于推行私有化。

第四，调控社会经济、增强国家产业竞争力。政府运用国有企业可以有效地调控社会经济的发展，有助于缓解社会失业压力、挽救重要的破产企业、发展幼稚产业和民族产业、提升战略产业的竞争实力等。欧美在"二战"后曾采用大规模的国有化助力国家重建和经济恢复。20 世纪 70 年代欧美则以注入国有资本、发展国有企业的方式助力第三次科技革命，从而发展出至今保持世界前列的电子、通讯、生物技术等高科技产业；80 年代末私有化浪潮下大量国有企业退出历史舞台则是西方经济发展成熟、淘汰夕阳产业的必然选择。[1]

2. 私有化浪潮的原因

第一，经济滞胀的危机。基于经济周期以及复杂的国内外格局，西方国家在经历了几十年的国家干预主义和国有化浪潮后又陷入了新的经济危机。20 世纪 70 年代末，发达资本主义世界的经济形势普遍出现不景气、经济滞胀问题。于是，新自由主义出现并取代凯恩斯主义开始被所取代，认为正是国家垄断资本、干预经济以及凯恩斯主义下的赤字财政政策和货币政策造成了经济危机，提出要按照市场经济的要求重新调整经济结构，要对国有企业进行私有化改造。[2]

第二，国有企业经营效率低下，这常被认为是私有化的直接诱因。随着时间的推移，享受高投入的多数国有企业却出现了效率低、盈利低、总体经营实绩不佳等问题，需要政府的大量补贴和财政支持方能维持存续与发展。20 世纪 60—70 年代英国和法国等西欧国家对国有企业的投入和财政支持已占国家财政支出

---

[1]　王金存：《破解难题——世界国有企业比较研究》，华东师范大学出版社 1999 年版，第 93~95 页。

[2]　杨卫东：《国有化与私有化研究——西方国企进退的历史轨迹》，载《武汉大学学报》2012 年第 1 期，102 页。

的一半。① 西方国家国有企业这种高投入低产出的问题引发了严重的社会矛盾，尤其是资本家极力主张"国有企业无效论"，直接引发了西方国家国有企业的私有化浪潮。相比之下，私有化或私有企业一般被认为是有利于自由竞争、符合市场经济规律、有利于提高效率的。依据古典经济学理论，提倡放任自由主义的亚当·斯密在《国富论》中提出，人们每天所需要的食物和饮料，不是出自屠户、酿酒家和面包师的恩惠，而是出于他们自利的打算；约翰·穆勒则提出"经济人假设"，认为经济人个体的本质都是以追求个人利益最大化作为基本动机。

第三，国有资产存量和国家产业经济结构调整的要求。在 20 世纪 80 年代相对平稳的时代，一些与军备、战争、经济恢复和工业化初期发展有关的国有企业的重要性已大为下降或者在产业结构中成为"夕阳产业"；同时，20 世纪 70 年代出现的以微电子技术为代表的第三次科技革命却引发了许多新兴产业，亟需政府的重点投入和建设。此外，随着经济和科技的深入发展以及民间资本的成长，已出现了由国有转为民有、由国营转为民营的条件。一些交通运输等基础设施、矿山、钢铁等基础工业开始逐渐引入私人资本或出售给私人经营，日本已将具有上百年历史的"国铁"等一系列基础性企业实现了私有化，英国则将英国电信公司大部分股票出售给了私人等。②

## 二、国有化的利弊辨析

国有化将国有企业作为国家的重要政策工具，利弊兼具，必须要客观全面地看待，尤其要关注其存在的弊端和问题。

从积极方面看，国有化可弥补市场失灵，可集中力量有效地应对经济危机、促进基础设施建设、促进技术的进步、推动高新技术产业的发展、提高国家竞争力等。如上文所述，20 世纪 30 年代世界经济大危机时，古典自由经济理论无力应对，凯恩斯国家干预主义思潮兴起，指导政府通过"看得见的手"刺激了社会

---

① 王金存：《破解难题——世界国有企业比较研究》，华东师范大学出版社 1999 年版，第 93 页。

② 王金存：《破解难题——世界国有企业比较研究》，华东师范大学出版社 1999 年版，第 94 页。

的有效需求从而解决了经济萧条和失业问题。2008 年国际金融危机之际，美国、英国、德国等国家同样采取了国有化措施，对一些大型金融机构进行了救助从而遏制危机通过金融系统蔓延，最后避免了大规模的民众恐慌。① 2020 年的国际形势也使得欧美很多国家重新返回类似于国有化的政府支持经济措施，它们也频繁推出产业补贴政策、救市政策等。为何崇尚市场经济的西方国家也会选择国有企业、政府支持措施作为应对危机、调控经济的政策工具呢？杨卫东认为这是由国有企业的性质决定的，理由有三点：第一，国有企业的股东是政府，是政府最得心应手的调控工具，甚至可发挥普通政策难以实现的作用；第二，国有企业具有双重目标和双重职能，尤其是它的公共职能可以在特定时期牺牲经济利益而实现社会的稳定；第三，与政府的特殊关系使得国有企业更容易获得资金的支持，拥有更高的信誉度和更强的抗风险力，国有化在恐慌期介入经济可以产生稳定人心的效果。②

但是，正如硬币的两面性，国有化的特殊优势在使其成为政府依赖的政策工具时，更需要注意其存在的不足和问题，而这又正是对其进行规制的逻辑所在。

第一，国有化或国有企业经济效率普遍低下。大多数研究倾向于认为国企的效率会比私有企业效率低下。根据委托-代理理论，国有企业是由政府代表全民履行出资人职责，但却存在所有者缺位的问题，会产生对经营者监督不到位、企业经营效率低下的问题；根据产权理论，国有企业控制权和收益权的归属不清，不像私营公司产权明确、能在竞争中实现帕累托最优配置从而也更有动力去追求收益的最大化。③ 总之，从经济效益角度看，国企存在诸多问题，包括：产权不清、代理级次过多，剩余索取权归属不明、代理费用过高，缺乏自我约束、预算软约束、经营管理人才不专业等。

————————

①　张学勇、宋雪楠：《"私有化"与"国有化"的动机与效果：历史经验与研究进展》，载《经济学动态》2012 年第 5 期，第 125 页。

②　杨卫东：《国有化与私有化研究——西方国企进退的历史轨迹》，载《武汉大学学报》2012 年第 1 期，102 页。

③　张学勇、宋雪楠：《"私有化"与"国有化"的动机与效果：历史经验与研究进展》，载《经济学动态》2012 年第 5 期，第 122 页。

第二，因国有股东的存在，国有企业存在法律性质不明、功能定位不清的问题。国有企业的经营行为目标可能是多元的，既有单纯的经济利益目标，也可能有各种社会政策目标。例如，控制国民经济命脉、保障国家安全、提供生产和生活的基础设施、发展高新技术产业，甚至稳定物价、增加就业等。但是，这种混合的行为和目标却有可能导致其身份不明以及经营行为和公共职能行为的混淆，在运营中出现多种问题，比如：交叉补贴、财务混乱，在国际投资活动中会被认为无独立的商业主体身份从而被拒绝提出投资仲裁救济，在履行公共职能时却又被认为是商业主体从而无法享受正常的豁免等。

第三，破坏市场规律和公平竞争。国有化中政府过多地干预经济会导致企业缺少自主权、体制僵化、经营不灵、决策程序复杂，会使得国有企业因政企不分身份不独立、以因公优势参与竞争而引发不公平竞争等诸多影响市场经济正常运行的问题。国有企业在参与国际经济活动时可能引发的产能过剩、不公平竞争等破坏国际市场秩序的行为，正是当前国际社会所要着力解决的问题。

## 三、理性看待国有化和国企问题

无论是国家国有化还是私有化，都是国家经济社会发展过程中非常复杂的现象和问题。以履行公共职能作为正当性基础的国有资本无论是在哪种类型的国家中都有其存在的必要，即使是资本主义国家也会存在国有化的时期或拥有国有企业。对私有化而言，如果仅将其理解为出售国有企业、消灭公有因素则过于简单，因为它本质上仍是国有资本存量和结构调整的一种重要方式，在很大程度上是社会生产发展的客观要求。

如何看待国企、看待国有化与民营化一直是极具争议性的问题。1995 年经济学家林毅夫和张维迎就中国的国企改革问题展开辩论，被媒体称为"北大交火事件"；2014 年经济学家杨小凯逝世十周年的追思会上，张维迎与林毅夫再次就国有企业问题展开争论。张维迎从现代企业理论出发，强调企业剩余索取权和控制权对称安排的重要性，认为负责经营决策的人应该享有剩余索取权和控制权，让真正承担风险的资产所有者选择经营者；国企改革的出路是民营化，应将企业中的国有资本变成债权、非国有资本变成股权。① 林毅夫则认为国有企业问题的关键是"委托—代理人"之间是否会产生道德风险的问题，国企是在资金稀缺状况下为执行优先发展重工业的战略而设立的，既有战略性政策负担，也有为了解决就业和社会稳定的冗员、养老等社会性政策负担，而在政策性负担的情况下，政府就无法摆脱给予企业保护补贴的责任从而不可避免地形成了预算软约束。② 有评论认为，张维迎是纯粹的理论分析，融合了奥地利经济学派与英国古典经济学，其观点与提出"后发劣势"主张的杨小凯一样，反对经济学、经济学家成为效率的工具，提倡发展过程中要保障人的权利和自由；而林毅夫的新结构主义经济学的方法论则类似于德国的历史学派（又称为"庸俗经济学派"），其强调经济发展的历史性和具体国情，林毅夫虽然深谙中国国情但却过度追逐效率而忽视人的基本权利。③ 本书认为，对国企存续的研究需要将理论方法和历史方法相结合。从长远来看看，国有企业的宿命并非只有"公有化"或"私有化"二元选择，新时代新形势可能会促成二者动态的交替性发展或催生第三种发展模式，而无论哪种选择都不能忽视国有企业的本质、存续的客观规律以及具体的国情，详述如下。

第一，从本质上看，国有化与私有化都是国家发展社会、调控经济的政策工具和手段，从根本上涉及政府和市场的关系问题。在战争时期，国有化是政府动员全民实行举国体制一致对外的物质保证；在经济稳定发展的和平时期，国有化是政府提供公共产品的重要载体或调整宏观经济的手段。杨卫东指出，西方国家企业国有化和私有化的数次交替与变更都有其内在的必然性，国有化浪潮往往起于大萧条、大危机、世界大战等，私有化浪潮则产生于危机之后、战争之后、新技术革命之中、"滞胀"之中，每一次浪潮都是顺应了时代的要

---

① 《林毅夫：我和张维迎相反 认为绝大多数政策是正确的》，载新浪财经网，http://finance. sina. com. cn/leadership/msypl/20140813/173120001205. shtml，2023 年 12 月 13 日访问。

② 《林毅夫：我和张维迎相反 认为绝大多数政策是正确的》，载新浪财经网，http://finance. sina. com. cn/leadership/msypl/20140813/173120001205. shtml，2023 年 12 月 13 日访问。

③ 翁一：《林毅夫激辩张维迎焦点何在》，载新浪财经网，http://finance. sina. com. cn/review/hgds/20140711/023919670888. shtml，2023 年 12 月 13 日访问。

求和社会的需要，是大规模的经济结构调整。① 西方国家国有化与私有化的反复轮回反映了政府职能和市场机制二者关系的动态演化，是经济规律发展的现实要求。

第二，国有企业或政府参与经济是一种客观存在或现象，会在不同时期有不同的变化。确实，国有企业作为政府干预经济的一种模式，在世界主要发达国家历史上都普遍存在。"二战"后，英国、法国、德国、意大利等西方国家政府普遍采用了政府主导的经济政策，并成立了一批国有企业。国有企业在战后国家的重建中发挥了重要作用，它们帮助重振国家支柱产业、补足基建等投资缺口、解决战后各种社会问题。西方国家在经历了私有化改革后也仍有一定比例的存在，尤其是在具有高度外部性的公共产品供给行业、具有规模和网络效应的自然垄断行业、涉及国家安全的关键战略行业都仍普遍存在。因此，要用历史眼光看待国有企业存在，用实事求是的态度来推动国有企业改革。

第三，无论是选择国有化还是私有化，都要依据国情而定，要注意外部变量和条件。如果选择私有化，则尤其要注意公共服务提供的保障以及私有化过程中的国资流失、腐败、寡头垄断、贫富分化等问题；如果进行国有化或保持较大规模的国企，则要注重解决经济效率、公平竞争、腐败寻租、政企不分、与民争利等问题。无论是私有化还是国有化，都不可能一劳永逸地解决社会经济问题。以私有化为例。一方面，盲目的私有化并不能从根本上解决国有企业普遍存在的低效益、腐败、垄断等问题，反而还会产生更多的问题。比如，俄罗斯于 20 世纪90 年代初进行经济"休克疗法"过程中对国有企业的私有化，不仅没有从根本上解决国有企业普遍存在的负面问题，反而引发了更为严重的失业、国资流失、腐败、权贵和垄断资本等问题。② 俄罗斯的激进民主派推行"休克疗法"的经济转轨模式是在美国顾问的帮助下进行的，但当时广大居民普遍贫困化，私有化过程中不但没有出现广泛、强大的有产阶级和企业家阶层反而形成了官僚垄断集团，它们控制了大部分重要的工业部门、商品进出口业务、金融证券业务、基建

---

① 杨卫东：《国有化与私有化研究——西方国企进退的历史轨迹》，载《武汉大学学报》2012 年第 1 期，第 105 页。

② 段晓光：《俄罗斯东欧诸国国有企业股份制改造负面效应解析》，载《俄罗斯中亚东欧研究》2005 年第 6 期，第 34~35 页。

投资。① 另一方面，盲目的私有化还会影响公共服务职能的履行。各个公共企业兴办之初，往往具有经济、社会、财政、职能等方面的理由，如果此等理由尚未消失，或是企业公营的公共性仍高于民营化价值，那就需要审慎考虑。比如，公共汽车的兴办目的是为市民提供安全、廉价及便利的交通，但如果因为负担偏远地区服务导致亏损从而民营化，却又会导致偏远地区居民无法获得有保障的公共交通服务的后果。② 对于铁路改革而言，铁路基础设施具有自然垄断性质，私有化后，追求利润最大化的私人所有者有可能在基础设施的维修、养护以及新路线的修建方面吝于投资，而且可能利用垄断地位在交通运输和财政政策方面对政府施加压力以实现私人利益而忽视公共服务的提供。③ 因而，铁路改革要全面考虑其公共服务属性和网运关联的特点，而不能片面地实施私有化。

## 第二节　国企的法律性质定位：商事公营造物抑或公营造物

国有企业的法律性质是相关制度和规则构建的前提。世界银行曾指出，"国有企业身份不明确，会在国有企业治理、所有者角色、国有企业和其他政府部门关系、法律之间关系等问题上引发混乱"。④ 对国有企业的身份定位或者身份"矫正"必然也会成为国际经贸治理的重要问题。依西方法学理论看，能够独立从事商业活动的国企一般直接被认定为商事主体，而完全从事公共服务的国有企业则被认为是"公营造物"或者公共法人。当前国际贸易法中的公共机构争议案件、国际投资法中国企投资者仲裁资格等问题多数与中国国企有关。鉴于国际社

---

① 参见王金存：《俄罗斯经济转轨模式反刍》，载《东欧中亚研究》1999 年第 1 期，第 46 页。

② 蔡茂寅：《公营造法与公共企业》，载翁岳生主编：《行政法（上）》，中国法制出版社 2000 年版，第 518 页。

③ 喻文光：《论铁路改革的法治化路径》，载《国家行政学院学报》2013 年第 4 期，第 95 页。

④ the World Bank Corporate Governance, "*Held by the Visible Hand-The Challenge of SOE Corporate Governance for Emerging Markets*", 2006, p. 8, http://documents. worldbank. org/curated/en/396071468158997475/pdf/377110Corporate0Governance0SOEs01PUBLIC1. pdf, last visited on December 7, 2023.

会对中国国企身份定性问题的高度关注，本节将围绕着中国国企的身份性质问题展开讨论。

## 一、转型期的中国国企身份：商事公营造物

### （一）中国国企的改革发展史及身份变化

现代中国国有企业的发展与中国的经济改革紧密相关，受制于不同时期的国有企业改革要求。1949 年后，中国经济发展经历了计划经济体制、体制转轨期和社会主义市场经济体制三大阶段，与此相应，中国的国有企业的发展也可划分为五个时期。

第一个时期为现代中国国有企业的产生期（1949—1978 年），这一期间所对应的是中国实行计划经济体制的 30 年时期。伴随新中国的成立，中国在这一期间设立了大批国有企业，政府直接管理控制国有企业，是后来长期存在的国有企业政企不分、职工缺乏积极性、国有企业缺乏活力的问题源头。

第二个时期为中国国有企业扩大自主权阶段（1979—1983 年）。这期间是国有企业的首次改革，对应的是中国在经济体制转轨的摸索时期。为提高生产经营的积极性，国家通过利润留成制、利改税、拨改贷等制度安排赋予国有企业一定的自主权，重点对国家与企业的委托代理关系进行调整。

第三阶段主要是国有企业的承包制改革期（1983—1993 年）。为解决国家利益和企业利益分配的冲突，国有企业改革开始转向企业承包经营责任制，以实现两权分离。

第四个时期是国有企业改革的制度创新阶段（1994—2014 年）。在这一阶段，国家尝试进行制度层面的调整与创新，提出要对国有企业构建现代企业制度，推出了现代企业制度和公司制改革、优化资本结构、国有企业战略性重组（抓大放小）、构建国资管理体制等措施。

第五阶段是国有企业的市场化改革攻坚阶段（2015 年至今）。2015 年 8 月中共中央国务院出台了《关于深化国有企业改革的指导意见》，该指导文件掀起了国有企业市场化改革的新浪潮，其中最为重要的一项改革举措就是对国企进行分类改革。该指导意见指出，要根据国有资本的战略定位和发展目标，结合不同国

有企业在经济社会发展中的作用、现状和发展需要，将国有企业分为商业类和公益类，实行分类改革、分类发展、分类监管、分类定责、分类考核，以促进国有企业经济效益和社会效益有机统一。其中，商业类的国企是包括主业处于充分竞争行业和领域的一类国有企业，以及关系国家安全、国民经济命脉的重要行业和关键领域和自然垄断行业的二类国有企业。公益类国有企业主要是指涉及民生和公共产品领域的国有企业。之所以要对国企进行分类改革，很大的原因在于公司化改革后的国企仍存在法律性质和功能混乱的问题。有学者指出，在西方市场经济发达的国家，国有企业主要是为了解决因市场失灵而引发的诸多公共性问题，公共性是国有企业的本质属性；市场经济越成熟的国家国有企业越是坚守公益领域，而在竞争性或盈利性领域国有企业则越少。[1] 但是，中国国企在经历了 20世纪 90 年代的公司化改革后仍旧面临着一定的政企不分、错误地把"赚钱"作为国有企业的主要目的而忽略公共职能定位的问题。[2] 尤为严重的是，国有企业因体量大、效率低、受到预算软约束而盲目投资，常会引发经济的急剧扩张、经济的失衡、通货膨胀、价格上涨，造成整体经济的不稳定。随着中国加入 WTO，中国国企愈发跟不上社会主义市场经济体制建设的进程。于是，中国许多经济学家开始提出要通过分类改革的方式深入推进国企的发展。比如，董辅礽提出，国有企业应该重质量而非数量，要在公共服务和国家安全、战略性领域占据主导地位，但应该在竞争领域逐渐退出，需要将国有企业划分为非竞争性企业、竞争性企业两类，前者又包括自然垄断企业和以社会公益为目标的；对于竞争性国有企业，要参与平等的市场竞争、接受市场优胜劣汰的选择，不应该由国家提供各种特殊条件、"吃偏饭"。[3]杨瑞龙的研究团队则指出，应根据企业的性质和市场化程度的不同采取不同的改革方式，对于公共产品和垄断性国有企业应坚持国有经济的主导地位，在以国有制为主的基础上建立现代化的组织形式和合理的经营机

---

①　高明华：《论国有企业分类改革和分类治理》，载《行政管理改革》2013 年第 12 期，第 56 页。

②　高明华：《论国有企业分类改革和分类治理》，载《行政管理改革》2013 年第 12 期，第 56 页。

③　董辅礽：《从企业功能着眼分类改革国有企业》，载《改革》1995 年第 8 期，第 45~46 页。

制；对其他一般非主导性部门的竞争性企业则应逐步实现所有制结构的多元化。① 经济学上丰富的国企分类改革理论一定程度上促成了分类改革的实践落地。

### （二）中国国企分类改革中仍存在的国企身份困境

尽管 2015 年开始中国推行国企的分类改革，但实践中分类的标准以及分类后的国企定性仍存在诸多不确定性问题，国企身份困境仍难以彻底解决。表现为以下四个方面。

其一，对于国企分类及身份定位其实一直有着不同的理解和认识，有的主张按照企业市场化程度分为垄断性和竞争性，有的主张按照国有资本职能分为收益性和公益性，有的主张按照企业的产品服务分，分为一般竞争性、特定功能性、公共服务性等等。

其二，国企分类改革的政策仍处于摸索过程中，具有明显的不确定性。国资委有关负责人解释之所以最后确定将国企分为商业类和公益类，主要是基于四点考虑：（1）充分考虑企业功能的多重性、复杂性，分类宜粗不宜细；（2）充分考虑到企业所属行业特点和发展趋势，同时还要考虑国有企业现在大部分都是混业经营的，要看主业、看发展；（3）充分考虑企业不同发展阶段的特点，在相对稳定的基础上对企业功能定位进行动态调整；（4）充分考虑各地不同发展实际，在遵循国家统一分类思路原则的前提下，允许各地结合实际，划分并动态调整本地国有企业功能类别。②

其三，对于公益类国有企业，其内涵外延并不明确。《关于国有企业发展混合所有制经济的意见》将水电气热、公共交通、公共设施等纳入公益性领域，而把石油天然气主干管网、电网等重要基础设施划归为商业 II 类领域，尽管商业 II 类领域的国企仍隶属于"主业处于关系国家安全、国民经济命脉的重要行业和关键领域、主要承担重大专项任务的商业类国有企业"，但本质上仍归属于商业类

---

① 杨瑞龙、张宇、韩小明、雷达：《国有企业的分类改革战略》，载《教学与研究》1998 年第 2 期，第 12 页。
② 《国企分类改革怎么改》，载国资委官网，http：//www. sasac. gov. cn/n2588025/n2588139/c2821411/content. html，2023 年 12 月 7 日访问。

而非公益类。公益类企业强调提供公共产品和服务，那么，与公众的普遍利益休戚相关的天然气主干管网、电网等诸多重要基础设施却被划入商业 II 类，明显存在严重的逻辑矛盾。

其四，现有法律制度供应不足。按照《民法典》的规定，① 法人分为三类，分别为：营利法人、非营利法人和特别法人。营利法人是以取得利润并分配给股东等为目的而成立的法人，以盈利为主；非营利法人即以公益目的或者其他非营利目的成立法人；特别法人包括机关法人、农村集体经济组织法人等具有民事权利能力和民事行为能力，依法独立享有民事权利和承担民事义务的组织。显然，在民法目前的类型划分中，公共类的国有企业并不属于其中任何一种，公共企业兼具"公法人"与"私法人"色彩、处于"政府规制"与"意思自治"之间，而这又会造成这类企业在发挥"社会公共服务职能"与追求"经济利益"之间的失衡，尤其是容易"游走于"政府与市场之间，谋取利润的最大化。② 因为其既可以"私"的身份来享有"自由"的好处却又可规避公共责任及相应的法律义务，又可以"公"的身份享有政策优惠却不遵循"私"的规律。

### （三）经济转型期导致的国有企业身份困境

中国国有企业身份困境的问题并非独有现象，而是经济转型期国家都会出现的问题。比如，法国在"二战"后出现的电业、煤气业、石油研究和开发企业等工商业公务法人就同时具有公法和私法的特性。最为典型的俄罗斯，在其过渡时期、内部私有化时代出现了"商业公营造物"，即受民法典、民事特别法（单一制企业法）而非公法规制的与俄罗斯社会经济转型过程相适应的国家企业法人制

---

① 《民法典》相关规定如下：
第七十六条　以取得利润并分配给股东等出资人为目的成立的法人，为营利法人。
营利法人包括有限责任公司、股份有限公司和其他企业法人等。
第八十七条　为公益目的或者其他非营利目的成立，不向出资人、设立人或者会员分配所取得利润的法人，为非营利法人。非营利法人包括事业单位、社会团体、基金会、社会服务机构等。
第九十六条　本节规定的机关法人、农村集体经济组织法人、城镇农村的合作经济组织法人、基层群众性自治组织法人，为特别法人。
② 胡改蓉：《论公共企业的法律属性》，载《中国法学》2017 年第 3 期，第 158 页。

度，其特殊的制度功能在于保障私有化国家企业（一般单一制企业）的私有化利益公平分享、保障不得私有化国家企业（国库企业）公共性目的优先实现。① 早在 20 世纪 90 年代初俄罗斯正式出台私有化政策以前，就已经存在隐性、自发的私有化，在国家资源重新社会化配置的压力下，俄罗斯利用法人人格面具创造了一系列"新"法人类型，助推了自发内部的私有化，比如 20 世纪 80 年代末颁行的《国营企业法》强化企业管理层的职权，规定国家不再直接干预企业日常经营活动；1990 年颁布的《苏联所有权法》则规定，为将广大国有企业改组为适应市场要求的"真正 的商品生产者"，替代原"业务管理权"，国家企业被授予了接近于所有权的新权利类型——"完全经营权"。张力教授认为，转型社会的国家企业制度改革多是以塑造市场化、公司化的民事主体与交易人格为目标，但是这一过程很难绕开"法律上的私有化"的过程，而这一过程具有极复杂的特点：计划经济时代被计划体制禁锢的商业利益被发现、激活并在全社会范围内重新公平分配，与广泛民事主体有效结合，曾被政治国家所吞并的市民社会被释放，公法与私法领域相互渗透，自治与管制目标相互重叠。② 显然，这一时期恰恰是德国、美国等其他发达市场经济国家所不具有的阶段，而这一时期的国家企业法人也应该同时是公私法接轨和调整的对象。

可见，转型期的国有企业身份普遍具有混合性、公私法特色兼具的独特性。中国国企身份定位不明及相关法律制度难以系统地对其规制，其中重要的原因之一也正是因为中国市场经济仍旧处于转型发展时期，以往的发展过于注重商事立法而忽视了市场失灵的问题。自 1978 年自改革开放以来，为实现经济快速转轨，我国主要构建的是商事企业制度，以满足社会对私人产品的生产与供给需求，而对于克服市场失灵、提供普遍福利、追求社会公平的公共产品领域的企业制度却缺乏系统规定，而这使得无法对国有企业同时具备的"公益人"属性与"经济人"属性进行理性区分与融合。③ 故而，当前中国除了少数完成公司化改革并且

① 张力：《俄罗斯民法中单一制企业的主体地位及其过渡性——转型社会中"商业公营造物"的实证分析》，载《法律科学》2010 年第 5 期，第 156 页。

② 张力：《俄罗斯民法中单一制企业的主体地位及其过渡性——转型社会中"商业公营造物"的实证分析》，载《法律科学》2010 年第 5 期，第 154、168 页。

③ 胡改蓉：《论公共企业的法律属性》，载《中国法学》2017 年第 3 期，第 143 页。

真正实现人格独立的国企外，多数国企仍旧属于同时具有"公益人"与"经济人"双重和混合属性的主体，亦即所谓的"商事公营造物"，在法律规制上则同时以《民法典》《公司法》等私法规范和以《企业国有资产法》为主的国企规范并用。正如美国学者弗里德曼所言，"所有公共企业都具有双重属性，既是国家政策实施的工具又是有自治权的组织，在法律上是独立的，并在某些方面具有商业性"。① 中国行政法学者王名扬教授也指出，国有企业规制是一个公法和私法混合使用的领域，因其活动和私人企业的活动性质相同会受私法支配，但同时又具有满足公共需要的目的从而受公法支配。②

## 二、转型期后的国企：向"公营造物"发展

从未来的改革进程看，中国国企分类改革后，也必然会与世界主流趋势汇合，即，国企将发展演变为专门从事公共服务的"公营造物"和专门参与经济活动的独立的商事主体。商事主体主要是指经登记机关依法登记，以营利为目的从事经营活动的自然人、企业法人及其他经济组织，其参与市场经济活动就要遵循公平竞争等市场规律，下文会对此有详细论述。此处只讨论转型期后的专门从事公共服务的国有企业。

### （一）国有企业存在的正当性：履行公共服务

国有企业存在的最大正当性在于其提供公共服务的功能。依据社会契约论，公众把个人权利让渡给国家，形成政治权力时，公众成为"委托人"，政府就成为公众的"受托人"，其职责就在于管理个人无法完成或不愿承担的事务，为委托人服务和增进公共利益；依据"预算信托"理论，人民选举政府并基于对政府的信任，授权政府有关部门及其人员筹集、分配和支用公共经济资源（财政资金），以提供公共产品和服务。③ 国有企业的法律性质和定位必须体现出公共服务这一核心功能。

---

① W. Friedmann, The Legal Status and Organizaiton of the Public Corporation, *Law and Contemporary*, Vol. 16, 1951, p. 579.

② 王名扬：《法国行政法》，北京大学出版社 2007 年版，第 390 页。

③ 胡改蓉：《论公共企业的法律属性》，载《中国法学》2017 年第 3 期，第 151 页。

以德国规定为例。该国法律规定，联邦参股企业以承担公共任务为限，存在严格的目的限制，理由有三点：其一，政府不是好的企业家，因为民主原则会导致政府的营利活动不符合经济性原则；其二，政府从事营利活动可能使私人竞争者在竞争中受到明显的限制，政府会侵入本来为公民所设立的自由空间而限制私人经济，应当禁止政府在不存在急迫公共利益的情况下从事营利活动；其三，政府主要是通过税收取得收入而不是通过管理财产或经营企业而取得收入。① 但是，如果联邦为了更好地完成其任务而采用私法上的组织形式，那么联邦参股的企业应优先采用有限责任公司和股份公司等私法法律形式，其将被视为私人主体。②

## （二）可借鉴的德国"公营造物"理论和实践

由于德国法上的公营造物制度比较成熟和完善，中国可借鉴德国相关的理论对我国的公法人制度进行体系性整合，将公法人分为公法社团、公法财团和公营造物，即在民法典关于"非营利法人"中再增加"公营造物"这一分类，如此民法典关于公法人的规定就相对周延，而公共类国有企业也可以在法律中明确获得身份定位。

"公营造物"是德国行政法学之父奥托·迈耶首创的行政法学概念，由日本学者翻译而成。在德国法上公法人包括公法社团、公营造物（Anstalten）和公法财团三类。公营造物被认为是掌握在行政主体手中，由人与物作为手段之存在体，持续性地为特定公共目的而服务。由于公营造物这一表述极易被误认为物理上的建筑概念，所以国内也有学者将其称为"公务法人"。它是公权力主体为了实现特定任务依照公法成立的组织体，是公共行政的一种形式，设立之后该行政主体的一些公法任务就由其承受。③ 公营造物所涉领域包括文教性、保育安养性、经济协助、科学研究、民俗性、军事性等类型，比较典型的公营造物有联邦银行、各州的银行、储蓄银行、国家图书馆、博物馆、公立医院、文化中心、邮

---

① ［德］德罗尔夫·施托贝尔著，谢立斌译：《经济宪法与经济行政法》，商务印书馆2008年版，第285~289页。

② 王东光：《德国联邦公共企业的监管制度》，载《法学》2014年第6期，第75页。

③ 顾建亚：《德国"公营造物"理论与高校管理》，载《浙江科技学院学报》2011年第23卷第5期，第373页。

局、军队、监狱等。

公营造物最早产生于德国 19 世纪自由法治国时期，当时设立学校、监狱等公营造物之目的主要是为避免法律保留原则的拘束，使得行政机关能够在高度自由下完成行政任务，因其利用关系多半带有强制性的高权色彩，称之为特别权力关系，又称特别服从或特别义务关系，系指根据特别的法律原因，以公法上的特定目的为界限，一方能够支配他方，他方也应服从这种支配，实则维持一种绝然不对等的权力服从关系。在这种特别权力关系内部，公营造物主体可不经法律授权发布"规则"，以拘束特别权力关系的成员，根据其设定的目的，在被认为是需要的合理范围、限度内，即便没有法律根据也能限制服从者的基本权（例如大学内的集会限制），公营造物使用人不得享受法治国有关法律保留、行政救济等之保护。①

公营造物与公法财团的区别在于，公营造物在目的联系、组织、存续和管理方面要受其设立人的持续不断的影响和支配；而公法财团一旦设立，其设立人就不再对财团采取任何行动了，公法财团所要实现的目的虽然也属于为公众服务的行政管理职责，但其目的不能是相关公权力主体的法定职责。因此，要承担独立的、法定的职责，公权力主体就必须要设立公营造物，并对其不断地施加影响。②

与机关法人、企事业单位、社会团体等组织相比，公营造物具有以下特点。公营造物是是由立法者所创设；公营造物是服务性机构，不能取代属于正式作出决策并发号施令之科层式行政机关，从而其与母体之行政机关间存在着既独立又合作、分工、对抗之关系；公营造物主要是提供特殊之服务才须强调其系人与物之结合，其所提供的服务主要包括研究性质者、教育性质者、科技性协助功能者（例如采样、鉴定、监测）、民生服务需求者（例如图书馆、美术馆、游泳池），也可包括在经济领域之服务（例如"国家"所设立之储蓄贷款或借款之专责机构），以及学校、军队、看守所、感化院、监狱、公营电视台等机。③ 从本质上

① 顾建亚：《德国"公营造物"理论与高校管理》，载《浙江科技学院学报》2011 年第 23 卷第 5 期，第 373 页。
② 周友军：《德国民法上的公法人制度研究》，载《法学家》2007 年第 4 期，第 142 页。
③ 黄锦堂：《行政组织法之基本问题》，载翁岳生主编：《行政法（上）》，中国法制出版社 2000 年版，第 289~290 页。

看，公营造物事实上即系负担特定目的之行政机构，其核心概念"特定目的"系指有别于向来科层式行政机关之任务设定与运作实务；凡不属于制式行政机关之国家机关，均为公营造物之范畴；公营造物系"国家"之政策手段，用以达成一领域之任务需要。公营造物是否设置及如何设置（含公营造物利用关系之决定），固然系一种政策判断，但仍须注意来自宪法上人民基本权利保障与基本国策之要求。①

公营造物的法律地位与权限。公法人进入私法领域的活动范围时其性质可采用代理权限制说予以解释。代理权限制说认为，作为公法人之一种的公营造物依据法律的授权，依法确定其目的范围，而法定的目的范围则是其机关的代理权的界限。当其实施的法律行为超出其目的范围时，应当依照无权代理的规则来处理，并且公法人的代表人越权的法律行为在原则上是不能由法人事后追认的，也不适用表见代理。②

公营造物的相关法律关系。公营造物作为公共任务的功能主体受国家监督，主要内容是对法律、设施规章和设施条令的遵守情况。联邦设施受联邦的监督，其他设施分别受各自所属的州和地方的监督，监督权通常由法律专门规定。与此同时，居于特别地位的公营造物依法享有自主管理权，主要通过依其权限自行制定内部规则来实现。公营造物的外部事项（目的、成员和所属主体）和内部事项（机构设置、工作人员的任免、管辖权分配）由其章程规定，针对具有外部效果的主体管辖权及公营造物的使用则在依章程制定的使用规章中进行具体规定，并由设施主体机关批准。就其性质而言，使用规章属于一种具有实体法性质的特别条令，但不是一种更高位阶的法律渊源，通常采用成文法形式，但也可以采用习惯法的形式，有时甚至被具体的命令补充。作为规章或者特别条令的使用规章是客观的法律渊源，具体的设施命令则属于行政行为，对它们可以提起行政诉讼。③

---

① 黄锦堂：《行政组织法之基本问题》，载翁岳生主编：《行政法（上）》，中国法制出版社 2000 年版，第 290 页。

② 周友军：《德国民法上的公法人制度研究》，载《法学家》2007 年第 4 期，142 页。

③ 顾建亚：《德国"公营造物"理论与高校管理》，载《浙江科技学院学报》2011 年第 23 卷第 5 期，第 372 页。

## 第三节　规制国企的逻辑：厘清政府与市场的界限

随着全球化的发展和深入，国际大市场早已形成。不同国家的国有企业参与国际经济活动，某种程度上就相当于各国政府以国企的形式参与了国际竞争，而这必然会出现在国际市场上对各国政府权力和经济行为的规制要求。基于政府股东的存在，国有企业参与经济活动其实就相当于政府参与经济活动。尽管多数现代法治文明国家都认为市场经济必然是法治经济，但是如何在全球大市场构建法治经济、约束国家权力仍处于探索阶段。那么，国内法上的法治经济和市场经济的逻辑要求同样适用于参与国际经济活动的国企。国际法治经济必然要求规范政府参与经济的行为，而国际市场经济则要求政府在参与市场经济活动时保持谦抑主义。

### 一、国企规制中的权力约束：历史与理念

"国有企业"一词由"国有"和"企业"两词构成，本身就包含了国企条款存续和发展的法理逻辑，即：约束公权力的经济活动以及遵循市场竞争规律。这是因为，有涉及政府的"国有"就意味着有对政府参与经济的行为的约束，有参与市场活动的"企业"就有遵循市场公平竞争的要求。在国际经济领域规制国企被喻为"驯服经济利维坦"。[1] 如何"驯服经济利维坦"是全球化背景下所有国家都面临的新问题和新考验。下文将通过分析中西方关于权力规范的传统、政府参与经济活动的约束这两个视角探索国企规制的底层逻辑。

### （一）西方古典政治哲学中的国家理论与限权思想

人类的理性探索与实践经验表明，文明社会的发展不仅要求在一国之内"将

---

[1]　Mitsuo Matsushita and C. L. Lim, "Taming Leviathan as Merchant: Lingering Questions about the Practical Application of Trans-Pacific Partnership's State-Owned Enterprises Rules", *World Trade Review*, Vol. 19, No. 3, July 2020; Victor Zitian Chen, Aldo Musacchio, Sali Li, A Principals-Principals Perspective of Hybrid Leviathans: Cross-Border Acquisitions by State-Owned MNEs, *Journal of Management* 45 (7), 2018; Aldo Musacchio, Sergio G. Lazzarini, *Reinventing State Capitalism: Leviathan in Business, Brazil and Beyond*, Harvard University Press, 2014.

政府关进笼子里",也要求驯服驰骋于国际上的"经济利维坦"。关于政府起源与限权问题的近现代学说主要起源于西方。

从根本上看,国企活动或国家资本主义之所以备受关注,是因为其与国家论、有限政府论、权力规范论等问题紧密相关。人类社会要文明、有序地发展,既需要政府的存在,又需要对其进行制约,构建有限政府和约束公权力已形成国际社会的主流共识。国家或政府在起源之时就被比喻为"利维坦",即圣经中述及的一种力大无穷的巨兽。英国政治哲学家霍布斯 1651 年写成的关于国家论的专著《利维坦》正是借此命名,意在比喻一个强大的国家。他提出"国家为一种必要之恶"的霍布斯悖论——为防止自然状态下"一切人反对一切人的战争",人类基于理性出让一定的权利并订立契约、创设国家,但是国家又可能会像"利维坦"一样侵蚀个体的利益。① 随后,约翰·洛克通过《政府论》提出了关于有限政府的系统理论。再之后,法国哲学家孟德斯鸠在《论法的精神》中发展了洛克的分权学说并形成三权分立的思想,最终形成西方现代国家法治体系的雏形。19 世纪边沁的个体幸福论功利主义学说②、20 世纪哈耶克"自发社会秩序"理论③则进一步丰富了有限政府和权力限制的学说理念。这些学说理论甚至在某种程度上影响了现代国际思想和国际社会的形成。④ 有学者就指出,西方社会之所以注重防范来自公权力的干扰和控制是基于自由、限权等政治哲学传统;在经济上往往表现为自由和平等竞争,如果一类市场主体由于公权力的庇佑而获得竞争优势则是极难容忍的。⑤

## (二) 中国古代传统中的限权思想

正如学者所言,包括中国在内的人类社会各个文明都曾对政府权力限制做出

① [英] 霍布斯著,黎思复、黎廷弼译:《利维坦》,商务馆 2020 年版,第 132、141 页。

② [英] 麦考密克著,陈锐、王琳译:《法律制度——对法律理论的一种解说》,法律出版社 2019 年版,第 287~289 页。

③ [奥] 哈耶克著,冯克利等译:《致命的自负》,中国社会科学出版社 2000 年版,第 11~14 页,17~19 页。

④ [美] 大卫·阿米蒂奇著,陈茂华译:《现代国际思想的根基》,浙江大学出版社 2017 年版,第 9 页。

⑤ 刘大洪:《市场主体规则平等的理论阐释与法律制度构建》,载《中国法学》2019 年第 6 期,第 188 页。

过各种努力，比如中国汉代的天人感应说、谏议制度、史官制度、太傅制度和监察制度等都是限制权力的制度创设。①

从人类历史宏观视角看，中国确实存在较长的封建时期，但是中国传统历史文化资源中确实也存在一些类似于限权的思想资源，具体体现如下：（1）中国古代治理曾提出"民惟邦本，本固邦宁"的"民本"思想，"民本"被作为国家治理的重心。② 古代的统治者意识到，民之所以成为国家的构成要素和最重要的实体，是因为"民"是社会物质生产的承担者、是赋税的提供者、军队的主要来源、重大工程的兴建者，这也是为何孔子言"仁者爱人"，荀子说"故人君者，爱民而安，好士而荣，两者无一焉而亡"。③ 民本思想意味着权力不应该是无限的、为所欲为的，而是应该服务于"民"，"民本"构成了权力的行使内容和范围。可见，中国古代的民本思想很类似于西方古典国家理论中的政府或权力要为民、为公共服务而存在。（2）天道成为约束统治者的最高指导思想。比如《尚书》的"皋陶谟"提出的"天叙有典"就是典章规则出于天的最早阐述，指出高悬于世俗统治者之上的天道秩序。（3）"法高于君"的思想。比如，《贞观政要》就记载了大臣戴胄犯颜执法的事例。唐朝朝廷大力开展选择察举活动，唐太宗下令要求有干过奸诈虚伪的事情的人自首，不自首者判罪则至死。但是大理寺少卿戴胄却根据法律判断偶尔有奸诈虚伪者的罪行。太宗认为其根据法律作决断的做法是向天下显示皇上和朝廷没有信用。戴胄称："法者，国家所以布大信于天下，言者，当时喜怒之所发耳。陛下发一朝之忿，而许杀之，既知不可，而置之以法，此乃忍小忿而存大信，臣窃为陛下惜之。"太宗曰："朕法有所失，卿能正之，朕复何忧也！"可见，戴胄面对唐太宗亲自定罪的案件也敢于秉公执法、据理力争，坚持任何权威都不能凌驾于法律之上，而具有从谏如流的品德的君主也接受了"法高于君"的理念。（4）制度设计上有通过"三公"相权或内阁首

---

① 盛洪：《限权改革，可从中国传统挖掘资源——关于杨小凯的"后发劣势"及其争论》，载儒家网，https：//www.rujiazg.com/article/4760，2022 年 9 月 2 日访问。

② 张晋藩：《中国古代国家治理的重心——"民惟邦本，本固邦宁"》，载《国家行政学院学报》2017 第 4 期，第 32 页。

③ 张晋藩：《中国古代国家治理的重心——"民惟邦本，本固邦宁"》，载《国家行政学院学报》2017 第 4 期，第 32~33 页。

辅制限制皇权的具体举措。"三公制"是我国封建社会一种重要的中央行政体制，是在君主之下设置若干高级官吏（太师、太傅、太保）分别掌管行政、军事、监察之权，使其相互牵制，共同构成中央权力中枢。三公之职最早始于商代、设于秦、成型于西汉，西汉中期太尉易名大司马，西汉后期大司马专朝，三公制日臻完备。不过，明朝时期朱元璋废丞相、罢中书省，亲自掌管六部，因政务繁重设置春夏秋冬"四辅官"、殿阁大学士作为皇帝顾问；随后明成祖时开始设立"内阁"参与机务，"内阁"官员至永乐中期以后职权渐重、兼管六部尚书，成为皇帝的最高幕僚和决策机构。

不过，封建时期的限权理念和设置本质上仍是为封建集权政治、皇帝集权专政服务的，君权仍具有至高无上的地位。[1] 清末民初中国被迫向西方学习器物文明和制度文明时，西方现代的"限权"政治哲学思想才在"西学东渐"中被引入和普及。1949 年后，中国进行了立宪探索，共颁布了 4 部宪法、进行了五次修订。[2] 当前生效的《宪法》（2018）明确规定，"中华人民共和国的一切权力属于人民"，"国家机构实行民主集中制的原则"。[3] 近期的中央文件也提出要"加快转变政府职能……深化简政放权、放管结合、优化服务改革"。[4] 可见，中国在近现代社会转型中已接受以法治手段实现有限政府、规范权力运作的理念，因为宪法的本质就是"限制国家权力，保障公民权利"。[5]

纵观各国历史，尽管中西方不同国家基于不同的社会发展历史和制度模式，对政府起源、权力规范、政府职能等重要问题上有不同的主张，但以科学的手段

---

① 金观涛、刘青峰：《兴盛与危机 论中国社会超稳定结构》，法律出版社 2011 年版，第 88 页。

② 中国于 1954 年、1975 年、1978 年、1982 年分别颁布了 4 部宪法，第 4 部宪法至今共修改了 5 次，修改时间分别是 1988 年、1993 年、1999 年、2004 年、2018 年。

③ 《宪法》第 2 条规定，"中华人民共和国的一切权力属于人民。人民行使国家权力的机关是全国人民代表大会和地方各级人民代表大会。人民依照法律规定，通过各种途径和形式，管理国家事务，管理经济和文化事业，管理社会事务。"第三条规定"中华人民共和国的国家机构实行民主集中制的原则"。

④ 《中央人民政府：中共中央关于制定国民经济和社会发展第十四个五年规划和二〇三五年远景目标的建议》，载中国政府网，http：//www.gov.cn/zhengce/2020-11/03/content_5556991.htm，2023 年 12 月 7 日访问。

⑤ 张晋藩：《中国宪法史》，中国法制出版社 2016 年版，第 403 页。

规范政府、约束公权力的理念已超越古今中西之辩，具有人文社会科学上的普遍意义和价值。构建有限政府和约束公权力已成为当今国际社会的主流共识，而这理念也必然会在全球化时代从一国国内实践走向国际社会，各国关于国企规制的实践也必然会汇入全球良法善治的历史潮流中。

## 二、政府参与经济："国进民退"或"国退民进"

政府能否参与经济活动问题往往会引发"国进民退"和"国退民进"之争。"国进民退"一般指某领域国有资本进入市场而民营资本被迫撤出的现象，"国退民进"则指国有资本退出而民营经济大量进入市场的现象。以中国为例，"国进民退"一般表现为以下特征：一是"资源垄断"，比如国有资本能够更容易进入资源性、能源性、基础建设领域、能够获得更多重要的政府订单；二是"楚河汉界"，即国有企业集团聚集在少数上游产业并逐渐形成了寡头垄断地位，而大量的民营资本则被限定在下游产业之中而难以进入上游产业；三是"玻璃门现象"，即一些行业和领域在准入政策上虽无公开限制但实际进入条件则限制颇多、进入资格门槛高。① 近年来，由于受到贸易战、俄乌战争等各种事件的冲击，世界经济呈现长期缓慢增长的态势，无论是中国还是一些西方国家都出现国有经济、国有企业和民营经济、民营企业相互竞争的态势，使得"国进民退"和"民进国退"再次成各界关注的焦点和热议话题。以中国为例，有观点认为，"国进民退"是"伪问题"，国有企业和民营企业都是市场化的选择，谁发展得快一些、好一些，谁发展得慢一些、困难一些，这都是市场行为，不存在谁进谁退的问题；相反观点则认为"国进民退"是对改革开放的倒退、会制造社会不公平、形成权贵资本主义，此派主张持有者主要包括许小年、茅于轼、张维迎等经济学家。②

其实，关于国家是否应该积极进入经济领域以获取或垄断商业利益，中西方在传统和实践上曾有一定的认识。中国儒家很早就提出不与民争利的观点。《大

---

① 乔桂香：《"国进民退"论争综述》，载《河南大学学报（社会科学版）》2011年第4期，第32页。

② 何泓：《"国进民退"之争的周期性现象及其实质》，载《经济研究导刊》2022年第10期，第8页。

学》言"国不以利为利，以义为利也"，认为国家不应把追求商业利益作为自己的根本利益，而应向社会提供公平与正义的公共物品，从而实现国家的长治久安。《盐铁论》是一个辩论国家垄断是否正当的会议记录，贤良文学们提出"天子不言多少，诸侯不言利害，大夫不言得丧"则是对"国不以利为利"的进一步阐释，即中央政府不应用商业手段获取利益，地方政府不应通过买卖谋求财富，官员不该作商人。传统儒学中这些关思想虽然从属于"重农抑商"的大原则，但其中关于官府应慎重参与经济的主张与现代经济的发展具有耦合之处。现代经济之所以要约束和限制国有企业参与经济，是因为国有企业往往容易获得优惠优质的资源、产品出售的垄断权甚至是政府的补贴利益，其与特殊的竞争优势参与市场竞争就极易产生不公平竞争的问题，其在与民营企业发生冲突时政府往往又难以进行中立监管和裁判。故而，要保证"不与民争利"，就应该让国企逐步退出竞争领域而保留在有限和必要的公共领域，同时对仍从事经济活动的商业类国企进行竞争中立的规制。

西方国家同样存在类似于"国退民进"、政府尽量少参与经济和干预经济的思想。早在1791年，当美国联邦党人汉密尔顿的《制造业报告》声称要通过进口税、奖励金（补贴）等方式促进制造业发展时，就被杰斐逊和麦迪逊批判为违宪、违反"有限政府"原则。① 在"一战"时，西方国家曾一度放弃"自由放任主义"转向"凯恩斯主义"，但"一战"结束后流行的口号却是"回归正常的商业运作"。即使在冷战时期，美国政府欲以国家经济力量与苏联对抗的想法也受到质疑，因为其被认为"与通常的商业活动如此地不同"。② 自1957年的《罗马条约》开始，欧盟就明确规定国家援助制度作为竞争政策的有机组成部分，并欧盟委员会负责执法以避免成员国的国家援助措施不当地扭曲竞争、影响内部市场的贸易。③ 政府限制国营贸易、消减歧视从而减少对国际贸易的影响，在20

---

① 彭岳：《贸易补贴的法律规制》，法律出版社2007年版，第71~74页。

② John N. Hazard, State Trading in History and Theory, *Law and Contemporary Problems*, Vol. 24, No. 2, 1959, pp. 243-245.

③ Commission of the European Communities, State Aid Action Plan-Less and Better Targeted State Aid: A Roadmap for State Aid Reform 2005-2009, 2005, p. 3.

世纪甚至被一度认为是一项道德义务。① 当前，欧美在国际核心技术竞争中开始频繁转向产业政策，"修昔底德陷阱"则进一步加剧国际竞争失控、失序的风险。幸而，如此复杂的国际局势下仍旧存在一些理性的声音。比如 2021 年 4 月，某一欧洲智库的政策评论就批判欧美自相矛盾的做法——一边反对他国国企和政府补贴措施，一边又推出涵盖国家补贴和监管特权的产业政策。②可见，尽管"经济利维坦"有为了私利而"脱缰"的冲动，有限政府、法治政府的准则却仍为理性政府手中的"缰绳"。

## 三、政府参与经济的原则：谦抑主义

政府的起源与国家学说理论决定了在工业化时代和后工业化时代政府参与经济活动时要保持谦抑与克制。换言之，政府并非不可以参加经济活动，但必须受到规范与约束，要讲求经济治理效果，政府自身则要保持谦抑和警觉。谦抑主义不仅适用于政府在一国国内的经济参与，同样也适用于国际经济领域。

### （一）谦抑主义的内涵

凯恩斯主义经济学的兴起，宣告终结了政府是否应该干预市场的世纪争论，但却开启了政府应该如何干预市场的曲折探索。在建设现代市场体系的要求下，"全能政府"父爱主义之下的国家建构主义成为过去，经济法的谦抑性和规制机构的谦抑规制或曰后规制开始成为主流。③ 从内容上看，谦抑主义是指政府参与或干预经济要保持必要的谦恭、谦让，优先让市场发挥资源配置的作用。从文义上看，"谦抑性"是指"收敛性""克制性""限制性"，其含义与"扩张性""膨胀性""干预性"相对应，"谦抑性"具有拟人化词汇色彩，借指法亦具有那

①　Marc Ouin, State Trading in Western Europe, *Law and Contemporary Problems*, Vol. 24, No. 3, 1959, p. 416.

②　Fredrik Erixon, The Good, the Bad and the Ugly: Taking Stock of Europe's New Trade Policy Strategy（No. 7/2021），2021, p. 11, at https://ecipe.org/wp-content/uploads/2021/04/ECI_21_PolicyBrief_07_2021_LY04.pdf, last visited on December 7, 2023.

③　孙晋：《谦抑理念下互联网服务行业经营者集中救济调适》，载《中国法学》2018 年第 6 期，第 159 页。

种只有人才具备的谦抑品性。① 在法学中,"谦抑性"或"谦抑主义"最早使用于刑法学界,其基本含义是指立法者应当力求少用甚至不用刑罚来获取最大的社会效益、有效地预防和控制犯罪,这相当于要求刑法的适用应当严格作为最终性的制裁手段而存在,对于刑罚这一"大规模杀伤性武器"刑法要表现出低调的谦和性。② 这一逻辑被学者类比运用到经济法学界,刘大洪教授提出在处理政府与市场关系时要杜绝"泛干预主义"倾向的发生,要以"谦抑主义"来正确处理政府与市场的关系,国家干预经济手段就应像刑法和刑罚一样具有"补充性"和"最后手段性",只应在市场机制失灵时发生作用。③ 谦抑主义和谦抑理念的提出为解决市场失灵过程中国家干预如何发挥作用提供了良好的指引,明确提出了市场优先的决定论、遵循比例原则、加强对权力的监督、力求在法治轨道上适度干预和谨慎干预的要求。

## (二) 遵循谦抑主义的原因

首先,从社会发展的历史看,政府的主要职能应该是集中于基本的国家安全和社会保障,而不是大量进入市场经商谋利、与民争利。霍布斯曾指出,主权者或国家的职责有三:一是对抵御敌人侵略,保障国家安全;二是对内维护社会的和平与安宁;三是保障人民通过合法的劳动生产致富。④ 随后 17 世纪的古典自由主义传统进一步指出,设立政府的主要目的是保护每个人的权利和自由,强调以分权制衡的方式构建有限政府。⑤ 20 世纪初的公法学说则进一步指出现代国家职能已从主权的统治转向公共服务。⑥ 德国于 1938 年提出的以给付行政作为行政目的之生存照顾(生存照料)责任理论,政府的职能被定位为对国民的"生

---

① 黄温泉:《论行政行为的谦抑性——从"馒头必须是圆的"谈政府行为的边界》,载《江汉大学学报(社会科学版)》2012 年第 1 期,第 72~73 页。

② 刘大洪、段宏磊:《从"国家干预"到"谦抑干预"——谦抑性理念下中国经济法学逻辑起点之重构》,载《经济法研究》2015 年第 1 期,第 89 页。

③ 刘大洪、段宏磊:《从"国家干预"到"谦抑干预"——谦抑性理念下中国经济法学逻辑起点之重构》,载《经济法研究》2015 年第 1 期,第 89 页。

④ [英]霍布斯著,黎思复、黎廷弼译:《利维坦》,商务馆 2020 年版,第 136~139 页。

⑤ 王建勋:《驯化利维坦——有限政府的一般理论》,东方出版社 2016 年版,第 2 页。

⑥ [法]狄骥:《公法的变迁》,商务印书馆 2013 年版,第 42~43 页。

存保障义务"，它包含了社会保障行政、公共设施及公企业等以劳役及财货提供之供给行政、以及资金补助行政所形成之助长行政，比如水、电、瓦斯、电气之供给、交通、邮务、电话、电报之供给、保障保健卫生、老人、残障、疾病、失业等之关照。此类观念也为多数现代国家政府所接受，即政府的主要职能就是对国民的生存保障义务，是提供公共服务、"为人民服务"，故而现代行政的任务又被称为"生存照顾"。①

　　其次，从思想渊源的角度看，一些制度经济学理论为"谦抑主义"提供了经济学上的理论基础。"二战"后，随着全球化以及现代经济社会的发展，国家也开始频繁地参与经济活动，国家的职能从传统的国家安全转向了经济发展，甚至连新自由主义学派的重要代表人物哈耶克也认为"最小国家"将"实施法律和抵御外敌当成政府仅有的两项合法职能"的论说是一种误解。② 相反，哈耶克承认，"在发达社会中，政府应当运用它所享有的经由征税而筹集资金的权力，并由此而为人们提供市场因种种缘故而不能提供或不能充分提供的一系列服务……作为公共资源的管理者，政府按照合法方式开展上述完全合法的活动的领域是极其广泛的"。③ 但是，政府如因特殊原因介入经济领域时，应该保持谦抑克制并遵循市场经济规律。诺贝尔经济学奖获得者道格拉斯·C. 诺思在提出国家理论、讨论国家与产权关系时就指出，"国家的存在是经济增长的关键，然而国家又是人为经济衰退的根源"。④ 布坎南的公共选择理论则以"经济人"假说为其基本行为前提，认为政治领域中的个人也是自利的、以自己的利益最大化为行为准则，因而也会出现"政府失灵"。⑤ 布坎南的"政府失败"理论把传统的"经济

　　① 陈新民：《公法学札记》，法律出版社 2010 年版，第 40~42 页。

　　② ［英］弗里德里希·冯·哈耶克著，邓正来、张守东、李静冰译：《法律、立法与自由》，中国大百科全书出版社 2000 年版，第 331 页。

　　③ ［英］弗里德里希·冯·哈耶克著，邓正来、张守东、李静冰译：《法律、立法与自由》，中国大百科全书出版社 2000 年版，第 332 页。

　　④ ［美］道格拉斯·C. 诺思著，陈郁、罗华平等译：《经济史中的结构与变迁》，上海人民出版社 1994 年版，第 20 页。

　　⑤ James M. Buchanan and Gordon Tullock, *The Calculus of Consent Logical Foundations of Constitutional Democracy*, Liberty Fund, Inc. , 1999, pp. 18-22.

人"假设运用到政府的管理过程中，他认为政府中的管理者会像市场交易中的一方当事人一样，把追求个人利益最大化作为个人一切行动的出发点，由于个人追求私利的出现，便导致了政府活动并非能够做到全能有效。据此，布坎南认为必须建立一个以竞争为基础的有限政府以代替"全能政府"。

再次，政府为了解决市场失灵而予以规制管理，但政府本身也会出现"失灵"，故而政府履行职能时需要采取放松管制、竞争评估、监管效果评估、问责等方式予以制约。政府对市场进行规制源于对"市场失灵"与"私法失灵"的纠正，然而，囿于规制惯性，政府未必能适时退出市场领域，致使"规制失灵"时有发生。正如奥格斯曾指出，规则的不完美不会消弭规制反而会催生出更多规制。① 因而，政府无论是公共职能还是经济职能，都需要采取放松管制、促进竞争等更优的方式来实现，需要进行监管效果的评估。20 世纪 80 年代以来，以法治、政企分开、有效竞争为内容的放松经济管制已成为西方世界的主流。② 新公共管理改革运动正是这种潮流的体现，其提倡政府"掌舵"而不是去"划桨"，认为公共管理者的基本职责是组织安排政府给公众提供公共服务而不是直接去提供服务，若可促进竞争、降低成本、提高经济效率就可采用外包、民营化等手段。③ 21 世纪初至今，OECD 还推出了一系列的监管评估指南，提出要用规制影响分析（RIA）工具来对政府规制效果进行评估。④

最后，从国家的具体实践角度看，很多国家都在政府干预经济、采用国有企经济模式时坚持了"谦抑主义"。以德国的立法与实践为例。《魏玛帝国宪法》第五章第 151~165 条就曾规定，现代化国家承担着对"经济生活"的正确秩序的、广泛的责任，经济生活的秩序必须符合那些以保障所有人生存尊严为目的的

---

① ［美］奥格斯著，骆梅英译：《规制：法律形式与经济学理论》，中国人民大学出版社 2008 年，第 343 页。

② 王俊豪：《政府管制经济学导论——基本理论及其在政府管制实践中的应用》，商务印书馆 2013 年版，第 450~463 页。

③ ［美］罗森布鲁姆等著，王丛虎译：《公共管理的法律案例分析》，中国人民大学出版社 1999 年版，第 87~89 页。

④ OECD, Regulatory impact analysis, https：//www.oecd.org/regreform/regulatory-policy/ria.htm, last visited on December 7, 2023.

正义的基本原则。德国实行社会市场经济制度，国家的任务是保障经济自由和法律上的平等，联邦只有在履行特殊的联邦任务公共任务时才能参股。联邦政府要参与设立私法法人形式的企业或者参股已有的私法法人形式的企业，必须满足下列条件：存在重要的联邦利益，并且没有其他方式可以更好地、更经济地实现联邦所追求的目的；联邦出资特定的金额；联邦在监事会或者相应的监督机构中获得适当的影响力；要确保依法编制和审计年度决算和情况报告；获得联邦财政部的同意。① 重要的联邦利益往往涉及经济政策、基础设施、文化研究、科学艺术等公共领域的事务。尤其地，德国意识到国家参股的合法性处于动态变化之中而需要随时调整，当私人可以同样好地完成国家任务时联邦就退出参股。②

## 第四节　竞争中立：新公共管理理论及其影响

作为更先进文明的后工业化时代，人类社会更需要构建包括"良法"和"善治"两个维度的统一开放、竞争有序的现代经济体系。处理好政府与市场的关系除了要求政府保护"谦抑主义"之外，还要能促进现代竞争法制度的发展。只有自由、有序且公平的市场竞争才能实现资源优化配置和经济可持续高质量发展。③公平竞争是市场经济的核心要义，维护公平竞争作为政府干预市场的最核心理念和最基本操守，已经得到越来越多的认同；同时，市场竞争机制和宏观调控政策分别作为"无形之手"与"有形之手"的主要载体，竞争中立成为新时代调解两者之间紧张关系的最优路径。④ 政府无论是以国有企业还是以产业政策的方式参与或影响经济，如果能够遵守竞争中立的要求，那么也就相当于实践了谦抑主义。涉及新型的政府管理模式的新公共管理运动对竞争中立影响重大，是对竞争中立进行理论阐述的重要视角，下文将对其展开讨论。

---

① 王东光：《德国联邦公共企业的监管制度》，载《法学》2014 年第 6 期，第 74 页。
② 王东光：《德国联邦公共企业的监管制度》，载《法学》2014 年第 6 期，第 75 页。
③ 孙晋：《公平竞争原则与政府规制变革》，载《中国法学》2021 年第 3 期，第 195 页。
④ 孙晋：《公平竞争原则与政府规制变革》，载《中国法学》2021 年第 3 期，第 195~196 页。

## 一、新公共管理运动的兴起、内容与原因

### (一) 新公共管理运动的兴起与内容

"新公共管理"是政府管理研究领域的一种新理论以及新实践模式，又被称为"新公共管理""管理主义""以市场为基础的公共行政学""后官僚制模式""企业化政府"理论等，是自20世纪70年代中期以后在西方国家兴起并盛行全球的公共管理改革。波立特（C. Pollitt）在《管理主义和公共服务：盎格鲁和美国的经验》一书中提出，"新公共管理"主要由古典泰勒主义的管理原则所构成，强调商业管理的理论、方法、技术及模式在公共管理中的应用。

从管理学角度看，与公共产品提供方式多元化相关且最为重要的理论是新公共管理理论。作为一种行政改革实践，20世纪80年代兴起的"新公共管理"以"新公共管理"或"管理主义"为指导，以"经济、效率和效益"为目标的管理改革运动，内容涉及公共管理尤其是行政管理的体制、过程、程序及技术等各个方面，具有市场导向、私有化、分权、放松管制、结果控制、绩效评估、顾客至上等特征，尤其强调在公共部门引进私营部门的管理经验。从表现形式上，"新公共管理"的"新"体现在采用与传统公共行政截然不同的管理方法和技术，比如高度认可企业管理理念、方法及技术，在公共部门管理中引入市场竞争机制，从权力集中到分权下放，通过引入私人部门改善政府的公共服务供给，通过科学的考核提高政府绩效，打破政府垄断专权的局面。[1] 这一当代西方的新行政改革的内容可归纳为三方面：社会、市场管理与政府职能的优化，包括非国有化、自由化、压缩式管理等；社会力量的利用和公共服务社会化，包括政府业务合同出租，以私补公，打破政府垄断，建立政府部门与私营企业的伙伴关系，公共服务社会化；政府部门内部的管理体制改革，包括建立与完善信息系统、分权与权力下放、部门内部的组织结构改革、公共人事制度改革、提高服务质量，以及改善公共机构形象、公共行政传统规范与工商企业管理方法的融合等

---

① 王佃利、展振华：《范式之争：新公共管理理论再思考》，载《行政论坛》2016年第5期，第81页。

内容。①

英国是新公共管理运动重要发源地之一，1979 年撒切尔夫人上台以后，英国保守党政府就推行了西欧最激进的政府改革计划，开始推行以注重商业管理技术、引入竞争机制为特征的新公共管理改革。"新公共管理"以顾客导向、改善服务、引入市场竞争机制为重要特征，促使提供公共物品和服务的公共部门接受市场检验，各公共部门之间、公共部门与私人部门之间为公共物品和服务的提供展开竞争，尤其是通过公开投标，赢得竞争并提供优质服务的单位才能生存与发展。② 美国的"新公共管理"早在 1978 年卡特政府的"文官制度改革法案"中就体现出明显的管理主义，里根政府则大规模削减政府机构和收缩公共服务范围，为提高政府效率将私人部门成功的管理方法引入公共部门管理领域之中。1993 年克林顿政府则推出"重塑政府运动"，目的在于创造一个少花钱多办事的政府，其基本内容包括精简政府机构、裁减政府雇员、放松管制、引入竞争机制以及推行绩效管理。③

新公共管理运动是公共部门管理特别是政府管理中的一次重大突破，是对传统的公共行政的替代。传统的理性官僚制是建立在伍德罗·威尔逊的"政治与行政"二分理论和马克斯·韦伯的"理性官僚制"基础之上的。依据传统的公共行政模式，韦伯的官僚制或科层制被认为是政府运作的最佳方式；公共物品及服务应由政府机构提供，即政府是公共物品的唯一提供者；政治与行政分开，文官在政治上保持中立；行政被当作一种特殊的管理形式，必须由终身受雇的职业化的官僚来担任。④ 尽管这种模式曾在公共管理中发挥过重要的、积极的作用，但是，随着西方世界由工业化社会向后工业社会或信息社会的转变，传统的公共行政管理模式越来越不适应现实需要，其基本原则受到了严峻的挑战。工业时代发

---

① 周志忍：《当代国外行政改革比较研究》，国家行政学院出版社 1999 年版，第 30～37页。

② 陈振明：《走向一种"新公共管理"的实践模式——当代西方政府改革趋势透视》，载《厦门大学学报》2000 年第 2 期，第 77 页。

③ 陈振明：《走向一种"新公共管理"的实践模式——当代西方政府改革趋势透视》，载《厦门大学学报》2000 年第 2 期，第 77 页。

④ D. Hughes, *Public Management and Administration：An Introduction* (2nd. ed.), Macmillan Press LTD, 1998, p. 1.

展起来的官僚体制、专注于各种规章制度及其层叠的指挥系统，已经变得机构臃肿、浪费严重、效率低下。尤其是政府机构作为公共物品及服务的唯一提供者的垄断地位已经动摇，各种私人公司、独立机构和社会团体参与公共物品及服务的提供，不同的政府机构也为提供相同的公共物品及服务而展开竞争。① 新公共管理运动正是为了克服传统的公共行政模式的弊端而出现的，是公共管理实践变化的必然产物。

新公共管理运动理念其实早在 19 世纪就有学者提出。法国著名公法学家狄冀在讨论公法变迁时认为，古典自然法所认定的公法精神，诸如"天赋人权""主权在民"或"有限政府"等，并不能清楚地解释政府与公民的关系以及政府职能在许多领域扩张的事实，比如政府提供的养老、失业和医疗保险等社会保障服务。他认为，只有公法精神定位于"公共服务"才能解决理论和实践中存在的问题。② 学者认为，狄冀是从"社会团结关系"的角度来解释上述理论的，具有后来的社会功能学派观点的某些雏形，但是"社会团结关系"又仅是一种含糊的设定而欠缺操作性，并且也没有明确说明政府应当提供哪些公共服务以及如何提供公共服务，没有更具体的说明或证明。③ "新公共管理运动"中的新理念正是在狄冀的基础上进一步发展了公共服务观念，其提倡作为公法精神的公共服务观念，以公民理性需要的满足程度作为衡量公法正当与否的基本标准。

## (二) 新公共管理运动产生的原因

20 世纪下半叶，人类社会开始由工业社会向后工业社会转变，全球化、信息化和市场化成为新的时代特征，对公共管理也提出了新的时代要求，新公共管理运动应运而生。

首先，西方国家出现严重的经济危机和财政危机。新公共管理的出现与当代西方社会 20 世纪 70 年代所面临的经济滞胀、政府失败、政治和社会矛盾等问题

---

①　陈振明：《走向一种"新公共管理"的实践模式——当代西方政府改革趋势透视》，载《厦门大学学报》2000 年第 2 期，第 83 页。

②　[法] 狄冀著，郑戈译，《公法的变迁》，商务印书馆 2013 年版，第 72~79 页。

③　贺林波、李燕凌：《作为公法精神的公共服务——基于规范与事实的视角》，载《湘潭大学学报（哲学社会科学版）》2013 年第 6 期，第 72 页。

紧密相关。石油危机之后的经济衰退引发了西方各国高额的财政赤字、信任危机和政治治理危机，进而出现一系列新的社会与政治问题，直接引发了政府的改革。尤其在凯恩斯理论指导下，西方政府热衷建立大而全的政府导致政府规模和开支急剧增长，再加上人口老龄化速度加快对保障支出的需求不断增长，财务危机进一步凸显。政府单纯靠增加税收的传统方法来解决财政危机已经不再适用，必须要通过改进政府管理、提高政府运作效率的新方式才能解决财政危机，现实困境催生了新公共管理运动的产生。此外，财政赤字和急剧削减的预算必然也会影响到政府组织和功能，引起政府管理的变化。

其次，西方社会出现政府管理危机，旧的管理模式失效。传统公共行政诞生于 19 世纪末 20 世纪初，并在 20 世纪 70 年代以前一直构成西方政府主要的管理模式，但是传统的理性的官僚体制却不能适应时代的新发展要求。传统公共行政有四个特点：其一，政府组织及其结构应根据官僚体制（科层制）的原则建立，即政府管理体制以韦伯的科层制理论或模式为基础；其二，只能由政府机构来提供公共物品和服务；其三，主张政治事务与行政事务分开以保证责任制的落实；其四，官僚职业化并终身受雇。[1] 传统公共行政学理论及实践模式是与西方工业社会的政府管理相适应的，但是，随着时代的发展，以等级为划分、权力集中、控制严密、透明度差的官僚体制被认为是过时的、僵化的和无效率的，私人部门中发展起来的管理方法和技术开始冲击政府部门作为公共物品唯一提供者的垄断地位，市场机制在公共部门中发挥着越发重要的作用。

最后，新科技和信息时代的发展要求。在全球化的浪潮下，政府和企业一样，各国不同的政府会在更大程度和更大范围内进行全球性的行政管理竞争。一方面，全球化要求一国的行政管理能够根据国内外瞬息变化的形势迅速做出战略调整，全力保护和促进本国在全球竞争中的利益并有效地促进本国福利的提高。另一方面，20 世纪 70 年代以来，以计算机、互联网和通信卫星为主要标志的信息技术革命促成了"地球村"的形成，信息时代促使政府行为方式的改变。信息技术的高速发展为公共行政提供了强大的技术支持和保障，政府办公趋向于网络

---

① Owen Hughes, *Public Management and Administration*：*An Introduction*（2ed.），ST. Martin s Press Inc.，1998，p.1.

化、电子化、自动化和透明化，不再需要很多的行政管理中间环节，政府组织机构需要更加扁平化，并且公民和社会团体更容易参与公共管理活动，对公共行政的回应性也提出了更高要求。

## 二、新公共管理运动对国企及国企规制的影响

新公共管理运动对当代西方政府管理实践及模式产生了深刻的影响。有学者将新公共管理改革对英国的公共部门管理以及公共服务的影响概括为四大方面：第一，大规模的私有化，许多国有企业被卖给工人和股东，公共部门从直接的经济活动中退出；第二，公共部门履行社会政策职能要遵循管理化和市场化要求，引入招标、合同承包等竞争机制；第三，公共部门及公共服务领域注重效率和质量，要求"少花钱多办事"，运用竞争绩效、成本指标、加强成本核算、强化审计系统等多种方式确保公开与高效；第四，"维持现状的管理"向"变迁的管理"转变，要求更透明、积极和个性化的领导方式，采用战略性的、更人性化的管理方式。① 由于国有企业属于政府管理中的一个重要政策工具，新公共管理运动必然也影响西方国家对国有企业及国有企业规制的认知和实践。

首先，新公共管理运动催生了 20 世纪 80 年代的私有化浪潮，西方国家的国有企业大量地退出经济或公共服务领域。既然新公共管理运动以经济、效率和效益为目标，那么作为政府投资形态的国有企业经营效率低下、长期亏损显然是违背新公共管理主义的。撒切尔政府当时就意识到实行私有化可以遏制政府的财政赤字，还可通过对国有企业的出售获得大量的财政收入以弥补公共部门的需求，为政府控制通货膨胀和减税提供可能。于是，撒切尔政府掀起了私有化浪潮并影响了诸多的西方国家，它们将许多国有企业出售或以其他形式进行私有化，公共部门从直接的经济活动中撤离。② 对于依旧保留的国企，尽量将其限定在公共服务提供的领域，当前美国和欧洲国家国内的国有企业或公共实体多数处于公共产品或服务提供领域。

---

① Ewan Ferlie et al, *The New Public Management in Action*, Oxford University Press, 1996, pp. 3-6.

② 陈振明：《走向一种"新公共管理"的实践模式——当代西方政府改革趋势透视》，载《厦门大学学报》2000 年第 2 期，第 82 页。

其次，新公共管理运动对公共产品的供给机制产生了极大的影响，打破了公共行政范式中政府作为公共服务唯一供给者的垄断局面，国有企业只是公共服务职能实现的方式之一。新公共管理运动引导政府以多元的方式提供公共服务方式，大大促进了公共事务治理的市场化、社会化，拓展了公共服务供给的范围、幅度和多样性。因此，如果私人能够提供更好的公共服务，国有企甚至没有存在的必要。学者指出，一旦提供公共物品及服务的机构是在明确的合同之下运作的，那么就没有任何特殊的理由说明它们为什么一定非是政府机构不可。[1] 在新公共管理主义看来，政府的公共服务职能实现方式多样，政府对公共产品的供给并非意味着必须由其直接亲自提供。政府是最终的供给主体或责任人，可以直接或间接地向社会提供公共产品。无论是公有化还是民营化，都要确保公共产品的供应、质量和效率。从经济学角度看，在早期，政府垄断公共产品的生产、供给和管理的全部活动，主要是以无偿或低价的方式直接向使用者提供服务，但是，随着人们对公共产品需求的不断增长，政府单一供给模式的弊端日益显露。因为政府预算扩张动机等"内部性"问题和信息的不完全会使公共产品单位成本上升，再加上投资渠道单一、建设资金不足等多重因素严重制约了公共产品的有效供给。[2] 但是，现代社会的产品供给其实已经发展为复杂多元的分工体系，不同的生产和产品提供完全可以由不同的个体或组织完成。从行政法学角度看，政府提供公共服务属于给付行政的内容。政府可通过创设国有企业直接提供公共服务，也可通过合同外包、政府间合作与公私混合等间接的方式，甚至可通过对公益基金会的减免税费等方式来向社会提供公共服务。行政机关对于给付行政的实施方式享有较大的选择自由，其得以公法形态为之，例如直接做成授益行政处分，或与人民签订行政契约或以事实行为实施之。行政机关亦可采用私法形态，履行给付行政之任务，例如以签订私法契约的方式提供低利贷款。故给付行政可有多种的行政行为形式，包括行政处分、行政契约、行政指导或事实行为，并不存在固定统一的形式。显然，在新公共行政管理理念的影响下，国有企业似乎并没

---

[1]　陈振明：《评西方的"新公共管理"范式》，载《中国社会科学》2000年第6期，第76页。

[2]　胡改蓉：《论公共企业的法律属性》，载《中国法学》2017年第3期，第148页。

有存在的必要，如果必须要存在，那么其存在的正当性基础一定是提供公共服务。

再次，新公共管理运动提倡采用竞争化管理模式，鼓励私人参与公共产品的供给，国有企业也必须与私人一样平等地参与竞争。新公共管理主张用市场的力量来改造政府，在公共部门中引入市场机制，以提高公共物品及服务供给的效率。引入市场竞争机制这一特征则明显地体现在 1979 年以来英国公共公司以及公共机构的私有化浪潮之中，也反映在 1992 年梅杰政府的"为质量而竞争"的政策文件上，它们促使提供公共物品和服务的公共部门接受市场检验，各公共部门之间、公共部门与私人部门之间为公共物品和服务的提供展开竞争，尤其是通过公开投标赢得竞争并提供优质服务的单位才能生存与发展。① 美国经济学家科斯在其经典论文《经济学上的灯塔》中很早就提出公共产品并非仅能由政府提供的观点。根据科斯的研究，英国从 17 世纪开始，灯塔一直主要是由私人提供。私人从国王那里获得建造灯塔的专利权，国王允许私人向船只收费。到 1820 年，英格兰和威尔士共有 46 座灯塔，其中私人建造的达 34 座。② 可见，公共产品完全可以通过市场机制由私人提供而不必受限于政府的直接提供。公共产品的供给模式已经从政府单一模式走向了政府与市场的二维模式。私人资本通过投资企业的方式，可与国有企业一同竞争、共同参与公共产品的供给。换言之，西方国家的国有企业一样要接受市场的考验，要与私有企业平等地展开竞争。

最后，新公共管理运动对中国政府管理和国有企业制度有一定的借鉴意义，中西在公共行政管理和国有企业规制方面可以找到交汇点。当前中国仍处于向市场经济的转轨时期，市场经济的发展要求转变政府职能，建立起一个灵活、高效、廉洁的政府，形成新的管理模式。新公共管理运动所具有的技术主义、科学主义、专业主义和企业逻辑对中国具有重大的借鉴意义。③ 现阶段中国正在不断深入推进行政体制和机构改革。从宏观历史的角度看，我国政府公共服务职能的演变经历了 3 个阶段。第一阶段（1949—1978 年），政府主要是一种统治型政府，

---

① 陈振明：《评西方的"新公共管理"范式》，载《中国社会科学》2000 年第 6 期，第 77 页。

② 胡改蓉：《论公共企业的法律属性》，载《中国法学》2017 年第 3 期，第 145 页。

③ 刘耀东、宋茜培：《公共行政中的现代性：历史逻辑、发展趋势与策略选择》，载《兰州大学学报》2019 年第 3 期，第 35、38 页。

其公共服务职能表现为维持性公共服务职能；第二阶段（1978—2002年），我国政府偏向于发展型政府，且公共服务职能更多地偏向于经济性公共服务职能；第三阶段（2002年至今），政府转变为服务型政府，且趋向于社会性公共服务职能。从历史制度主义的视角看，政府职能转变会受到多种因素的影响，包括：经济体制的转变、新观念的引入、制度环境因素、路径依赖以及关键节点。① 比如，以第一阶段为例，中华人民共和国成立之初，面临的最紧迫的问题是如何振兴国民经济、提高人民的生活水平。为达到这一目标，新中国通过计划经济手段掌握国民经济命脉，并通过经济手段重新分配物资和调节商品供求与流通；随后随着改革开放和社会主义市场经济的建设，才决定政府公共服务职能从维持性发展到经济性以及当前的社会性。当前，中国的某些行政管理也开始出现官僚制过度的情形，比如行政审批手续繁杂、政府机构臃肿等。多数的国有企业尽管已经进行了公司化改革，但也仍存在不同程度的政企不分、身份不独立、效率不高的问题。那么，如何在市场经济条件下处理好政府与市场的关系、形成新的行政管理模式、完善国有企业制度、保障公共服务职能的实现，当代新公共管理的价值取向和内容对于解决上述问题具有重要的参考价值。新公共管理运动为公共产品供给方式的多元化提供了直接的理论支持，政府不再是公共服务的唯一提供者，其与民间的合作亦日益增多。由此，公共产品既可以由政府提供，也可以由市场提供，国有企业可依此找到存在的正当性基础，也必须面对市场经济规律和公平竞争的挑战。

## 第五节　国企补贴规制：公共财政资金使用的监督

通常的实践中，国企比私营企业更容易获得政府的补贴，也可能以"公共机构"的身份向其他市场主体提供补贴。国有企业新规则中最重要的内容就是对国企补贴行为进行规范和控制。国企补贴属于广义上的政府补贴内容，其本身就意味着公共财政资金的使用和财政支出责任，无序或滥用的国企/政府补

---

① 金晶：《中国政府公共服务职能定位演变的历史逻辑——基于新制度主义视角》，载《中国管理信息化》2017年第3期，第192页。

贴会扭曲财政资源的利益分配结构并导致公帑的浪费。区域贸易协定的新型反补贴规则开始出现新的指导思想，即加强对政府公共财政资金的国际规范和监管。比如，欧盟推出的最新反补贴规则就明确必须是建立在特定的公共政策目标、纠正市场失灵、实现公平等基础之上，而且要求遵循必要性、相称性、不可替代性和效益评估等原则。下文将通过分析政府补贴理论探析国企补贴规制的逻辑。

## 一、政府补贴行为的普遍性和两面性

政府补贴往往被用以促进产业和经济的发展。世界各国在历史上都存在着一定的产业补贴实践。比如，欧美国家在20世纪60年代重点对造船业、航运业和电子工业进行补贴，进入70年代则主要对农产品进行补贴。时至今日，即使是"宣称不提供补贴"的美国，也在次债危机后为救助汽车产业、引导新能源汽车产业而提供大量的补贴。美国在特朗普贸易新政期间曾态度强硬地要推出新型反补贴规则，但却又于2022年8月9日正式签署《2022年芯片和科学法案》（*CHIPS and Science Act 2022*），计划将对芯片行业提供520亿美元的补贴、对半导体和设备制造提供25%的投资税收抵免等扶持政策，而这被认为是史上极罕见的针对单一产业的高额补贴的法案。[①] 对于中国而言，由于经济转型升级的需要，政府在风电、光伏、新能源汽车等新兴产业领域进行了大量针对企业的直接补贴，同时也在家电下乡等项目中对消费者给予了间接补贴。[②] 显然，随着国家间经济和高科技竞争的加剧，各国更充分认识到发展战略型新兴产业是带动经济发展的突破口。但新兴产业的技术研发和创新活动又具有很大不确定性和外部性，如果政府能通过补贴或其他方式予以支持，那么该国的新兴产业就能有可能抢占先机、获得更快、更好的发展。可见，政府补贴或财政补贴作为国家干预经济的重要手段，能够促进产业结构调整和转型升级、平衡和加速地区间的经济发展，具有积极的作用。

---

① BBC News：《美国总统拜登签署芯片法案 企业如何在中美间"选边站队"》，https：//www.bbc.com/zhongwen/simp/world-62420404, last visited on December 7, 2023.

② 姚海放：《论政府补贴法治：产业政策法、财政法和竞争法的协同治理》，载《政治与法律》2017年第12期，第14页。

财政补贴能够纠正市场失灵、稳定市场机制、促进地区间的经济平衡发展、实现社会公共政策目标。尤其地，财政补贴能促进产业结构的转型升级和高科技行业的发展。当政府运用财政资金对特定企业或行业进行补贴时，该企业或行业就会获得巨大的发展资源。新兴产业的发展以及落后产业的调整往往又都需要大量的资金来进行运作，而国家财政补贴则可发挥重要的作用。在经济竞争和科技竞争尤为激烈的当下，各国更加重视通过财政补贴来推进产业结构的转型升级、发展人工智能等高科技行业。

但是，从功能上看，财政补贴又是一把双刃剑，具有不容忽视的负面作用，可能会影响市场的正常运作和公平竞争。制度经济学对公共政策的研究指出，政府虽然具有重要的作用，但是政府同样会出现知识匮乏和失灵的可能，政府执行公共政策时也可能出现成本高昂的情形。[1] OECD 也指出，从长远来看，补贴和其他政府支持措施不利于被补贴对象，会导致企业自满并扼杀创新从而对国家的增长潜力产生连锁的负面效应，需要防止"逐底竞争"（avoiding a race to the bottom）。[2] 可见，政府补贴存在影响市场的正常运作和公平竞争的可能性。

首先，财政补贴会破坏市场结构。财政补贴能够改变商品的相对价格，而商品相对价格的变动能够引起整个社会资源配置的变动并影响公司的研发绩效、改变竞争的强度。[3] 此种市场结构的变化并非基于正常的市场竞争而致，而是由于财政补贴不正常地增强了受补贴企业的经济实力而引起的连锁反应，必然会扭曲产品市场、导致分配效率低下、破坏市场的正常分配。

其次，财政补贴会误导市场行为。过多过滥的财政补贴会大大地增加市场主体的逆向选择、过度冒险和寻租行为，会挫伤被补贴者通过改善生产经营来降低

---

① ［德］柯武刚、史漫飞：《制度经济学：社会秩序与公共政策》，商务印书馆 2000 年版，第 412 页。

② Jehan Sauvage, Why Government Subsidies are Bad for Global Competition（15 April 2019）, https：//www.oecd.org/trade/why-subsidies-are-bad-global-competition/, last visited on August 10, 2022.

③ 刘伟：《财政补贴的竞争法审查及其改进——兼论〈公平竞争审查制度实施细则〉（暂行）》，载《财经理论与实践（双月刊）》2018 年第 5 期，第 149 页。

成本的积极性，使得政府的偏好代替了私人主体的理性选择。① 以中国为例，近年来中国政府补贴政策的实施效果并不佳，不仅存在风能、光伏等新兴产业一哄而上以致出现产能过剩的情况，而且出现政府补贴的资金流向与补贴目标背道而驰的情形。② 对国有企业的不当补贴导致国有企业与政府间权责不明确、劣币驱逐良币，会强化国有企业已有的市场垄断地位并挤出民营企业，抑制创业活动。③

再次，补贴行为会破坏市场上的公平竞争。财政补贴会人为地增加被补贴者的竞争力、改变其市场地位，帮助被补贴者巩固或者扩大市场份额，阻止竞争对手的进入、扩张或诱导它们退出市场。实证研究表明，与政府建立政治联系的民营企业往往会获得更多的财政补贴，国有企业则能获得更多的财政补贴。但是，在全球市场一体化的时代，一国政府通过补贴或国有企业的方式参与国际经济活动往往会产生外溢效果，引发国际投资安全和公平竞争的问题。

最后，政府补贴会导致公共资金的浪费、破坏财政的公共性。新自由主义代表人物之一的弗里德曼就指出那只"看不见的手"作用大于那只"看得见的手"，在农业和福利措施领域较多的政府补贴虽然可帮助贫困农民，但是又会成为对公款的一种浪费、对资源的一种不恰当的使用。④ 确实，无论是给付型还是减免型的政府补贴，都是以减少当下的政府财政收入为代价的，如果政府补贴行为背离其良好初衷就是浪费公帑的行为，会损害社会全体民众的利益。⑤ 如果政府补贴企业的过度膨胀，就挤占民生和消费性支出，造成财政支出结构的扭曲，

---

① 刘伟：《财政补贴的竞争法审查及其改进——兼论〈公平竞争审查制度实施细则〉（暂行）》，载《财经理论与实践（双月刊）》2018 年第 5 期，第 149 页。

② 姚海放：《论政府补贴法治：产业政策法、财政法和竞争法的协同治理》，载《政治与法律》2017 年第 12 期，第 14 页。

③ 倪鹏途、陆铭：《市场准入与"大众创业"：基于微观数据的经验研究》，载《世界经济》2016 年第 4 期，第 3 页。

④ ［美］米尔顿·弗里德曼著，张瑞玉译：《资本主义与自由》，商务印书馆 1986 年版，第 191 页。

⑤ 王彦明、王业辉：《政府补贴的法理与规制进路》，载《河南社会科学》2015 年第 12 期，第 60 页。

破坏财政支出的公共性。①

## 二、政府补贴的本质和基本原则

### （一）政府补贴涉及公共财政资金的使用

政府补贴或财政补贴是国家有意识地通过财政资金对特定的行业、企业和居民所进行的一种补助和救济，是国家为了实现其特定政治经济目的而对经济进行干预的重要形式，而国有企业由于其特殊的身份经常会成为补贴的提供者或被提供者。在后疫情和全球经济衰退的时代，各国普遍涌现出各种财政补贴措施，国际社会革新传统的补贴与反补贴规则呼声日益强烈。要更好地了解新型反补贴规则的内涵与发展趋向，就需要从公共财政资金使用和监督的角度掌握其本质。

政府补贴本质上属于财政支出或财政转移支付的一种表现形式。学者们对政府补贴的本质有诸多探讨。施政认为，财政补贴实质上是政府基于公共政策的考量，把财政资金转移支付给特定对象的一种财政行为，属于转移性支出的范畴。② 姚海放认为，财政法学研究中也关注和涉及政府补贴制度，政府补贴的本质是政府无对价的资金拨付行为，属于财政支出的范畴。③ 徐阳光在对"财政转移支付"进行界定时将政府对企业的补贴也包括在内，他认为，财政转移支付法本质上是对国家财政资金支用权力的一种法律限制，需要将宪法精神和法治理念结合起来理解财政转移支付法。④ 可见，作为财政转移支付的一种形态，政府补贴的资金来源于公共财政资金，那么对政府补贴进行规制本质上就属于财政学上对公共财政资金的规制问题，政府补贴也就需要遵循公共财政资金的使用原则。

---

① 吕清正、郭志远：《我国政府补贴的法律治理》，载《江淮论坛》2017 年第 3 期，第 98 页。

② 施正文：《财政补贴与市场公平竞争》，载《中国工商管理研究》2014 年第 9 期，第 30 页。

③ 姚海放：《论政府补贴法治：产业政策法、财政法和竞争法的协同治理》，载《政治与法律》2017 年第 12 期，第 15 页。

④ 徐阳光：《财政转移支付制度的法学解析》，北京大学出版社 2009 年版，第 24 页。

　　一般而言，公共资金必然具有公共性，转移支出主要用于解决不同行政管辖区间财政支出能力的差距以及社会成员间的福利水平差距问题，而不是用于投资性支出或补贴。① 预算中公共资金的流向，反映了政府的政策选择的偏好和公共权力的政治意图，反映了国家的政治价值观。② 政府补贴相当于对企业的扶持，在预算公共资金中应该占相对少的比重，否则就变成政府干预经济。财政补贴与社会保障支出、购买性支出、政府投资一样，都属于政府配置资源的财政支出手段，都属于政府干预市场的范畴，是在市场调配资源之外政府利用财政权力对社会财源的再分配，财政补贴运用之领域实际上替代了市场对资源的配置作用。③

　　由于财政资金的使用属于一国主权内部事务，国际经济法最初在规制政府补贴时仅仅着眼于跨境货物的公平贸易。以中国为例，中国正处于国家财政向公共财政的转型过程中，公共财政的改革过程既涉及经济、社会、民生问题，更涉及政治问题，需要财政、政治和法律之间的良性互动，必是长期和艰难的过程。④显然，基于不干涉主权的原则，国际经济合作的初级阶段也只限于与边境事务相关的国际经贸事项。但是，随着政府补贴行为的外溢性越发明显，国际区域贸易协议中开始出现从规制公共财政资金使用的角度对政府补贴进行规制。如上文所述，《欧盟—英国贸易协定》首次在补贴规则设计中展现出对公共资金进行严格监管的思维，其要求缔约双方设置并维持有效的补贴控制制度，要求所实施的补贴必须是为了实现特定的公共政策目标并遵循相称性、必需的和不可替代性。这些要求表面上是确保补贴不对缔约双方之间的贸易或投资产生重大影响，但实质上更像是构建政府公共资金使用的国际性监督机制。

## （二）政府补贴规范的原则：法定性和比例性

　　既然政府补贴属于公共财政资金的使用问题，那么，政府补贴同样需要遵循

---

　　①　金相文：《公共预算改革及其对我国政府职能转变的意义》，载《公共管理科学》2004年第3期，第45页。

　　②　金相文：《公共预算改革及其对我国政府职能转变的意义》，载《公共管理科学》2004年第3期，第45页。

　　③　施正文：《财政补贴与市场公平竞争》，载《中国工商管理研究》2014年第9期，第30页。

　　④　熊伟：《财政法基本问题》，北京大学出版社2012年版，第4~7页。

公共财政学和财政法的基本原则，其中最重要的就是法定性和比例性原则。

政府补贴需要遵循法定性原则，需要立法的明确规定。熊伟教授提出，财政法的基本原则包括"财政民主、财政法定、财政健全和财政平等"，而财政民主主义是指财政的民主参与，财政法定主义是财政的形式规范，财政健全主义着眼于财政的安全稳健，而财政平等主义则着眼于财政的公平合理。① 其中，财政法定原则是指财政行为必须要有法律依据，必须得到法律的明确许可或立法机构的专门授权，只有在法律允许的范围内政府才享有财政方面的自由裁量权。② 如果立法上没有对补贴进行明确的规定和限制，那么政府就可能通过行政立法设定法定补贴，上级政府也可能以法定支出形式干预下级政府的预算分配，从而破坏《预算法》建立的预算规则，导致利益流向少数群体，因此有必要限制法定补贴的设立并且定期清理和调整。③

政府补贴需要遵循节约和比例原则。政府补贴是财政资源的无偿支出，其逻辑性和合理性极易受到质疑。因而，政府补贴应该遵循必要性和比例原则。政府补贴仅限于市场无能的领域范围，在需要政府介入的领域，如能采用其他对市场机制影响更小的产业措施，则政府补贴手段应当居后。同时，在采取某项补贴措施时应该遵循比例原则。比如，要考虑补贴的适当性、必要性和均衡性，补贴所能增进的产业目标与其产生的负面影响应被限制在一定的比例范围内。④

### 三、公共资金使用监督制度

依据公共财政理论，政府公共资金必然要受到严格的监督。现代国家理论下，公民与政府、政府组织内部之间形成的是"委托—代理"关系，政府承担着公共受托的责任。⑤ 公民需向政府纳税，政府承担着为公众提供制度、秩序、物

---

① 熊伟：《财政法基本问题》，北京大学出版社 2012 年版，第 35～36 页。
② 熊伟：《财政法基本问题》，北京大学出版社 2012 年版，第 42 页。
③ 吕清正、郭志远：《我国政府补贴的法律治理》，载《江淮论坛》2017 年第 3 期，第 99 页。
④ 姚海放：《论政府补贴法治：产业政策法、财政法和竞争法的协同治理》，载《政治与法律》2017 年第 12 期，第 17 页。
⑤ 财政部财政科学研究所课题组：《我国公共财政框架下财政监督问题的研究》，载《财政研究》2003 年第 10 期，第 58 页。

品和劳务等在内的公共产品的职能。公众委托政府提供私人部门无法通过市场配置而实现的有效供给，而政府则相当于国家或社会的代理机构，承担着公共受托的责任。但是，政府也有可能违背委托人的期望，产生"逆向选择"和"道德风险"问题。因而，在政府之外必须存在一个独立的机构对政府行为进行监督，以保证政府能按照委托人的意志行事。① 具言之，有必要建立一套健全的政府公共权力控制、约束、监督系统，运用严密和完善的财政经济内、外部监督机制以确保公共资源使用的合规性、实现公共财政支出效果的最大化。②

现代市场经济国家存在着对公共资金进行多层次、全方位、分环节的立体监督系统，多数国家（包括美国、法国、日本等）的预算公开性强、透明度高，且建立了相对完善的纳税人诉讼制度，社会公众具有较大的监督作用。从制度设计的角度看，国际上一般将财政资金监督制衡模式分为立法型、司法型、行政型和独立型共四种模式。其中，司法型财政资金监督制衡模式是指由审计法院或会计法院对财政资金分配、使用主体及其使用情况进行监督，议会只对国家财政实施宏观监管，该种模式以法国为代表；行政型财政资金监督制衡模式则是指财政机关对相关单位的财政资金运转情况进行监督，其以瑞典为代表；独立型财政资金监督制衡模式则是由独立机构负责国家财政预决算编制、会计财务的全面监察审计，其以日本为代表。③ 立法型财政资金监督制衡模式则主要是由立法机关主导对财政资金进行监督。④ 在该种模式下，由国会、财政机关和审计机关共同对财政收支进行监督，国会具有最高的财政监督权，审计机关隶属于国会、对国会负责。实行立法型监督制度的国家主要有美国、加拿大、澳大利亚等，其中美国的财政资金监督管理有较详细的法律依据和完备的程序。美国《宪法》《1921 年预算与会计法》等一系列法律对美国国会预算监督权有较为具体的规定，美国国会

① 冯俏彬：《我国财政监督的过去与未来于经济转轨和财政转型的背景》，载《财政监督》2010 年第 10 期，第 18 页。

② 财政部财政科学研究所课题组：《我国公共财政框架下财政监督问题的研究》，载《财政研究》2003 年第 10 期，第 58 页。

③ 参见李海川：《我国财政资金监督制衡机制问题研究》，载《南方金融》2014 年第 455 期，第 38、52 页。

④ 参见中国人民银行宜春市中心支行课题组：《财政资金监督制衡的国际借鉴与启示》，载《金融与经济》2015 年第 9 期，第 51 页。

下设的拨款委员会、预算委员会、国会预算办公室、审计总署、派驻监察员等部门职责明确，涵盖预算监督的整个环节。[①] 美国财政资金监督的主要特点为分工明确、财政资金监督法制化、重视对预算编制的监督管理和对用款部门的管理。[②]

对中国而言，目前已经建立起由人民代表大会、财政部门、人民银行、审计机关构成的国家财政资金监督制衡机制。中国的公共财政监督架构从宏观上看与发达国家的实践相似，但在立法、财政预算透明度、预算硬约束以及国库单一账户制度保障等微观方面仍在一定的不足，而政府补贴问题不过是这些问题的具象化之一。我国现行对国企的补贴、产业政策补贴仍欠缺规范和约束，财政补贴在产业扶持和经济发展方面并没有取得预期效果。中国未来进行补贴法制构建时，必须要抓住政府补贴的实质与逻辑才能明确国企补贴、产业补贴的规范思路，通过积极借鉴西方的先进实践经验才构建起与先进、高标准的补贴规范体系。

# 小　　结

当前备受关注的国企新规制确实存在"法律问题政治化"的倾向以及较明显的"对华针对性"，但是国企条款的历史起源、演绎发展过程又具有一定的客观性、必然性和正当性。对国企的国际经济活动进行市场化规范、公平竞争约束、补贴控制，既符合国际社会良法善治的要求，也符合国际社会历史发展的潮流大势。

对国有企业进行法律规制首先涉及国企的存废问题，即国有化或民营化的不同选择。20世纪以来，世界曾出现三次大规模的国有化和私有化浪潮。2008年经济危机至今，随着国家竞争的加剧、各种经济危机和疫情灾害的频繁出现，包括西方国家在内的政府又倾向于采用包括国企在内的各种政府支持经济措施。近

---

[①] 参见李海川：《我国财政资金监督制衡机制问题研究》，载《南方金融》2014年第455期，第38页。

[②] 参见中国人民银行宜春市中心支行课题组：《财政资金监督制衡的国际借鉴与启示》，载《金融与经济》2015年第9期，第51页。

现代的国有化与私有化浪潮都有其存在的原因。其中，国有化将国有企业作为国家的重要政策工具，利弊兼具，必须要客观全面地看待，尤其要关注其存在的弊端和问题，包括：国有化或国有企业经济效率普遍低下，法律性质不明、功能定位不清、影响市场规律和公平竞争等。无论是国家国有化还是私有化，都是国家经济社会发展过程中非常复杂的现象和问题。从本质上看，国有化与私有化都是国家发展社会、调控经济的政策工具和手段，涉及政府和市场的关系问题。国有企业或政府参与经济是一种客观存在或现象，会在不同时期有不同的变化。无论是选择国有化还是私有化，都要依据国情而定，要注意外部变量和条件。如果选择私有化，则尤其要注意公共服务提供的保障以及私有化过程中的国资流失、腐败、寡头垄断、贫富分化等问题；如果进行国有化或保持较大规模的国企，则要注重解决经济效率、公平竞争、腐败寻租、政企不分、与民争利等问题。无论是私有化还是国有化，都不可能一劳永逸地解决社会经济问题。

国有企业的法律性质是相关制度和规则构建的前提。对国有企业的身份定位或者身份"矫正"必然也会成为国际经贸治理的重要问题。西方法学理论一般把国企定性为商事主体和"公营造物"。当前国际贸易法中的公共机构争议案件、国际投资法中国企投资者仲裁资格等问题多数与中国国企有关。现代中国国有企业的发展与中国的经济改革紧密相关，受制于不同时期的国有企业改革要求，而当前中国国企改革最重要的内容则为分类改革。但是，实践中国企分类的标准以及分类后的国企定性仍存在诸多不确定性问题，国企身份困境仍难以彻底解决。中国国有企业身份困境的问题并非独有现象，而是经济转型期国家都会出现的问题。转型期的国有企业身份普遍具有混合性、公私法特色兼具的独特性。中国国企身份定位不明及相关法律制度难以系统地对其规制，其中重要的原因之一也正是因中国市场经济仍旧处于转型发展时期，以往的发展过于注重商事立法而忽视了市场失灵的问题。中国国企分类改革后，也必然会与世界主流趋势汇合，即，国企将发展演变为专门从事公共服务的"公营造物"和专门参与经济活动的独立的商事主体。国有企业存在的最大正当性在于其提供公共服务的功能。中国可借鉴德国法上的公营造物制度和理论对我国的公法人制度进行体系性整合。

如何"驯服经济利维坦"是全球化背景下所有国家都面临的新问题和新考验。不同国家的国有企业参与国际经济活动，某种程度上就相当于各国政府以国企的形式参与了国际竞争，而这必然会出现在国际市场上对各国政府权力和经济行为的规制要求。尽管多数现代法治文明国家都认为市场经济必然是法治经济，但是如何在全球大市场构建法治经济、约束国家权力仍处于探索阶段。与国内法上的法治经济和市场经济的逻辑相似，国际法治经济必然要求规范政府参与经济的行为，而国际市场经济则要求政府在参与市场经济活动时保持谦抑主义。西方古典政治哲学中的国家理论与限权思想表明，文明社会的发展不仅要求在一国之内内"将政府关进笼子里"，也要求驯服驰骋于国际上的"经济利维坦"。中国传统历史文化资源中确实也存在一些类似于限权的思想资源，中国在近现代社会转型中已接受以法治手段实现有限政府、规范权力运作的理念。政府能否参与经济活动问题往往会引发"国进民退"和"国退民进"之争，中西方在传统和实践上都认为国家不应该积极进入经济领域以获取或垄断商业利益。

政府的起源与国家学说理论决定了在工业化时代和后工业化时代政府参与或管理经济活动要保持谦抑与克制。谦抑主义不仅适用于政府在一国国内的经济参与，同样也适用于国际经济领域。谦抑主义是指国家干预经济手段就应像刑法和刑罚一样具有"补充性"和"最后手段性"，只应在市场机制失灵时发生作用，其为解决市场失灵过程中国家干预如何发挥作用提供了良好的指引。

处理好政府与市场的关系除了要求政府保护"谦抑主义"之外，还要能促进现代竞争法制度的发展，竞争中立则是新时代解决国企和私企公平竞争的新理论和新实践。涉及新型的政府管理模式的新公共管理运动对竞争中立影响重大，是对竞争中立进行理论阐述的重要视角。"新公共管理"是政府管理研究领域的一种新理论以及新实践模式，其兴起有一定的背背景和原因。新公共管理运动对国企及国企规制产生重大的影响，催生了20世纪80年代的私有化浪潮，影响了公共产品的供给机制，鼓励私人参与到公共产品的供给中。新公共管理运动对中国政府管理和国有企业制度有一定的借鉴意义，中西在公共行政管理和国有企业规制方面可以找到交汇点。

国有企业新规则中最重要的内容就是对国企补贴行为进行规范和控制。国企补贴属于广义上的政府补贴内容，意味着公共财政资金的使用和财政支出责任。区域贸易协定的新型反补贴规则开始出现新的指导思想，即加强对政府公共财政资金的国际规范和监管。政府补贴往往被用以促进产业和经济的发展，其存在具有普遍性和两面性。政府补贴涉及公共财政资金的使用，政府补贴本质上属于财政支出或财政转移支付的一种表现形式。《欧盟-英国贸易协定》首次在补贴规则设计中展现出对公共资金进行严格监管的思维，其一些具体的要求表面上是确保补贴不对缔约双方之间的贸易或投资产生重大影响，但实质上更像是构建政府公共资金使用的国际性监督机制。政府补贴同样需要遵循公共财政学和财政法的基本原则，尤其是法定性和比例性原则。有必要建立一套健全的公共资金使用监督制度。我国现行对国企的补贴、产业政策补贴仍欠缺规范和约束，中国未来进行补贴法制构建时，必须要抓住政府补贴的实质与逻辑积极借鉴西方的先进实践经验。

# 第五章　国企规制中的东西方对话与制度完善

纵观各国的实践历史，纯粹的计划管制与纯粹的自由市场并不存在也不符合客观实践。现代社会的发展和国际竞争要求各国政府积极履行经济管理和发展职能，国有企业作为政府参与或干预经济的一种政策工具，其在国际经济领域中的活动必然要受到法律的规制。本书关于国有企业国际规则的历史演绎发展以及法哲学基础的研究表明，"国家资本主义"仅仅是引发东西方误会和冲突的借口而非问题的实质。从根本上看，在全球化场景下国有企业问题本质上属于在国际大市场中规范政府参与经济行为和国际市场公平竞争的问题。为了实现国际社会的良法善治，国企新条款的发展需要东西方国家更多的对话和共识，而中国作为负责任的大国也必须要加强自身的国企改革和补贴领域的法治建设。

## 第一节　国企规制中的东西方对话

随着大国权力变迁以及国际社会格局的变化，以国有企业问题为核心的"国家资本主义"似乎再次成为一些国际政客以及学者划分东西方国家阵营的利器。正如萨缪尔森在20世纪40年代曾提出的，"当代社会中所有的社会都是既带有市场成分也带有指令成分的混合经济"。[①] 国内外自古就存在官办企业的现象，21世纪复杂的新国际形势下，则出现了大量国有企业涌入国际市场的现象以及各国的政府支持经济行为。要保持良好的国际经贸合作，中西方就必须在现实的

---

① ［美］萨缪尔森、诺德豪斯著，萧琛等译：《宏观经济学（第16版）》，华夏出版社1999年版，第5页。

基础上客观辩证地看待国企规制的规律并加强沟通和对话。

## 一、跨洋误会：对"国企条款"的祛魅

### （一）国企条款的存续具有客观必然性

国际社会关于"国家资本主义"的著述与声音极易引发东西方误会，甚至人为制造了西方针对中国的假象，加剧了大国崛起过程中的意识形态冲突和制度对立，也引发了中国对国企条款的某种抵触情绪。虽然国企条款易被西方某些国家用作对付中国的战略工具，国企条款的存续本身却具有客观必然性，其中一些规则的形成与存在甚至完全与中国的崛起无关，具体表现在国企条款的历史起源、国企条款在区域贸易协定中的普遍性发展、欧美国内政府反竞争行为的规制制度等。《中欧投资协定》达成的国企条款更是表明中西方在国企规制问题上也存在一定的共识和合作基础。理性看待国企条款发展的必然性，对于中西方在当前极复杂的国际政治关系中突破"安全困境"和"零和博弈"思维的禁锢极为重要。

首先，从国企条款的历史起源可以看出，早在"二战"后期欧美谈判达成的国企条款是作为战后世界和平和经济发展内容的一部分，而当时中国则仍处于抗战后期。1941年8月4日，温斯顿·丘吉尔和参谋长们在极其保密的情况下，乘坐战舰威尔士亲王号战舰跨越大西洋，与罗斯福总统会面。在战争最激烈的时候穿越大西洋战场的航行，避开了德国的U形潜艇，"不是一次愉快的巡航，而是一个危险的时刻"。英美双方达成了影响战后世界图景的《大西洋宪章》，其中第1、6和8条提到了"纳粹暴政"和"放弃使用武力"的"既定和平"的战时目标。然而，第4条和第5条却是令人感到惊讶的与经济相关的规定，其中第4条规定："在对现有义务的适当遵守基础上，他们将努力推进所有国家获得经济繁荣所需要的福利，即以同等条件进行贸易、获得原材料，无论是大还是小国、胜利者或被征服者。"显然，英美两国是"二战"后多边贸易体系的重要设计者和幕后推手，双方率先达全球经贸合作有助于促进世界和平与繁荣的共识。随后自1942年开始，英美双方的经济学家、官员频繁往返于两国，对战后秩序设计进行积极的交涉和艰难的谈判，但双方在采取双边或多边的合作方式、是否保留

帝国特惠、国营贸易等方面却存在严重的分歧和冲突。① 在国营规制问题上，英国希望能保留一定的国营贸易空间，而美国则希望对其进行规制。最后，在具有远见卓识的英美经济学家和政府官员的推动，英美两国政府对"二战"后的全球商业政策合作方形成基本的共识，双方关于国营问题的谈判共识也随后反映在联合国所推进的《哈瓦那宪章》中，而其中第四章商业政策"国营贸易与相关事项"则正是国企条款最早的历史起源。

其次，欧美早前区域贸易协定中就存在诸多的国企规范条款。近年欧美最新的区域贸易协定对国企提出的透明度要求被认为所要求披露的信息范围过于广泛，已突破 WTO 的规定，似乎有针对中国国有企业之嫌。新规则的透明度要求披露涉及国企独立性和经济运营的重要信息，包括特殊股份、特别投票权、董事会成员的政府头衔、特殊待遇、年度财务报告、第三方审计、非商业考量援助等。但事实上，要求提供国企的大量信息这一规定并非新举措，早在 2007 年的《美国—韩国自由贸易协定》、2003 年《美国—新加坡自由贸易协定》就有相似规定。② 同样地，商业考量条款也并非是针对中国推出的新条款，而是美国以往早已存在的区域贸易协定实践。比如《北美自由贸易协定》第 1502 条很早就规定由国家或政府垄断指定的任何私有垄断"在其购买或销售垄断商品或服务时完全出于商业考量"，③ 即"与相关业务或行业中私营企业的正常商业惯例一致"。④《美国—澳大利亚自由贸易协定》《美国—新加坡自由贸易协定》《美国—韩国自由贸易协定》等贸易协定中也有类似的规定。⑤

最后，《中欧投资协定》率先达成了国企条款，表明中西方在国企规制问题存在一定的共识和合作基础。中欧能够率先就国企条款形成共识，意味着中西方相互认可、国际合作的新阶段，构成中国深化市场经济体制改革的重要推力。

① Douglas A. Irwin, Petros C. Mavroidis, Alan O. Sykes, *The Genesis of the GATT*, Cambridge University Press, 2013, pp. 22-27.

② USA-Singapore FTA, Article 12.3; USA-South Korea FTA, Article 16.5 (2) (b).

③ NAFTA Article 1502 (3).

④ NAFTA Article 1505.

⑤ USA-Singapore FTA, Article 12.3 (1) (c) (ii); USA-Chile FTA, Article 16.3 (3) (b); USA-Australia FTA, Article 14.3 (1) (b); USA-Peru FTA, Article 13.5 (1) (b); USA-Colombia FTA, Article 13.5 (1) (b); USA-South Korea FTA, Article 16.2 (1) (b).

《中欧投资协定》文本采纳美欧新协定中的比较成熟的国企条款，包括宽泛的定义、非歧视和商业考量、透明度、监管中立、非商业援助条款。《中欧投资协定》整体框架包括前言和六章内容，与国企相关的条款则非常隐蔽地藏在投资自由化和监管框架章节中，相关内容如下：(1) 第二章投资自由化中的相关规定。第 3 条之二 (Article 3bis) 规定了第 1 款"涵盖实体"的范围，包括国企、政府控制企业、指定垄断企业等；第 2 款适用范围，排除适用政府采购例外、政府职能例外、公共服务、规模例外等；第 3 款非歧视待遇和商业考量，要求从事企业设立、进行投资的涵盖实体从事商业活动时依据商业考量、非歧视地进行货物和服务的买卖；第 4 款透明度，该条措辞相对委婉，有妥协痕迹，但仍旧间接提出高要求，具体包括提供关键信息、自我解释行为无害、遵守国际良治实践。其中最特别的一点是关于遵守国际相关良治实践的规定，它间接地把世界银行、OECD关于国有企业和公司良治实践的动态指南引入条约义务中。(2) 第二章第 3 条之三 (Article 3ter) 则规定了监管中立，包括对监管对象一视同仁、执法公正、监管者与监管对象相分离，要重视禁止"运动员和裁判员同体"的规定。(3) 第三章监管框架下第二节透明度之第 8 条规定了"补贴的透明度"。这其实相当于弱化的非商业援助条款。《中欧投资协定》的补贴条款与之前欧盟、美国各自新型的区域经贸协定中的非商业援助条款很相似，一些欧式协定会把非商业援助内容放到补贴章节中。《中欧投资协定》规定得比较宽泛、约束要求不甚明确，比如其只要求公布补贴的目的、法律基础、形式、预算数额、被补贴对象，但并未明确规定补贴的主体、对象、行为与结果之间的因果关系。如此宽泛的规定会涵盖非商业援助标准条款的内容，比如给国企提供一些无担保的贷款，支持"大而不破"的僵尸企业等就会落入此类补贴条款的规范中。但是，文本宽松却并不代表规制弱，因为欧盟域内有配套的外资审查新规、补贴新条例，在欧的国企投资将会受到系统而严格的规制。《中欧投资协定》设置国企条款的目的是提高竞技水平、确保公私企业之间的公平竞争，这正是近年贸易战中欧美最强烈的诉求。总体上可以看出，《中欧投资协定》关于国企条款的谈判过程非常艰难，最终文本条款的设置暗藏玄机，既体现了双方的激烈的博弈又体现了谈判智慧和合作技巧。《中欧投资协定》关于国企条款的达成实践表明，中国并非不愿意谈判或接受国企条款，仅仅是反对将经贸法律问题与政治挂钩而已。毕竟，按照国企的发展演绎脉络看，即使中国不参与相关的区域贸易协定，欧美也会在协定中纳入国企条款，国企条款存在具有历史必然性。

## （二）国企条款具有自身的发展规律和内在逻辑

首先，国企问题并非 21 世纪独有的新问题，只要存在市场经济、国家的经济职能以及经济全球化，就有在国际经贸领域规制国企的问题。正如上文所言，早在 20 世纪"二战"后期的《哈瓦那宪章》就出现了国企条款，美国是最重要的幕后推手。《哈瓦那宪章》国企条款的宗旨是为了解决当时国营贸易所引发的市场准入和公平贸易问题，深受美国自由市场经济和公平竞争理念的影响。《哈瓦那宪章》中的国企规制框架构成临时生效的 GATT 以及 WTO 的重要内容，并成为 21 世纪国企条款演变发展的框架基础。当前，无论东西方国家都出现了利用政府力量发展经济、干预经济的倾向，而在国际政治经济学上往往预示着"自由主义"与"民族主义"的冲突。① 因而，如何创建新型的国企新规则以重构国际经济新秩序和国际合作，显得尤其重要。

其次，国企条款之争同时涉及政治经济和国际博弈等诸多复杂问题。围绕着它的争论与博弈，既是东西方制度、意识形态、不同的发展阶段之争，更是人类理性与欲望之争。从法律层面上看，国企规制问题本质上属于驯服"经济利维坦"问题，即对政府影响经济、限制竞争的行为的规制，这是所有国家都同样面临的问题与考验。公共服务、社会危机、经济赶超、发展幼稚工业、核心技术竞争等，任何国家都有理由通过国企、产业政策、政府支持等方式集中权力、偏离市场经济规律，以"短平快"的方式实现各种战略目标。故而，国企条款真正面临的"敌人"是公权力易失控的经济冲动以及非市场化的运作。

再次，政府参与经济同样需要遵循市场经济规律并确保公平竞争。公平竞争包括两个实体和程序维度，即通过竞争中立确保实质公平，通过信息公开确保程序公平。约束公权力和遵循市场公平竞争同时构成国企条款存续与演变的法理逻辑。既要看到欧美推行国企条款中的政治和意识形态因素，也要看到欧美推行国

① ［美］罗伯特·吉尔平著，杨宇光等译：《国际关系政治经济学》，上海世纪出版社 2011 年版，第 205~206 页。

企规制有基于其内在驱动的国内外法制实践，那种认为欧美新贸易协定中的国企条款仅是针对中国的观点，易陷主观和片面的认知误区，也易误导宏观战略的判断。

最后，从国际经贸治理的角度看，国企条款必然会存在于多边或区域贸易协定中，具体规则内容正处革新性的动态发展过程中。尽管中国、欧盟、美国版本贸易协议中的国企规则不尽相同，以 OECD 为主的反全球市场扭曲运动也仍在发展中，但都已表现出 21 世纪国企条款的发展特征和趋势。即，当代的国企条款会以"竞争中立"和"透明度"为主要内容，条款设计将从概括性立法到细化规定、从软约束到强约束、从自律到自律与他律相结合发展。

## 二、重启合作：以"接合面"理论再启国际经贸合作

西方经典的政治经济学理论曾指出，"仅仅国家或市场都不是主要的，至关重要的是它们的相互作用、相互关系及其周而复始的变化。"① 因而，中国在推出国企问题的应对方案时，可利用 WTO 鼻祖约翰·杰克逊（John H. Jackson）早年提出的"接合面理论"（interface theory），主张不同制度模式的国家求同存异，主动探索新时期中西方再度进行国际经贸合作的"接合面"。杰克逊早在 20 世纪七八十年代就意识到要推进多边合作，就必须解决市场经济体与非市场经济体的差异化难题，其所创设的"接合"机制理论——聚焦贸易自由化和合作的技术性问题，实现了不同国家在多边贸易领域的协调与合作。② 据此，中国可积极推出中国版的竞争中立规则以促其向"良法"发展，并在批判借鉴欧美范式的基础上推进政府补贴和公平竞争审查制度的法律化，合力助推国企的身份正位和良性发展。

首先，从规则的逻辑性和内容的合理性方面增强竞争中立规则的科学性。推出新型反补贴规则时，要坚持在 WTO 框架内审慎推进，要借助经济学理论认定补贴行为与不利影响、损害结果之间的因果关系，谨防欧美国家在规则设计中为

---

① ［美］罗伯特·吉尔平著，杨宇光等译：《国际关系政治经济学》，上海世纪出版社 2011 年版，第 7 页。

② John H. Jackson, *The World Trading System-Law and Policy of International Economic Relations*, The MIT Press, 1989, pp. 218, 290.

解决本国经济困难、故意阻却他国竞争者的贸易保护主义意图。对于商业考量规则，要研究其变成国家义务后对商业主体和商业交易行为的影响，要精心设计证据和事实认定规则，防止西方国内法产生攻击性的域外效力。对于公司治理，需要全面和及时地跟踪 OECD 的软法起草工作以及英美公司法的新发展，探讨移植西方公司治理经验的可行性与实效性。

其次，通过设置例外性规则增强竞争中立规则与现实的兼容性。中国应抓住各方国情不同、认识存在分歧、规则尚未成形之机，推出反映本国及广大发展中国家发展阶段和正当利益的新型竞争中立规则。在未来的贸易协定中，中国也可借鉴欧美竞争中立规则中各种隐形的特殊规定，通过谈判技巧和立法技术设置例外性条款，具体建议如下：（1）设置特定例外情形。比如，借鉴欧式协定在适用范围中排除文化、金融产业、次级政府实体的做法，规定需要保护空间的中国产业（比如高科技、人工智能、环保、金融产业等）以及具有战略价值的国企不适用；效仿 TPP 规定应对经济危机、执行政府政策指令的重要例外。（2）设置一般例外条款。因为当前的全球经济发展趋向于在尊重各国管制和公共政策多元的基础上进行，[1] 因而可学习欧式协定将 WTO 一般例外条款纳入竞争中立规则，明确为保护人类、动植物生命健康和环境等公共政策目标情形下的适用豁免。（3）设置过渡期条款，规定特定期限内不适用，为相关的国企转型和管理制度改进提供时间保证。[2]（4）排除适用争端解决机制。借鉴欧式协定的实践，规定新型反补贴、竞争法条款等内容不适用争端解决机制以弱化超出发展阶段的规则束缚。

再次，要坚持"所有制中立"的竞争中立规则。中国可借助竞争中立规则发展之机，积极利用国际社会上的有利言论，进一步明确"所有制中立"的国际法地位并积极促其融入竞争中立规则。OECD 研究报告曾明确指出，竞争中立工具

---

[1]　刘雪红：《WTO 一般例外条款适用误区之批判》，载《东方法学》2018 年第 4 期，第 78 页。

[2]　比如，TPP 透明度条款中就出现此类过渡期条款，"对于越南和马来西亚，第 17.10 条第 1 款（透明度）自本协定对越南和马来西亚分别生效之日起 5 年内不适用。在本协定对越南和马来西亚分别生效之日后 6 个月内，两缔约方应分别向其他缔约方提供或通过官方网站公布其在前述 3 年中的一年份自商业活动中获得年收入超过 5 亿特别提款权的国有企业名单，且此后应每年更新，直至第 17.10 条第 1 款（透明度）适用并替代该义务"。

应坚持"所有制中立";① 一些西方学者也强调，竞争中立的最终目的是确保国际贸易和投资具有公开、非歧视和公平竞技性,② 未来成形的新规则须同时考虑投资东道国和母国的关切点。③ 所以，竞争中立规则不能仅因政府出资而歧视国企，而应该超越意识形态之争回归到问题本身，即如何实现公平竞争。中国一方面可在国际社会批判欧美某些竞争中立规则中"竞争礼让""竞争非中立"的反竞争元素;④ 另一方面则大力倡导竞争中立规则包含"所有制中立"的内容，以确保各国国企平等参与国际经济竞争的机会。

最后，在参与方式与路径上，可充分利用各种国际场合搭建规则平台，推进中国版的竞争中立规则。一方面，改变我国区域贸易协定较少设置竞争条款的现象,⑤ 灵活将中国版竞争中立规则纳入中国的贸易投资协定。比如，"一带一路"倡议中，中国国企是积极参与沿线基础设施建设等项目的主力，中国与沿线国家签订或更新自由贸易区协定时就应主动就竞争中立规则的内涵及判断标准达成共识；在与欧美西方国家谈判贸易或投资协定时，要加入对中国国企的身份认定标准、市场准入以及非歧视待遇等内容。⑥ 另一方面，鉴于当前竞争中立规则具有软法硬法化的特点，中国要积极参与 OECD 关于竞争中立的研究工作和指南制定。否则，OECD 关于竞争中立的研究和指南主要由西方经济学家或政治家主导，就相当于将主动权交由西方，自然无法避免西方集体对中国国企"立规则"的情形。

---

① Shima, Y., The Policy Landscape for International Investment by Government-controlled Investors: A Fact Finding Survey, OECD Publishing, 2015, p. 18.

② Christiansen, H. and Y. Kim, State-Invested Enterprises in the Global Marketplace: Implications for a Level Playing Field, OECD Publishing, 2014, p. 3.

③ OECD, Governments as Competitors in the Global Marketplace: Options for Ensuring a Level Playing Field, OECD Publishing, 2016, p. 14.

④ 赵海乐：《竞争中立还是竞争礼让》，载《国际商务——对外经济贸易大学学报》2016 年第 4 期。

⑤ 张正怡：《国际经贸规则中的竞争要求演变与我国的应对》，载《学习与实践》2016 年第 3 期。

⑥ 刘雪红：《"国家资本主义论"下的国企投资者保护——基于投资协定革新的视角》，载《法学》2018 年第 5 期。

# 第二节 国有企业的分类改革和身份正位

## 一、有效推进国有企业的分类改革

### （一） 对国有企业分类改革的内在逻辑

从国有企业发展的趋势看，主流观点都主张竞争类国有企业应当大量退出只限缩于公共领域，避免"与民争利"；至于更远的未来，国有企业是否应该全部退出竞争领域或全部私有化，基于人类认知的局限性以及社会发展前途不明而难以预测和判断。但是就当前而言，最佳的方案是有效贯彻中央提出的国有企业分类改革方案，并通过构建竞争中立制度削弱国有企业因为所有制因素而取得的不当竞争优势，促成参与市场竞争活动的国有企业具有独立的商业主体身份。

长期以来，中国的国有企业并没有因其在国民经济中的不同功能而进行分类管理，严重影响国有企业改革的进程。以往对国有企业的分类标准，多是资本构成、规模大小或行业性质。从 20 世纪 80 年代开始，国有企业改革的目标就定位为自主经营、自负盈亏、自我积累、自求发展的有独立法人资格的经济组织，我国《公司法》实施后，其目标又被表述为产权明晰、权责明确、政企分开、管理科学且适应市场经济要求的现代企业。① 但是，近 30 年的国有企业改革却产生了重大的悖论。一方面，国有企业功能定位混乱，多数国有企业为实现保值增值的目标过度追逐经济利润而忽视了公共服务的提供，出现交叉补贴等混乱现象。同时，有些国企仍有较重的政策性负担，难以实现预算的硬化约束。另一方面追逐经济效益的国有企业又被认为缺乏独立的市场主体地位，被认为是政府的代理人而非独立的商业主体。此问题的关键点则在于国有企业的身份和功能定位不明，同一个国有企业往往混合性地兼有经济逐利和公共产品提供的目标，极易出

---

① 顾功耘：《论国资国有企业深化改革的政策目标与法治走向》，载《政治与法律》2014 年第 11 期，第 85 页。

现身份随时转换的情形，从而导致无论是经济目标还是公共目标都不能有效地实现。现实中，某些国有企业在参与市场竞争时为获得利润，就强调自己的"市场性"，但市场竞争失利或为了攫取法定的垄断地位，其又会强调自己的"特殊性"。① 国有企业定位不明的负面后果已极为突出，一些应加快市场化的行业（如电信、钢铁等）市场化程度却严重不足，而一些不应该市场化的行业（如公共交通、医疗卫生）却极力推进市场化，本具有很强公共性的国有企业却把追求利润放在首位，从根本上导致了国民福利的下降。

相关的研究很早就指明在社会主义市场经济下进行国有企业分类改革的内在逻辑，认为只有以分类改革的方式明确国有企业的身份定位方能解决国有企业与市场经济的兼容性问题。经济学家杨瑞龙教授早在《经济研究》（1995 年第 2期）的论文《国有企业股份制改造的理论思考》就提出国有企业的分类改革战略解决国有企业股份制改造面临的困境，即：将国有企业分为非竞争性与竞争性两大类，在非竞争性企业中，提供公共产品的企业宜选择国有国营模式；处于自然垄断行业的企业实行国有国控模式；大型竞争性国有企业进行产权主体多元化的股份制改造，产权结构由市场竞争来决定，中小型国有企业宜完全放开竞争。②其认为，只有可以通过对处于不同行业的国有企业界定功能、划分类别，方能解决国有企业与市场经济的兼容问题和社会主义与市场经济的兼容问题。③经济法学者顾功耘教授也提出，要以产品性质和企业功能来对国有企业进行分类管理，将国有企业划分为提供公共产品和服务的公共企业和提供私人商品以及服务的在市场上参与竞争的商事企业。如此区分后，公共企业可以理直气壮地得到政府的支持和补贴，而商事企业则必须平等地参与市场竞争。④ 从长远来看，将国有企业区分为公共企业与商事企业，"其意义不仅在于解决公共产品和服务的提供问题，

---

① 应品广：《法治视角下的竞争政策》，法律出版社 2013 年版，第 204 页。

② 杨瑞龙：《简论国有企业分类改革的理论逻辑》，载《政治经济学评论》2015 年第 6期，第 38~39 页。

③ 杨瑞龙：《简论国有企业分类改革的理论逻辑》，载《政治经济学评论》2015 年第 6期，第 40 页。

④ 顾功耘：《论国资国有企业深化改革的政策目标与法治走向》，载《政治与法律》2014 年第 11 期，第 86 页。

还能为国有企业走向国际市场扫清障碍"。① 国企在进行分类改革的同时，国企还应该逐步退出经济领域而主要保留在涉及国家安全、战略性、国计民生和人民福祉等公共领域，从而给民营资本腾出更多的市场空间并集中力量提供公共产品。②

## （二）对国有企业分类改革的政策要求与实施

2015 年的中共中央国务院印发的《关于深化国有企业改革的指导意见》正式为国有企业的分类改革提供了政策依据。该指导意见提出，要根据国有资本的战略定位和发展目标，结合不同国有企业在经济社会发展中的作用、现状和发展需要，将国有企业分为商事类和公益类。通过界定功能、划分类别，实行分类改革、分类发展、分类监管、分类定责、分类考核，提高改革的针对性、监管的有效性、考核评价的科学性，推动国有企业同市场经济深入融合，促进国有企业经济效益和社会效益有机统一。2015 年 12 月 29 日由国资委和财政部以及发改委三部门联合发布的部门规范文件《关于国有企业功能界定与分类的指导意见》一再指出：商事类国有企业要按照市场决定资源配置的要求，加大公司制股份制改革力度，加快完善现代企业制度，成为充满生机活力的市场主体。依据国有企业分类改革的这两个规范性文件可知，中国将商事类国有企业划分商业一类和商业二类。商业一类国有企业是指"主业处于充分竞争行业和领域的国有企业"，可以进一步分为以产业为基础的企业和非产业的综合经营的企业；商业二类"主业处于关系国家安全、国民经济命脉的重要行业和关键领域、主要承担重大专项任务的国有企业"，可以细分为保障国家安全的国有企业、保障国民经济运行的国有企业和自然垄断行业。

那么，实践中如何进行分类？《关于国有企业功能界定与分类的指导意见》规定，"按照谁出资谁分类的原则，履行出资人职责机构负责制定所出资企业的功能界定与分类方案，报本级人民政府批准；履行出资人职责机构直接监管的企业，根据需要对所出资企业进行功能界定和分类"。即，主要由出资人职责机构

---

① 顾功耘：《论国资国有企业深化改革的政策目标与法治走向》，载《政治与法律》2014 年第 11 期，第 86 页。

② 参见王东光：《德国联邦公共企业的监管制度》，载《法学》2014 年第 6 期，第 80 页。

（国资委）来进行界定和分类，并报相应级别的政府批准；同时还可根据经济社会发展和国家战略需要适时对国有企业功能定位和类别进行动态调整。实践中一些政府的国有企业已经进行了分类改革。但是，有些地方的国有企业仍旧处于观望状态而没有完成分类改革，相关的政府部门必须看到国有企业分类改革和监管的重大和长远价值，严格按照要求加强分类改革的推进和监管，否则势必会严重影响国有企业改革进程以及其他法律制度的配套实施。

## 二、加强国有企业的公司治理、重构独立的商事主体身份

为实现商业类国有企业的商业化运作和独立的市场主体身份，除了上述的分类改革外，中国还对国有企业进行了混合所有制改革、公司治理改革、国有企业的资本化运营以及国有企业的监管体制改革等诸多实践和探索。但是，中国国有企业改革存在着盘根错节的制度性制约和各种利益集团的阻力，任何一项改革举措的推进都极为困难。国际社会兴起的竞争中立规则既是中国国有企业新时代发展的压力，又在某些方面与中国国有企业的市场化改革要求相契合。其中，加强国有企业的公司治理则是竞争中立规则的核心，可在对其批判借鉴的基础上推进中国国有企业改革和身份正位。

《关于进一步完善国有企业法人治理结构的指导意见》（国办发〔2017〕36号）提出，"完善国有企业法人治理结构是全面推进依法治企、推进国家治理体系和治理能力现代化的内在要求，是新一轮国有企业改革的重要任务"，并明确要求于2017年年底前基本完成国有企业公司制改革。事实上，国有企业的公司化进程早在全球国有企业私有化浪潮时就开始了，《21世纪的私有化：经合组织国家最新经验》报告（OECD，2009），就讨论了OECD的公司化进程等；OECD在竞争中立研究中则进一步提出，《国有企业指引》第一章第二条建议政府"精简国有企业运作方式以及法律形式"，"本身隐含着竞争中立的理念，因为如果实施竞争行为的主体是一个具有独立人格且与政府保持一定距离的实体，就更容易实现中立"。①对于公司良治的价值，美国国务院曾声称，良好的公司治理就是一

---

① OECD，谢晖译：《竞争中立：经合组织建议、指引与最佳实践纲要》，经济科学出版社2015年版，第10页。

笔好的好生意。① 确实，国有企业制度并非一种天然低效率的制度安排，良好的公司治理机制既能有效地提高国有企业的经营效率，也能确保其独立的商业主体地位。据称，新加坡的国有企业（比如淡马锡控股公司）的效率就远高于私营企业和跨国公司；在法国，某些国有企业（比如雷诺公司）的竞争力也远高于私营企业。② OECD 国有企业治理指南提出了很多可资借鉴的西方公司治理经验和方法，不仅被各国公司认为是良治的模板被普遍采用，甚至有可能通过竞争中立规则上升为具有法律效力的国家义务。从具体内容上看，OECD 的公司治理指南指出，国有企业应遵守通用的公司法要求（设立公司结构）、专门设立管理国有资产的机构或协调性机制、不干预国有企业的日常经营活动等。所以，竞争中立本身就要求国有企业加强公司治理，以实现国有企业自身的经营自主性和独立的法人地位。中国可在充分借鉴 OECD 相关公司治理指南的基础上深入探索中国国有企业的公司治理改革，具体的举措包括规范国有出资人的权利，严格区分国有企业出资人与管理者的角色，加强国有企业的透明度，通过保障董事会的独立以确保国有企业的经营自主权。当然，也需要看到中国国有企业在借鉴移植西方的公司治理经验时会遇到"水土不服"的问题，中国需要以更大的改革勇气和决心积极探索适合国情以及客观规律的制度设计和制度供给。

## 第三节　国企补贴的法治化建设

一国国内如果存在名目繁多的财政补贴，不仅会弱化其国内市场配置资源的基础性作用，在全球化背景下还会影响国际市场的正常运行。欧美在新区域贸易协定中的国企条款中已明确表明要严格规制政府的补贴行为，要从根源上消除国有企业的因公优势以促成国有企业的身份独立和公平竞争。限制或禁止缔约国政府向国有企业提供补贴和其他不当援助，相当于从源头上切断对国有企业因公优势的来源，能确保国有企业脱离政府扶持、培育内生优势而成为独立商业主体从

---

① Ann Low, US Department of State: Good Corporate Governance is Good Business, http://cfi.co/sustainability/2016/04/ann-low-us-department-state-good-corporate-governance-good-business/, last visited on December 7, 2023.

② 胡改蓉：《国有公司董事会法律制度研究》，北京大学出版社 2010 年版，第 2 页。

而有效地解决国有企业的反竞争性问题。新型国企条款中的反补贴规则一定程度上代表了市场经济公平竞争以及对公共财政资金进行约束的要求。中国需要从政府补贴法治化建设的宏观视角规范国企的补贴问题。

## 一、中国国企补贴法治化不足问题及原因

### （一）中国国企补贴法治化不足的问题

中国确实存在一定规模的国企补贴和产业补贴问题。根据数据显示，2014年上半年上市公司共获得 323.46 亿元的政府补贴，2500 多家上市公司中，有近九成获得了"政府补贴"，而其中 854 家地方国有企业和央企共获得政府补贴金额共 199.39 亿元，占政府补贴上市公司总额的 61.64%。[1] 最新数据则显示，2019 年中国某一国有投资基金通过直接补贴、低于市场利率的贷款、土地销售、税收减免和资本等形式提供了至少价值 2480 亿美元的补贴，相当于 2019 年中国国内生产总值的 1.73%；研究者将同期的中国数据与巴西、法国、德国、日本、韩国和美国进行比较，发现用于促进产业政策的支出占 GDP 比例第二高的国家是韩国（0.67%），而美国对私营企业的补贴和其他福利提供金额仅占 GDP 的0.39%；研究者认为中国用于产业补贴的支出远大于被研究的其他国家，属于"异类"（outlier）。[2] 在产业补贴的发放中，国有企业比私营企业更容易获得政府的补贴。尽管按照资源配置理论，政府补贴应该流向创新效率高的企业，但是，国有企业的特殊属性使得其在获得补贴资源方面具有优势，而易使得政府补贴资源的再配置发生扭曲。[3]

但是，中国产业补贴和国企补贴存在规模过大和滥用的情形。主要原因在于，我国的政府补贴缺乏严格的法律约束，存在规模持续膨胀、补贴支出固化、

---

[1]　《央企国企获政府补贴占总额六成：中石油等拿了大头》，载华夏能源网，https：//www.hxny.com/nd-9288-0-7.html，2023 年 12 月 7 日访问。

[2]　VOA news, Report: China Spends Billions of Dollars to Subsidize Favored Companies, https：//www.voanews.com/a/report-china-spends-billions-of-dollars-to-subsidize-favored-companies-/6587314.html, last visited on December 7, 2023.

[3]　陈明明、张国胜、孙秀：《国有企业、政府补贴与企业创新供给——基于上市工业企业的实证研究》，载《当代财经》2016 年第 10 期，第 36 页。

绩效难以监控等诸多问题。这些问题严重影响财政支出的公共性，扭曲了财政支出结构，对内会加重财政负担、助长企业对补贴的依赖、影响企业的创新、效率以及市场经济的有效运行，对外则易引发国际经贸冲突。

中国的国企补贴问题其实属于宏观上的财政补贴规范化不足的问题，中国长期缺乏系统的财政补贴和财政拨款方面的法律制度。（1）长期以来中国财政拨款领域的法治化和制度化建设较为薄弱。[①] 尽管 2018 年修订的《预算法》第 38 条新增转移支付编制的规定以及财政部发布的《中央对地方专项转移支付管理办法》（财预〔2015〕230 号）对专项转移支付制度进行了较详细的规定，但是仍不足以完全有效地弥补财政拨款法治化缺失的弊端。学者就指出，我国财政拨款法亟待解决的问题是拨款的标准和程序问题，对于行政机关可以自由裁量的财政拨款，也应该通过一定的标准和程序加以规范。（2）对产业补贴和国企补贴存在不合理的政策导向，立法对补贴的范围、标准、约束性、评估并没有明确的规定。财政补贴的具体标准和补贴项目的绩效等方面缺乏相应的制度规则。学者指出，在缺乏合理透明的定价机制和有效补贴机制的情况下，容易出现企业严重多报、虚报等骗取补贴的现象以及填补企业亏损的情形，不仅加大国家财政负担还易造成企业间的区别待遇和社会不公，有悖于公共财政改革的初衷。[②]（3）补贴政策事前没有严格的审查机制，事后也没有健全的跟踪、监督和评估机制。补贴行为的约束性和规范性差，就导致企业将大量精力投放在争指标和要补贴上，而非自身的经营管理和技术创新。财政补贴的实施反而干扰了产业发展和企业激励机制，违背了财政补贴的目的和功能。（4）产业补贴和国企补贴多数依据产业调控法进行，而产业调控法与竞争法、财政法之间的关系没有理顺。产业调控法并没有对补贴问题进行明确的规定，很多补贴是依据政策或行政命令而作出的。我国自 20 世纪 90 年代开始陆续制定了一些产业调控类的法律法规和其他规范性文件，包括《科学科技进步法》《促进科技成果转化法》《清洁生产促进法》《汽车产业发展政策》等。但是，它们对于政府扶持政策的规定数量少且概括性强，大

---

[①] 姚海放：《论政府补贴法治：产业政策法、财政法和竞争法的协同治理》，载《政治与法律》2017 年第 12 期，第 15 页。

[②] 施正文：《财政补贴与市场公平竞争》，载《中国工商管理研究》2014 年第 9 期，第 31 页。

量的补贴政策仍是通过政府或部门的红头文件规定的，法律层级低、规定分散、缺乏审查程序、公开透明性不足、随意性大。尤其地，产业调控法与竞争法、财政法之间存在一定的冲突，仍需要通过立法予以协调。

### （二）中国财政补贴法治化不足的原因

第一，中国的公共财政仍存在建设财政色彩，政府与市场的关系没有理顺。当前中国仍以政府主导型改革为主，政府在经济发展中仍发挥着较大的作用。政府为追求经济增长速度，本来应当用于市场失灵、保障民生、提供公共服务的财政支出却被更多地用于建设投资，各地出台了名目繁多的财政补贴，弱化了市场配置资源的基础性作用。① 同时，政府还通过设立各种政府引导基金促进战略性新兴产业的发展，但政府引导基金在实践中又往往会异化为变相的低息贷款或成为政府的隐性负债。② 目前国家财政体制改革并没有走出传统的建设财政模式，重视投资拉动经济增长、扶持产业发展的做法依然没有根本性改变，公共财政模式并没有完全建立起来，导致重复建设、政绩工程大量发生而民生投入不足，政府与市场和社会的关系并没有理顺。③ 这是因为中国经济改革脱胎于计划经济，政府手中仍掌握大量对产业发展至关重要的资源，政府既会以各种方式深度参与工业化进程，从而模糊政府和市场之间界限。政府的财政支出有着更大的自由裁量空间。无论是中央还是地方的政府都具有较强的经济自主权和财政支出的支配权，政府及其部门的意志是财政拨款的重大决定因素。④ 这不仅会造成补贴的滥用，还会导致不同企业之间在获取政府补贴的可得性或程度上的不公平。

第二，政府补贴范围广、形式表现多样，法律规制困难。政府补贴不仅表现为财政资金的直接支出，还有税收返回、新产品返回、税收奖励、创新鼓励及其他表现形式。当某企业获得特定形式的政府补贴后，往往意味着获得政府的认可

---

① 施正文：《财政补贴与市场公平竞争》，载《中国工商管理研究》2014 年第 9 期，第30 页。
② 兰小欢：《置身事内》，上海人民出版社 2021 年版，第 161 页。
③ 兰小欢：《置身事内》，上海人民出版社 2021 年版，第 161 页。
④ 姚海放：《论政府补贴法治：产业政策法、财政法和竞争法的协同治理》，载《政治与法律》2017 年第 12 期，第 14~15 页。

而产生马太效应和蝴蝶效应，从而更容易获取后续的其他类别政府补贴，形成对其他企业公平竞争的持续性不利影响。[①]

第三，中国的公共财政预算制度不完善对补贴的失序和滥用影响重大。《预算法》（2018 年）和《预算法实施条例》（2020 年）尝试健全完善现代预算制度，对于健全政府预算体系、规范政府间财政关系、加大预算的透明度都进行了重大的完善，但是仍欠缺与财政转移支付、预算公开、财政资金支付、国库管理、预算绩效、财政监督等方面的配套规定。[②] 尤其地，纳税人对于以补贴形式出现的违规预算支出无法提起诉讼，纳税人尚不具备诉讼主体资格以提起行政机关违法用税之诉，也无配套的有效的诉讼司法救济机制。

## 二、国企补贴规范化和财政补贴法治化的建议

为消除现行国企补贴和产业补贴中的诸多弊端，必须要从改革的统筹性和长效性出发，深化改革财政补贴政策、完善补贴法制。具体的制度构建包括制定统一的政府补贴法、协调产业政策和竞争政策的关系、构建公平竞争审查制度、完善财政监管和司法救济制度等。

### （一）制定统一的政府补贴法

中国可通过借鉴欧盟国家援助制度、《欧盟—英国贸易协定》中关于补贴规则的设计，在清理现有与国际规则不相符的补贴规范的基础上，推出一部统摄产业补贴、国企补贴等各类补贴的法律。我国目前的政府补贴事项多为农业补贴、新兴行业或战略行业的企业补贴、科技创新类补贴或国企补贴等，补贴的种类繁多、形式多样，需要以一部统一的且法律位阶较高的法律规范明确补贴的具体内容，使补贴行为"有法可依"。

首先，要明确财政补贴的基本原则，即必要性原则、公平原则、透明度原则。（1）必要性。必要性原则是指政府只有在行业和地区存在补贴的必要时才能

---

① 姚海放：《论政府补贴法治：产业政策法、财政法和竞争法的协同治理》，载《政治与法律》2017 年第 12 期，第 16 页。

② 施正文：《修订后的预算法实施条例彰显现代预算制度建设目标》，载《中国财政》2020 年第 18 期，第 22 页。

实施财政补贴，优先发挥市场对资源配置的决定性作用。《公平竞争审查制度实施细则》第17条的例外性规定条款就体现了必要性原则，其规定，在涉及国家经济安全、社会保障、节约能源资源、生态环境保护和公共卫生健康安全等事项上，政策制定机关如要推出具有限制竞争的效果的措施，也必须说明相关政策措施对实现政策目的不可或缺，且不会严重限制市场竞争。（2）正当性。正当性原则是指应根据补贴需求确定补贴对象和数额，确保对不同地区、不同部门和不同企业一视同仁，减少补贴行为的主观性和随意性，不以企业性质或所有制性质进行区别性补贴，不应对国有企业给予特殊的待遇。①（3）透明性。透明度能够为公民提供熟知和参与公共政策的机会，尤其在涉及国家公共资源使用的重大问题上更需要加强公开透明和问责性。充分的透明度有助于矫正财政补贴中所存在的各种暗箱操作和寻租行为，保障纳税人的知情权，从而维护财政补贴制度的正当性并保障国家财政资源的效益。

其次，在规则内容设计上，应该明确规定补贴的具体内容。如果政府补贴不受法律限制，那么政府就可能通过行政立法或其他方式设定法定补贴，上级政府也可能以法定支出形式干预下级政府的预算分配，从而破坏《预算法》建立的正式预算制度。因此，有必要从立法层面明确补贴的主体、范围、对象、手段、标准、期限、程序、评估、信息公开等事项。尤其要对政府补贴构建事前和事后的定期评估审查机制。一方面，要对补贴对象、补贴目的、补贴金额和补贴效果进行事前的评估，评估补贴措施的合规性以及对竞争的影响。另一方面，可借鉴公平竞争审查制度构建类似的事后评估制度。《公平竞争审查制度实施细则》（2021年）第12条规定，对经公平竞争审查后出台的政策措施，政策制定机关应当对其影响统一市场和公平竞争的情况进行定期评估，而经评估认为妨碍统一市场和公平竞争的要及时废止或者修改完善。由于政府补贴具有显著的政策性和时效性，即使是法定补贴也要顺应社会经济变化进行动态的调整，法律在设定补贴的范围种类时应该明确补贴的效果评估机制以及实施期限，以避免补贴的滥用

---

①　刘伟：《财政补贴的竞争法审查及其改进——兼论〈公平竞争审查制度实施细则（暂行）〉》，载《财经理论与实践（双月刊）》2018年第5期，第152页。

或对分配格局造成长期固化的影响。① 可以考虑引入"落日条款"立法技术，规定不能实现补贴预期目标、不再具有补贴的正当性和必要性的，以及不能获得有权机关肯定性评价的补贴要予以调整或废止。

最后，明确政府补贴的权限配置。政府补贴的权限配置，影响到补贴的治理、财政支出的结构优化、政府补贴的规模控制。需要在政府与人大之间、中央和地方政府之间合理配置政府的补贴权限。（1）从补贴权限横向配置的角度看，政府与权力机关之间共享补贴权限。由行政机关依法编制具体的补贴、权力机关通过预算审批约束政府的补贴支出。这是因为，预算编制专业性和技术性很强，政府基于信息优势和执行效率可行使预算编制权，但是政府往往存在职能膨胀，财政支出规模上升等问题，权力机关则可以通过预算审批权约束政府的自由裁量权。但是，实践中很容易出现立法权和行政权的对峙而引发政治危机或者权力机关的审议权流于形式的问题，可考虑预算综合审议的方式改为分项审议和表决、坚持改革政府收支分类，确保财政补贴的合规以及有效性。② 尤其要明确权力机关对预算的减额修正权，预算的减额修正权有利于控制补贴支出的无序增长。

## （二）协调产业政策和竞争政策之关系

为了有效应对国际产业竞赛和国企规制的新挑战，更好地发挥市场对资源配置的决定性作用，就必须协调好竞争政策与产业政策的关系。建议以统一的政府补贴法为核心，协调好产业政策法、财政法和竞争法的关系，以竞争法和财政法约束并规范产业政策，相应地，政府补贴和国企补贴也必须接受公平竞争审查和财政资金使用的监督。产业政策法确立政府补贴的必要性，也构成审核各类补贴制度或政策的正当性标准，财政法约束着作为财政支出的政府补贴，使其符合公共财政等财政法治的基本原则与要求，而竞争法着重考量政府补贴实施对公平竞

---

① 吕清正、郭志远：《我国政府补贴的法律治理》，载《江淮论坛》2017 年第 3 期，第 99 页。

② 吕清正、郭志远：《我国政府补贴的法律治理》，载《江淮论坛》2017 年第 3 期，第 97 页。

争的效果，促使政府补贴符合产业政策法和财政法框架下设定的目标。①

在市场经济条件下，竞争政策与产业政策构成了政府进行资源配置、促进经济发展的两大类公共政策，竞争政策重视市场对资源优化配置的保障，产业政策则是政府对经济发展发挥调节作用的重要手段。从经济学角度来看，产业政策的思想根源在于后发国家期望以产业规划的方式来复制其他国家的经济增长，往往表现为后发国家对发达国家在经济增长领域的赶超战略以及人为地集中资源优势和配置来提高生产效率。但是政府通过税收、补贴、贷款、土地提供等优惠方式实施的产业政策，尽管可以降低受惠者的成本和风险但却难以产生创新的激励，比如中国的电力行业、电信行业、汽车行业获得产业支持但却没有真正提高技术和生产效率。②

随着经济的发展，世界主要发达经济体均已经确立竞争政策的优先地位，反垄断法或竞争法已经成为多数国家中的经济宪法。随着国家间经济竞争的加剧以及此起彼伏的产业"竞赛"，中国必须要坚持将产业政策法治化和竞争化的方向，将产业政策纳入竞争政策的轨道上，明确竞争政策优于产业政策的地位，因为"在竞争秩序中，经济权力只应保持在维护竞争秩序所必要的限度之内"。③

将产业政策对竞争的损害降至最低，是产业政策改革的重要措施之一，要分析产业政策目的是否具有正当性、必要性、是否对市场竞争损害最小。④ 2022 年修订的《反垄断法》第 4 条则明确规定了国家坚持市场化、法治化原则以及竞争政策的基础地位，提出要健全统一、开放、竞争、有序的市场体系。显然，对产业政策措施进行竞争评估、竞争法优于产业政策已有明确的政策指导和法律依据。实践中，中国的产业政策一些是通过法律予以明确规定，更多则是通过国务院各部门和各级地方政府出台的规章、文件和具体政策措施来进行，由全国人民

---

① 姚海放：《论政府补贴法治：产业政策法、财政法和竞争法的协同治理》，载《政治与法律》2017 年第 12 期，第 17 页。

② 于良春：《中国的竞争政策与产业政策：作用、关系与协调机制》，载《经济与管理研究》2018 年第 10 期，第 61 页。

③ ［德］瓦尔特·欧肯著，李道斌、冯兴元、史世伟译：《经济政策的原则》，中国社会科学出版社 2014 年版，第 300 页。

④ 参见孟雁北：《产业政策公平竞争审查论》，载《法学家》2018 年第 2 期，第 118 页。

代表大会常务委员会通过的《反垄断法》对于多数的补贴依据具有更高的法律地位。再加上 2022 年《中共中央、国务院关于加快建设全国统一大市场的意见》已经明确提出，要建立公平竞争政策与产业政策协调保障机制，优化完善产业政策实施方式，已经释放出要将公平竞争政策优于产业政策的信号和指导思想，因而只要将公平竞争审查制度贯彻实施到位，就可以最大限度地发展产业政策的优势并确保市场的有效竞争和最优效率，同时也可以避免国际违规的风险。

### （三）国企要接受公平竞争的审查

正如国企条款国际演绎轨迹所显示的，贸易政策框架已经无法有效地解决国有企业参与国际经济活动所引发的公平竞争问题。新时代的国有企业问题不仅是贸易问题，更是竞争问题，竞争政策已经成为国有企业国际造法的有效路径。① 确实，在市场经济条件下，充分有效和公平的市场竞争能够确保生产效率的提高和创新发展。因而，为对接国企国际新标准，中国必须将国企补贴和产业补贴纳入竞争法规制的轨道，进一步落实和完善中国独特的公平竞争审查制度。

目前我国仍处于经济转轨期，政府职能尚未完成转变，与经营者实施的经济垄断行为和限制竞争行为相比，政府因不正当干预经济所产生的"公权力限制竞争"现象对市场资源配置以及社会竞争秩序的影响仍旧存在。② 国有企业因补贴而获得竞争优势问题实际仍是政府不当干预经济的表现之一。不过，随着中国市场经济体制的发展，政府与市场之间的关系逐渐明晰并制度化。2013 年《中共中央关于全面深化改革若干重大问题的决定》就提出，要"使市场在资源配置中起决定性作用和更好发挥政府的作用"；2022 年《中共中央、国务院关于加快建设全国统一大市场的意见》也明确提出，要维护统一的公平竞争制度，坚持对各类市场主体一视同仁、平等对待，健全公平竞争制度框架和政策实施机制。

2022 年修订的《反垄断法》在第 4 条明确规定竞争政策基础地位的同时，第 5 条还规定"国家建立健全公平竞争审查制度"，要求行政机关和法律、法规

---

① 应品广：《从贸易政策到竞争政策：国有企业国际造法的路径选择》，载《世界经济研究》2022 年第 3 期，第 123 页。

② 刘大洪：《市场主体规则平等的理论阐释与法律制度构建》，载《中国法学》2019 年第 6 期，第 191 页。

授权的具有管理公共事务职能的组织在制定涉及市场主体经济活动的规定时，应当进行公平竞争审查。可见，无论是国有企业作为补贴的提供者还是补贴的接受者，也都会涉及公平竞争审查的问题，《公平竞争审查制度实施细则》（以下简称《细则》）则对国企及相关的补贴问题做出了进一步细化的规定。《细则》第2条明确规定，行政机关以及法律、法规授权的具有管理公共事务职能的组织，在制定市场准入和退出、产业发展、招商引资、招标投标、政府采购、经营行为规范、资质标准等涉及市场主体经济活动的规章、规范性文件、其他政策性文件以及"一事一议"形式的具体政策措施时，应当进行公平竞争审查，评估对市场竞争的影响，防止排除、限制市场竞争。只有经公平竞争审查认为不具有排除、限制竞争效果或者符合例外规定的政策措施方可以实施；具有排除、限制竞争效果且不符合例外规定的政策措施不允许出台或者要调整至符合相关要求后方可出台；未经公平竞争审查的则不得出台。一方面，该实施细则明确要求涉及市场主体经济活动的政策措施必须对所有的企业主体一视同仁。比如，《细则》第13条关于"市场准入和退出标准"条款就规定，不得设置不合理或者歧视性的准入和退出条件，未经公平竞争不得授予经营者特许经营权，不得限定经营、购买、使用特定经营者提供的商品和服务，第14条关于商品和要素自由流动标准条款也有类似的规定。另一方面，该实施细则对涉及补贴的政策措施做了详细的规定。《细则》第14条"商品和要素自由流动标准规定不得对外地和进口商品、服务实行歧视性价格和歧视性补贴政策，如果要对相关商品、服务进行补贴时也必须对外地同类商品、服务，国际经贸协定排除外的进口同类商品以及我国作出国际承诺的进口同类服务予以同等的补贴"。这条规定表明，政策措施如要提供补贴则必须满足"非歧视性"要求，即类似于WTO《补贴与反补贴措施协议》下的"非专向性"要求。第15条"影响生产经营成本标准"则对禁止补贴的情形做了更细致的规定。该条规定不得违法给予特定经营者优惠政策而影响生产经营成本，包括但不限于：没有明确的法律、行政法规或者国务院规定等依据，给予特定经营者财政奖励和补贴、税收优惠政策，在土地、劳动力、资本、技术、数据等要素获取方面给予特定经营者优惠政策，以及对特定经营者减免、缓征或停征行政事业性收费、政府性基金、住房公积金等。该条规定类似于SCM的财政资助内容，也与很多的新区域贸易协定关于补贴规制的内容相同，是比较进步的标定。

## （四）完善公共财政制度、加强预算监督

由于补贴本身属于财政支出，可以考虑从加强财政监督制度的角度来治理政府的补贴无序问题。学者指出，需要从政府补贴的财政法属性入手，将政府补贴纳入预算管理，妥善处理好政府补贴设定权限的横向配置和纵向配置问题。① 补贴来自国家财政资金，应当高效、合规地使用，要避免造成资源错配。必须要将补贴资金的使用纳入规范化的公共财政制度，要按照使市场在资源配置中起决定性作用和更好发挥政府作用的原则，切实推进公共财政改革。与公共财政相对应的预算制度又被称为现代预算制度，其典型的特征是财政上的集中统一和预算监督，中国近年来所进行的预算改革正是致力于构建现代预算制度，以实现与公共财政相对应的公共预算管理目标和原则。② 公共财政和现代预算制度最核心的内容就是构建财政监督和财政问责机制，去监督公共预算参与者的行为，以防止财政机会主义行为的产生从而最大可能地从制度上保证公共预算目标的实现。

首先，要健全财政监督的法律体系。财政监督作为一种经济监督活动，必须依法行政，但是迄今为止财政监督仍缺乏独立完整的法律保障。尽管我国已出台了《预算法》《预算法实施细则》《中央对地方专项转移支付管理办法》等法律法规，但它们对财政监督仅限于原则性规定，对财政监督的职责权限、监督范围和内容、程序和步骤规定仍不够具体，财政转移支付方面存在一定的规制空白，财政监管工作难以全面覆盖财政资金的运行，而这也正是补贴资金滥用的一个重要原因。因此，必须加快预算法及其实施条例的配套制度建设，其中重要的是要制定财政转移支付、政府债务、预算公开、财政资金支付、国库管理、预算绩效、非税收入、财政监督等方面的配套法规规章。③

① 姚海放：《论政府补贴法治：产业政策法、财政法和竞争法的协同治理》，载《政治与法律》2017 年第 12 期，第 17 页。
② 苗庆红：《公共财政框架下中国预算改革：回顾和展望》，载《中央财经大学学报》2020 年第 5 期，第 5 页。
③ 施正文：《修订后的预算法实施条例彰显现代预算制度建设目标》，载《中国财政》2020 年第 18 期，第 22 页。

　　其次，要确保公共财政的公开与透明。要实现财政问责就要做到财政公开和透明。公共预算管理过程实质上是由一系列的委托代理关系组成，而解决代理人问题就是要解决公共资金目标和部门预算目标的冲突以及信息不对称问题。① 监督政府支出的主要障碍是信息不对称，建立信息公开机制、要求政府履行信息披露职责、提高补贴支出的透明度，可以在一定程度上缓解信息不对称问题，减少腐败和执行偏差。随着政府财政管理信息系统（即"金财工程"）的实施，可充分利用计算机技术等现代化手段，随时掌握和跟踪财政资金的分配、拨付、使用方向、结存等动态情况，实现对预算执行过程的即时监控，真正将监督寓于财政管理的全过程。② 在财政补贴的实施过程中，应详细披露补贴的依据、确定方法以及确定的结果，让社会公众及时了解援助资金使用目的和分配程序以及使用效果。目前，我国还未就财政补贴建立详细的信息披露制度。相比之下，欧盟的国家援助制度则明确规定，欧盟国家援助控制要求将所有新的援助措施事先通知委员会，成员国必须等待委员会的决定才能使该措施生效；同时，欧盟的《透明度指令》也要求各成员国通过单列账本、汇报财务、监控资本流动等措施对国有企业所获得的补贴予以信息披露。③ 只有在公共财政公开透明的大背景下，才能有力地矫正财政补贴中存在的各种暗箱操作和寻租行为，维护财政补贴制度的正当性，确保国家财政资源使用的正当性和合法性。

　　最后，明确财政监督的执行主体和职能，形成相互制衡的监督机制。财政监督机构主要包括权力机关、财政机关、审计机关等。一般由权力机关通过预算和决算的审批，进行事前、事中、事后的监督，财政机关和审计机关则主要负责预算执行的监督。未来的预算改革除了继续完善和加强预算的"行政控制"外，还要建立人大部门对预算的"政治控制"，实现人大部门对预算的实质性监督，提

---

① 苗庆红：《公共财政框架下中国预算改革：回顾和展望》，载《中央财经大学学报》2020 年第 5 期，第 5 页。

② 蒋国发：《对我国公共财政监管问题的探讨》，载《理论探讨》2008 年第 11 期，第25 页。

③ Commission Directive 2006/111/EC of 16 November 2006, on the Transparency of Financial Relations between Member States and Public Undertakings As Well As on Financial Transparency within Certain Undertakings, https：//eur-lex. europa. eu/legal-content/EN/TXT/? qid = 1409818726171 &uri = CELEX：32006L0111, last visited on December 7, 2023.

高预算监督的效力和质量。可在人大内部设立专门的预算工作机构,加强人大预算监督的专业性,赋予人大代表真正具有修正预算的权利,在预算监督的基础上加强人大部门对行政部门的财政问责,从而强化其实质性审查监督。[①]

### (五) 完善法律救济途径

由于国家对某一企业或者行业的进行补贴,会直接影响到其他竞争企业的利益,导致其处于不利的竞争地位。因此,有必要赋予其他企业,尤其是其竞争对手的异议和申请撤销的权利,以及对利益受到严重影响的利益相关方的司法救济权。利益相关方可以就其特定补贴向补贴提供方或提出异议,由补贴主体重新审查该补贴是否符合补贴的标准和要求;如果对补贴主体再次作出的决定仍然不服的,则可以向法院提起诉讼,由法院来进行司法裁决。[②] 政府补贴常以政府规范性文件形式发布,尽管我国《行政诉讼法》允许对抽象行政行为进行附带的司法审查,但实践中对补贴的司法审查及救济仍存在困难。比如,诉讼主体资格的确定、是否允许以“公平竞争权”受到损害提出行政诉讼、难以证明相关方因政府补贴而受损害或遭遇不利影响极为困难、因果关系的存在等。可以从受到不当的政府补贴行为影响的主体角度进行制度设计。一般而言,有三类主体会因不当的政府补贴行为受到影响:一是本应获得政府补贴但政府未予发放或违规发放规补贴的;二是自身虽不符合获得补贴设定的条件但却因竞争对手获得政府补贴而在竞争中处于劣势的;三是受政府补贴不当影响的其他利益相关者。[③] 第一类情形下的受损主体可以通过针对具体行政行为的起诉来获得救济,如果是政府拒不发放的,可以通过科以义务的诉讼来获得救济;对于第二类竞争者的公平竞争权遭到侵害的情形,可借鉴美国宽松标准的做法,允许存在事实上竞争关系且政府补贴行为“可能”会损害特定方的经济利益的主体起诉,而法院可依据《行政诉

---

① 苗庆红:《公共财政框架下中国预算改革:回顾和展望》,载《中央财经大学学报》2020 年第 5 期,第 11 页。

② 刘伟:《财政补贴的竞争法审查及其改进——兼论〈公平竞争审查制度实施细则(暂行)〉》,载《财经理论与实践(双月刊)》2018 年第 5 期,153 页。

③ 王彦明、王业辉:《政府补贴的法理与规制进路》,载《河南社会科学》2015 年第 12 期,第 62 页。

讼法》的规定对政府补贴所依据的规范性文件进行合法性的附带审查，从而绕开该类案件中政府的补贴行为是否构成对公平竞争权的侵害的认定难题。① 对于第三类情形，由于受到的损害与政府补贴行为之间的因果关系较远，且受损的利益相关者实为社会全体纳税人，那么可以考虑构建纳税人诉讼制度。此外，还可以考针对政府补贴创设公益诉讼机制，将私人诉讼与公益诉讼机制相结合，加强对政府补贴行为的监督和制约。②

# 小　结

现代社会的发展和国际竞争要求各国政府积极履行经济管理和发展职能，国有企业作为政府参与或干预经济的一种政策工具，其在国际经济领域中的活动必然要受到法律的规制。"国家资本主义"仅仅是引发东西方误会和冲突的借口而非问题的实质。从根本上看，在全球化场景下国有企业问题本质上属于在国际大市场中规范政府参与经济行为和国际市场公平竞争的问题。为了实现国际社会的良法善治，国企新条款的发展需要东西方国家更多的对话和共识，而中国作为负责任的大国也必须要加强自身的国企改革和补贴领域的法治建设。

国际社会关于"国家资本主义"的著述与声音极易引发东西方误会、甚至人为制造了西方针对中国的假象，加剧了大国崛起过程中的意识形态冲突和制度对立，也引发了中国对国企条款的某种抵触情绪。虽然国企条款易被西方某些国家用做对付中国的战略工具，国企条款的存续本身却具有客观必然性，其中一些规则的形成与存在甚至完全与中国的崛起无关，具体表现在国企条款的历史起源、国企条款在区域贸易协定中的普遍性发展、欧美国内政府反竞争行为的规制制度等。《中欧投资协定》达成的国企条款更是表明中西方在国企规制问题上也存在一定的共识和合作基础。理性看待国企条款发展的现实性和客观性，对于中西方在当前极复杂的国际政治关系中突破"安全困境"和"零和博弈"思维的禁锢

---

① 王彦明、王业辉：《政府补贴的法理与规制进路》，载《河南社会科学》2015 年第 12 期，第 62~63 页。

② 吕清正、郭志远：《我国政府补贴的法律治理》，载《江淮论坛》2017 年第 3 期，第 99~100 页。

极为重要。国企问题并非 21 世纪独有的新问题，只要存在市场经济、国家的经济职能以及经济全球化，就有在国际经贸领域规制国企的问题。国企条款具有自身的发展规律和内在逻辑。

从在法律层面上看，国企规制问题本质上属于驯服"经济利维坦"问题，即对政府影响经济、限制竞争的行为的规制，这是所有国家都同样面临的问题与考验。政府参与经济同样需要遵循市场经济规律并确保公平竞争，要通过竞争中立确保实质公平，通过信息公开确保程序公平。约束公权力和遵循市场公平竞争同时构成国企条款存续与演变的法理逻辑。国企条款必然会存在于多边或区域贸易协定中，具体规则内容正处革新性的动态发展过程中。中国可利用 WTO 鼻祖约翰·杰克逊早年提出的"接合面理论"，主张不同制度模式的国家求同存异。中国可积极推出中国版的竞争中立规则以促其向"良法"发展，并在批判借鉴欧美范式的基础上推进政府补贴和公平竞争审查制度的法律化，合力助推国企的身份正位和良性发展。

中国应该有效贯彻国有企业分类改革方案，并通过构建竞争中立制度消弱国有企业因为所有制因素而取得的不当竞争优势，促成参与市场竞争活动的国有企业具有独立的商业主体身份。从长远来看，将国有企业区分为公共企业与商事企业，不仅有助于解决公共产品和服务的提供问题，还能为国有企业走向国际市场扫清障碍。国企还应该逐步退出经济领域而主要保留在涉及国家安全、战略性、国计民生和人民福祉等公共领域。相关的政府部门必须看到国有企业分类改革和监管的重大和长远价值，严格按照要求加强分类改革的推进和监管，否则就会严重影响国有企业改革进程以及其他法律制度的配套实施。国际社会兴起的竞争中立规则既是中国国有企业新时代发展的压力，又在某些方面与中国国有企业的市场化改革要求相契合。其中，加强国有企业的公司治理则是竞争中立规则的核心，可在对其批判借鉴的基础上推进中国国有企业改革和身份正位。

新型国企条款中的反补贴规则一定程度上代表了市场经济公平竞争以及对公共财政资金进行约束的要求。中国需要从政府补贴法治化建设的宏观视角规范国企的补贴问题。中国产业补贴和国企补贴却存在规模过大和滥用的情形，不仅会影响市场经济的有效运行还会引发国际经贸冲突，根源则在于我国的政府补贴缺乏严格的法律约束。中国的公共财政仍存在建设财政色彩，政府与市场的关系没有理顺；政府补贴范围广、形式表现多样，法律规制困难；中国的公共财政预算制度不完善。为消除现行国企补贴和产业补贴中的诸多弊端，必须要深化改革财政补贴政策、完善补贴法制，具体的制度构建包括制定统一的《政府补贴法》、协调产业政策和竞争政策的关系、构建公平竞争审查制度、完善财政监管和司法救济制度等。

# 结　　论

作为 21 世纪全球经贸治理领域最富有争议的议题之一，如何进行国企规制一度引发中西方之间的误解甚至紧张关系。为了揭示国企条款的当代命运和国企规制规律以促进良好的国际经贸合作，本书通过运用历史考证法以及规范分析法探讨国企条款的历史演进规律及其背后的法哲学基础。本研究得出以下五大方面的结论。

1. 国企规制并非新问题

从国企国际规制条款的起源与发展看，当前全球关注的国企规制并非新问题，而是从多边贸易体系构建之始就受到各方高度关注并在欧美的推动下成为国际贸易规则之一。英美两国是"二战"后多边贸易体制的重要设计者，双方率先达成全球经济合作、促进世界和平与繁荣的共识并推进创设了国营条款。"二战"后，在多边贸易体制创建的过程中，英美双方关注到国营贸易问题并就国营条款进行了谈判，最后美国以公平竞争的理念和反垄断法的思路设计国营条款并影响了多边贸易体系国营条款的形成。《哈瓦那宪章》中的国营条款主要体现在第四章"商业政策"第四节"国营贸易与相关事项"中，后来只有非歧视条款变成 GATT 第 17 条。国营企业在多边贸易体系构建初期就备受重视，主要是基于各国对国际贸易自由化以及世界经济发展和和平的追求。20 世纪国企条款主要涉及货物和服务贸易领域，规则的核心内容主要包括非歧视待遇、透明度和公平贸易救济等三大方面，规制目的是为了避免其特权和垄断成为变相的贸易壁垒。20 世纪国企条款具有以非歧视待遇、透明度和公平贸易为主的规制结构，在具体制度设计和执行方面，这三个方面的规定呈现出逐次弱化的倾向，即非歧视待遇要求设计相对完善且具有良好的执行效果，透明度次之，公平贸易与竞争要求则最弱。20 世纪国企条款内容总体上相对简单，是对 20 世纪国际经济和政治形势的有效回应，但却对 21 世纪国企和私营企业同台竞技的新挑战显得力不从心。

2. 国企国际化触发了规则的变革

从国企国际化的新形势看，国有企业成为全球"竞争者"对国际经济法带来了新挑战。WTO "公共机构"补贴案件突出反映国际经贸领域中的"公平竞争"问题和隐患，但同时更要看到"公共机构"紧密相关的双重救济和非市场经济地位问题背后的等规则的博弈。尤其随着中国经济的崛起，中国国有企业积极参与国际投资贸易活动更是受到西方的高度关注甚至抵制。国有企业国际化发展之所以会挑战传统的国际经贸秩序，是因为与政府具有特殊关系的国有企业的经济活动除了有战略目的外，还可能会引发投资安全、破坏市场秩序和公平竞争等诸多问题，其中最受国际社会关注的是公私企业同台竞技可能产生的不公平竞争问题。"公平贸易"和"公平竞争"是中美贸易战的争论焦点，也是令 WTO 陷入困境的原因之一。中美在 WTO 十二年关于"公共机构"之争的补贴措施案，集中反映了各国不同的经济发展水平、政策选择和制度安排而引发的"公平贸易/竞争"的现实困境，也预示着国企条款改革的方向。从深层次角度看，中美关于"双重救济""公共机构"之争的补贴措施案涵盖了"非市场经济方法"与"公共机构"等多个层次的问题，集中反映了各国不同的经济发展水平、政策选择和制度安排而引发的"公平贸易"的现实困境。对于能否对非市场经济国家产品同时进行"双反救济"问题，美国国内经历了认知混乱、行为不一致的行政、司法、立法过程，最终通过国内"修法"并以"溯及适用"的方式明确了国内授权，使得美国突破原先不对非市场经济体采取反补贴措施规定的障碍。是否对非市场经济国家征收反补贴税本身就是极为复杂的法律与政治问题，美国改变以往的立法和行政实践又存在一定的必然性。此外，国企规制问题还涉及市场经济地位这一宏大的问题。从与国有企业紧密相关的公共机构和市场经济地位问题可以看出，国有企业规制表面是规则博弈，深层次领域却涉及制度之争，相关的争议具有"法律问题政治化"的特性。

3. "变法运动"中的国内法和国际法形塑了 21 世纪新国企条款

为应对国际经济法中国企规制不足的问题，欧美国家在多边领域展开法律解释拉锯战的同时，还通过国内单边立法和区域贸易协定的方式推进国企规制的"变法运动"。一方面，与 21 世纪国企条款内容紧密相关的国内法实践有澳大利亚的竞争中立制度以及欧盟和美国的各种新规定。澳大利亚的竞争中立制度有一套完整的执行、监督和申诉体系的国家，常被认为是竞争中立国际规则的起源和范本。为了解决外国补贴对欧盟内部市场产生扭曲效应的问题，欧盟推出了《外国补贴新条例》，其目的在于构建起针对国有企业和政府补贴的全方位的规制框架。美国则积极在国内酝酿推出极具"杀伤力"的《外国公司问责法案》《竞争与创新法案》《稳定就业与抗全球市场扭曲法案》等新法案。以 OECD、联合国贸发会为主的国际多边合作平台一直在积极倡导与推进国企新规则，并促成全球范围内如火如荼的反全球市场扭曲运动和反补贴运动，这些都对国企国际新规则的形成与发展产生重要的引导性作用。另一方面，自 21 世纪开始，国际经贸领域出现以竞争中立为主要内容的国企新规则，集中体现于欧美新一代的区域贸易投资协定中。基于不同的利益诉求和法律传统，国企新规则模式大致可分为澳大利亚的纯粹竞争中立模式、欧盟主导的温和模式以及美国主导的激进模式。随着时间的推移，欧美主导的国企新规则模式已经开始出现合流，强调以竞争中立和透明度为新一代规则的主要内容。美国和欧盟在国企新规则的设计上分别属于全面监管型和加强补贴控制型，二者的典范分别为 TPP 和《欧盟—英国贸易与合作协议》。当前，欧美新区域贸易协定的国企规制以及与之相关的产业补贴规制、全球防市场扭曲运动均在《哈瓦那宪章》开创的基础上发展而来，表现出以"竞争中立"和"强透明度"为主要内容的发展趋向，条款设计具有从概括性立法到细化实用、从软约束到强约束、从自律到自律与他律相结合的特点。2021年中欧达成的《中国—欧盟全面投资协定》的国企条款尽管相对简单，但其实也已汇入国企新规则的发展进程中。21 世纪国企新规则既有积极的意义但也存在一定的问题，会引发诸多的挑战，需要客观全面地看待和审慎应对。

4. 国企条款背后存在丰富的法理逻辑和法哲学基础

从国企条款演绎的内在逻辑看，尽管国企新规制确实存在"法律问题政治化"的倾向，但是其背后却有丰富的法哲学基础予以支撑。具体表现为以下五个方面。

（1）对国有企业进行法律规制涉及国有化或民营化的不同选择。20 世纪以来，世界曾出现三次大规模的国有化和私有化浪潮。2008 年经济危机至今，包括西方国家在内的政府又倾向于采用包括国企在内的各种政府支持经济措施。近现代的国有化与私有化浪潮都有其客观原因。从本质上看，国有化与私有化都是国家发展社会、调控经济的政策工具和手段，涉及政府和市场的关系问题，会因国情和外部变量而表现不同。无论是私有化还是国有化，都不可能一劳永逸地解决社会经济问题。

（2）国有企业的法律性质是相关制度和规则构建的前提。对国有企业的身份定位或者身份"矫正"必然也会成为国际经贸治理的重要问题。西方法学理论一般把国企定性为商事主体和"公营造物"。转型期的国有企业身份普遍具有混合性、公私法特色兼具的独特性。中国国企身份定位不明及相关法律制度难以系统地对其规制，是因中国市场经济仍旧处于转型发展时期，以往的发展过于注重商事立法而忽视了市场失灵的问题。中国国企分类改革后，也必然会与世界主流趋势汇合，即，国企将发展演变为专门从事公共服务的"公营造物"和专门参与经济活动的独立的商事主体。中国可借鉴德国法上的公营造物制度和理论对我国的公法人制度进行体系性整合。

（3）国际经济法领域规制国企的逻辑同样是厘清政府与市场的界限。如何"驯服经济利维坦"是全球化背景下所有国家都面临的新问题和新考验。如何在全球大市场构建法治经济、约束国家权力仍处于探索阶段。与国内法上的法治经济和市场经济的逻辑相似，国际法治经济必然要求规范政府参与经济的行为，而国际市场经济则要求政府在参与市场经济活动时保持谦抑主义。西方古典政治哲学中的国家理论和中国传统历史文化资源都有丰富的限权思想。政府能否参与经济活动问题往往会引发"国进民退"和"国退民进"之争，中西方在传统和实践上都认为国家不应该积极进入经济领域以获取或垄断商业利益。政府的起源与国家学说理论决定了在工业化时代和后工业化时代政府参与或管理经济活动要保持谦抑与克制。

（4）竞争中立则是新时代解决国企和私企公平竞争的新理论和新实践。涉及新型的政府管理模式的新公共管理运动对竞争中立影响重大，是对竞争中立进行理论阐述的重要视角。新公共管理运动对中国政府管理和国有企业制度有一定的借鉴意义，中西在公共行政管理和国有企业规制方面可以找到交汇点。

（5）国企补贴问题从根本上涉及政府补贴涉中公共财政资金的使用和监督。国企补贴或政府补贴本质上属于财政支出或财政转移支付的一种表现形式。区域贸易协定的新型反补贴规则开始出现新的指导思想，《欧盟—英国贸易协定》首次在补贴规则设计中展现出对公共资金进行严格监管的思维，揭示国企补贴规则不仅重在管控补贴对经贸的影响，更要加强对政府公共财政资金的国际规范和监管。政府补贴同样需要遵循公共财政学和财政法的基本原则，尤其是法定性和比例性原则。我国现行对国企的补贴、产业政策补贴仍欠缺规范和约束，中国未来进行补贴法制构建时，必须要抓住政府补贴的实质与逻辑积极借鉴西方的先进实践经验。

5. 国企新规制需要消除跨洋误会并完善制度

为了实现国际社会的良法善治，国企新条款的发展需要东西方国家更多的对话和共识，而中国作为负责任的大国也必须要加强自身的国企改革和补贴领域的法治建设。虽然国企条款易被西方某些国家用作对付中国的战略工具，国企条款的存续本身却具有客观必然性，其中一些规则的形成与存在甚至完全与中国无关，具体表现在国企条款的历史起源、国企条款在区域贸易协定中的普遍性发展、欧美国内政府反竞争行为的规制制度等。《中欧投资协定》达成的国企条款更是表明中西方在国企规制问题上也存在一定的共识和合作基础。理性看待国企条款发展的必然性，对于中西方在当前极复杂的国际政治关系中突破"安全困境"和"零和博弈"思维的禁锢极为重要。从法律层面上看，国企规制问题本质上属于驯服"经济利维坦"问题，即对政府影响经济、限制竞争的行为的规制，这是所有国家都同样面临的问题与考验。中国可利用 WTO 鼻祖约翰·杰克逊早年提出的"接合面理论"，主张不同制度模式的国家求同存异、再度合作。

中国应该有效贯彻国有企业分类改革方案，并通过构建竞争中立制度消弱国有企业因为所有制因素而取得的不当竞争优势，促成参与市场竞争活动的国有企业具有独立的商业主体身份。相关的政府部门必须看到国有企业分类改革和监管的重大和长远价值，严格按照要求加强分类改革的推进和监管。加强国有企业的公司治理则是竞争中立规则的核心，可在对其批判借鉴的基础上推进中国国有企业改革和身份正位。

新型国企条款中的反补贴规则代表了市场经济公平竞争以及对公共财政资金进行约束的要求。中国需要从政府补贴法治化建设的宏观视角规范国企的补贴问题。中国产业补贴和国企补贴存在规模过大和滥用的情形，不仅会影响市场经济的有效运行还会引发国际经贸冲突，根源则在于我国的政府补贴缺乏严格的法律约束。为消除现行国企补贴和产业补贴中的诸多弊端，必须要深化改革财政补贴政策、完善补贴法制，具体的制度构建包括制定统一的政府补贴法、协调产业政策和竞争政策的关系、构建公平竞争审查制度、完善财政监管和司法救济制度等。

总之，国企条款的历史起源和演绎发展具有一定的客观性、必然性和正当性。对国企的国际经济活动进行市场化规范、公平竞争约束、补贴控制，既符合国际社会良法善治的要求，也符合国际社会历史发展的潮流大势。伯尔曼在评价欧洲中世纪商业制度破除教会束缚时曾言，"法律是商业活动和灵魂拯救之间的一座桥梁"。① 法律何尝不是超越东西方意识形态达成国际经贸合作新秩序的桥梁？国企条款在 20 世纪的战火与冷战中存续发展的特殊历史，表明了人类具有突破政治和意识形态冲突达成国际经贸合作的能力和经验。21 世纪的国企条款同样负有突破政治和经济较量、意识形态冲突而获得良法善治、公平竞争、共同繁荣的历史使命。各大国均须理性遵守国际经贸的客观规律，避免战略误判而掉入"修昔底德陷阱"，如此方有可能确保各种不同制度和不同文明的国家和平共处、共建繁荣的地球村。

---

① ［美］哈罗德·J. 伯尔曼著，贺卫方等译：《法律与革命》，法律出版社 2018 年版，第 447 页。

# 参 考 文 献

一、中文部分

（一）著作类

[1]［澳］迈克尔·J. 温考普著，高明华译：《政府公司的法人治理》，经济科学出版社 2010 年版。

[2]［德］德罗尔夫·施托贝尔著，谢立斌译：《经济宪法与经济行政法》，商务印书馆 2008 年版。

[3]［德］柯武刚、史漫飞著，韩朝华译：《制度经济学：社会秩序与公共政策》，商务印书馆 2000 年版。

[4]［德］瓦尔特·欧肯著，李道斌、冯兴元、史世伟译：《经济政策的原则》，中国社会科学出版社 2014 年版。

[5]［德］乌尔里希·克卢格著，雷磊译：《法律逻辑》，法律出版社 2016 年版。

[6]［法］狄冀著，郑戈译：《公法的变迁》，商务印书馆 2013 年版。

[7]［美］奥格斯著，骆梅英译：《规制：法律形式与经济学理论》，中国人民大学出版社 2008 年版。

[8]［美］大卫·阿米蒂奇著，陈茂华译：《现代国际思想的根基》，浙江大学出版社 2017 年版。

[9]［美］戴维·H. 罗森布鲁姆等著，王丛虎主译：《公共管理的法律案例分析》，中国人民大学出版社 2006 年版。

[10]［美］道格拉斯·C. 诺思著，陈郁、罗华平等译：《经济史中的结构与变迁》，上海人民出版社 1994 年版。

[11] ［美］哈罗德·J. 伯尔曼著，贺卫方等译：《法律与革命》，法律出版社2018 年版。

[12] ［美］哈耶克著，冯克利等译：《致命的自负》，中国社会科学出版社2000年版。

[13] ［美］罗伯特·吉尔平著，杨宇光等译：《国际关系政治经济学》，上海世纪出版社2011 年版。

[14] ［美］罗森布鲁姆等著，王丛虎译：《公共管理的法律案例分析》，中国人民大学出版社1999 年版。

[15] ［美］米尔顿·弗里德曼著，张瑞玉译：《资本主义与自由》，商务印书馆1986 年版。

[16] ［美］萨缪尔森、诺德豪斯著，萧琛等译：《宏观经济学（第16 版）》，华夏出版社1999 年版。

[17] ［美］约翰·伊肯伯里著，门洪华译：《大战胜利之后：制度、战略约束与战后秩序重建》，北京大学出版社2008 年版。

[18] ［意］F. 卡尔卡诺著，贾婉婷译：《商法史》，商务印书馆2017 年版。

[19] ［英］弗里德里希·冯·哈耶克著，邓正来、张守东、李静冰译：《法律、立法与自由》，中国大百科全书出版社2000 年版。

[20] ［英］霍布斯著，黎思复、黎廷弼译：《利维坦》，商务印书馆2020 年版。

[21] ［英］麦考密克著，陈锐、王琳译：《法律制度——对法律理论的一种解说》，法律出版社2019 年版。

[22] 蔡茂寅：《公营造法与公共企业》，载翁岳生主编：《行政法（上）》，中国法制出版社2000 年版。

[23] 陈新民：《公法学札记》，法律出版社2010 年版。

[24] 单一：《规则与博弈——补贴与反补贴法律制度与实务》，北京大学出版社2021 年版。

[25] 翟巍：《欧盟国家限制竞争行为反垄断规制及对我国启示——基于公共经济利益服务研究视域》，法律出版社2016 年版。

[26] 胡改蓉：《国有公司董事会法律制度研究》，北京大学出版社2010 年版。

[27] 桓宽著，陈桐生译注：《盐铁论》，中华书局2015 年版。

[28] 黄锦堂：《行政组织法之基本问题》，载翁岳生主编：《行政法（上）》，中国法制出版社 2000 年版。

[29] 金观涛、刘青峰：《兴盛与危机 论中国社会超稳定结构》，法律出版社 2011 年版。

[30] 经济合作与发展组织著，赵立新、蒋星辉、高琳译：《竞争中立：各国实践》，经济科学出版社 2015 年版。

[31] 经济合作与发展组织著，谢晖译：《竞争中立：经合组织建议、指引与最佳实践纲要》，经济科学出版社 2015 年版。

[32] 兰小欢：《置身事内》，上海人民出版社 2021 年版。

[33] 李俊江、史本叶、侯蕾：《外国国有企业改革研究》，经济科学出版社 2010 年版。

[34] 彭岳：《贸易补贴的法律规制》，法律出版社 2007 年版。

[35] 全小莲：《WTO 透明度原则研究》，厦门大学出版社 2012 年版。

[36] 石伟：《"竞争中立"制度的理论和实践》，法律出版社 2017 年版。

[37] 王建勋：《驯化利维坦——有限政府的一般理论》，东方出版社 2016 年版。

[38] 王金存：《破解难题——世界国有企业比较研究》，华东师范大学出版社 1999 年版。

[39] 王俊豪：《政府管制经济学导论——本理论及其在政府管制实践中的应用》，商务印书馆 2013 年版。

[40] 王名扬：《法国行政法》，北京大学出版社 2007 年版。

[41] 王先林：《WTO 竞争政策与中国反垄断立法》，北京大学出版社 2005 年版。

[42] 熊伟：《财政法基本问题》，北京大学出版社 2012 年版。

[43] 徐阳光：《财政转移支付制度的法学解析》，北京大学出版社 2009 年版。

[44] 应品广：《法治视角下的竞争政策》，法律出版社 2013 年版。

[45] 应品广：《竞争中立规则研究——国际比较与中国选择》，中国政法大学出版社 2020 年版。

[46] 张晋藩：《中国宪法史》，中国法制出版社 2016 年版。

[47] 赵维田：《世贸组织（WTO）的法律制度》，吉林人民出版社 2000 年版。

[48] 周志忍：《当代国外行政改革比较研究》，国家行政学院出版社 1999 年版。

（二）论文类

[1]［日］松下满雄著：《世界贸易组织的基本原则和竞争政策的作用》，朱忠良译，载《环球法律评论》2003 年春季号。

[2]包晋：《TPP 谈判中的竞争中立议题》，载《武大国际法评论》2014 年第 1 期。

[3]毕莹：《国有企业规则的国际造法走向及中国因应》，载《法商研究》2022年第 3 期。

[4]财政部财政科学研究所课题组：《我国公共财政框架下财政监督问题的研究》，载《财政研究》2003 年第 10 期。

[5]陈明明、张国胜、孙秀：《国有企业、政府补贴与企业创新供给——基于上市工业企业的实证研究》，载《当代财经》2016 年第 10 期。

[6]陈卫东：《中美围绕国有企业的补贴提供者身份之争：以 WTO 相关案例为重点》，载《当代法学》2017 年第 3 期。

[7]陈振明：《评西方的"新公共管理"范式》，载《中国社会科学》2000 年第6 期。

[8]陈振明：《走向一种"新公共管理"的实践模式——当代西方政府改革趋势透视》，载《厦门大学学报》2000 年第 2 期。

[9]董辅礽：《从企业功能着眼分类改革国有企业》，载《改革》1995 年第 8期。

[10]段晓光：《俄罗斯东欧诸国国有企业股份制改造负面效应解析》，载《俄罗斯中亚东欧研究》2005 年第 6 期。

[11]范健、李欢、丁凤玲：《试论传统"官商"体制镜鉴下的中国国有企业改革》，载《扬州大学学报》2018 年第 6 期。

[12]冯辉：《竞争中立：国有企业改革、贸易投资新规则与国家间制度竞争》，载《环球法律评论》2016 年第 2 期。

[13]冯俏彬：《我国财政监督的过去与未来于经济转轨和财政转型的背景》，载《财政监督》2010 年第 10 期。

[14]高明华：《论国有企业分类改革和分类治理》，载《行政管理改革》2013年第 12 期。

[15] 耿志强：《美国金融安全审查的新趋向、影响及应对——以〈外国公司问责法〉为切入》，载《西南金融》2021 年第 1 期。

[16] 顾功耘：《论国资国有企业深化改革的政策目标与法治走向》，载《政治与法律》2014 年第 11 期。

[17] 顾功耘：《论重启改革背景下的经济法治战略》，载《法学》2014 年第 3 期。

[18] 顾建亚：《德国"公营造物"理论与高校管理》，载《浙江科技学院学报》2011 年第 5 期。

[19] 韩立余：《TPP 协定的规则体系：议题与结构分析》，载《求索》2016 年第 9 期。

[20] 何泓：《"国进民退"之争的周期性现象及其实质》，载《经济研究导刊》2022 年第 10 期。

[21] 何志鹏：《国际法的西方传统与中国观念》，载《法学杂志》2018 年第 2 期。

[22] 贺林波，李燕凌：《作为公法精神的公共服务——基于规范与事实的视角》，载《湘潭大学学报（哲学社会科学版）》2013 年第 6 期。

[23] 胡改蓉：《论公共企业的法律属性》，载《中国法学》2017 年第 3 期。

[24] 胡改蓉：《新加坡国有控股公司的制度设计及面临的挑战》，载《法学》2014 年第 6 期。

[25] 胡子南、高拴平：《欧盟推出外国财政补贴新监管机制的动向、影响和应对》，载《国际贸易》2021 年第 4 期。

[26] 黄春蕾：《对西方资本主义国家从国有化到私有化的再认识》，载《当代财经》2001 年第 4 期。

[27] 黄龙：《美国〈外国公司问责法案〉对中概股跨境融资的影响及对策研究》，载《当代金融研究》2022 年第 6 期。

[28] 黄温泉：《论行政行为的谦抑性——从"馒头必须是圆的"谈政府行为的边界》，载《江汉大学学报（社会科学版）》2012 年第 1 期。

[29] 蒋国发：《对我国公共财政监管问题的探讨》，载《理论探讨》2008 年第 11 期。

[30] 金晶:《中国政府公共服务职能定位演变的历史逻辑——基于新制度主义视角》,载《中国管理信息化》2017年第3期。

[31] 金相文:《公共预算改革及其对我国政府职能转变的意义》,载《公共管理科学》2004年第3期。

[32] 寇蔻、李莉文:《德国的外资安全审查与中企在德并购面临的新挑战》,载《国际论坛》2019年第6期。

[33] 李海川:《我国财政资金监督制衡机制问题研究》,载《南方金融》2014年第455期。

[34] 李季、卡玛拉·达沃:《从"反补贴税的征收"到"双重补贴"——从中美贸易案的发展看中国"双反"问题的演进与特色》,载《齐鲁学刊》2018年第6期。

[35] 李庆明:《论中国国有企业在美国民事诉讼中的国家豁免》,载《江西社会科学》2018年第11期。

[36] 刘大洪、段宏磊:《从"国家干预"到"谦抑干预"——谦抑性理念下中国经济法学逻辑起点之重构》,载《经济法研究》2015年第1期。

[37] 刘大洪:《论经济法上的市场优先原则:内涵与适用》,载《法商研究》2017年第2期。

[38] 刘大洪:《市场主体规则平等的理论阐释与法律制度构建》,载《中国法学》2019年第6期。

[39] 刘淑范:《行政任务之变迁与"公私合营事业"之发展脉络》,载《中研院法学期刊》2008年第2期。

[40] 刘伟:《财政补贴的竞争法审查及其改进——兼论〈公平竞争审查制度实施细则(暂行)〉》,载《财经理论与实践(双月刊)》2018年第5期。

[41] 刘雪红:《"国家资本主义论"下的国企投资者保护——基于投资协定革新的视角》,载《法学》2018年第5期。

[42] 刘雪红:《WTO一般例外条款适用误区之批判》,载《东方法学》2018年第4期。

[43] 刘雪红:《论国有企业私人投资者身份认定及启示——以ICSID仲裁申请人资格为视角》,载《上海对外经贸大学学报》2017年第3期。

[44] 刘耀东、宋茜培：《公共行政中的现代性：历史逻辑、发展趋势与策略选择》，载《兰州大学学报》2019 年第 3 期。

[45] 吕清正、郭志远：《我国政府补贴的法律治理》，载《江淮论坛》2017 年第 3 期。

[46] 马更新、郑英龙、程乐：《〈外国公司问责法案〉的美式"安全观"及中国应对方案》，载《商业经济与管理》2020 年第 9 期。

[47] 马骉：《从德国华为 5G 政策到中欧经贸关系的嬗变》，载《外交评论》2021 年第 4 期。

[48] 毛志远：《美国 TPP 国有企业条款提案对投资国民待遇的减损》，载《国际经贸探索》2014 年第 1 期。

[49] 孟雁北：《产业政策公平竞争审查论》，载《法学家》2018 年第 2 期。

[50] 苗庆红：《公共财政框架下中国预算改革：回顾和展望》，载《中央财经大学学报》2020 年第 5 期。

[51] 倪鹏途、陆铭：《市场准入与"大众创业"：基于微观数据的经验研究》，载《世界经济》2016 年第 4 期。

[52] 彭岳：《美国对华产品适用反补贴法中的行政方法与司法方法》，载《北方法学》2015 年第 2 期。

[53] 乔桂香：《"国进民退"论争综述》，载《河南大学学报（社会科学版）》2011 年第 4 期。

[54] 施正文：《财政补贴与市场公平竞争》，载《中国工商管理研究》2014 年第 9 期。

[55] 施正文：《修订后的预算法实施条例彰显现代预算制度建设目标》，载《中国财政》2020 年第 18 期。

[56] 孙晋：《公平竞争原则与政府规制变革》，载《中国法学》2021 年第 3 期。

[57] 孙晋：《谦抑理念下互联网服务行业经营者集中救济调适》，载《中国法学》2018 年第 6 期。

[58] 唐祥来：《公共产品供给模式之比较》，载《山东经济》2009 年第 1 期。

[59] 唐宜红、姚曦：《混合所有制与竞争中立规则——TPP 对我国国有企业改革的挑战与启示》，载《学术前沿》2016 年第 23 期。

[60] 屠新泉、周金凯：《美国国家安全审查制度对中国国有企业在美投资的影响及对策分析》，载《清华大学学报（哲学社会科学版）》2016 年第 5 期。

[61] 王佃利、展振华：《范式之争：新公共管理理论再思考》，载《行政论坛》2016 年第 5 期。

[62] 王东光：《德国联邦公共企业的监管制度》，载《法学》2014 年第 6 期。

[63] 王金存：《俄罗斯经济转轨模式反刍》，载《东欧中亚研究》1999 年第 1 期。

[64] 王金存：《评西方国家国有企业私有化》，载《国际经济评论》1997 年 11 月刊。

[65] 王彦明、王业辉：《政府补贴的法理与规制进路》，载《河南社会科学》2015 年第 12 期。

[66] 王燕：《"一带一路"自由贸易协定话语建构的中国策》，载《法学》2018 年第 2 期。

[67] 王忠明：《"非国有化"或"私有化"浪潮——国外国有企业研究（上）》，载《煤炭企业管理》1999 年第 7 期。

[68] 谢晓尧：《透明度：固有价值与保障机制》，载《法学》2003 年第 1 期。

[69] 徐程锦、顾宾：《关于"双反"问题的中美法律博弈》，载《国际法研究》2014 年第 3 期。

[70] 徐明妍：《欧盟竞争政策的重大变革：规制外国补贴》，载《竞争政策研究》2021 年第 5 期。

[71] 杨瑞龙、张宇、韩小明、雷达：《国有企业的分类改革战略》，载《教学与研究》1998 年第 2 期。

[72] 杨瑞龙：《简论国有企业分类改革的理论逻辑》，载《政治经济学评论》2015 年第 6 期。

[73] 杨卫东：《国有化与私有化研究——西方国企进退的历史轨迹》，载《武汉大学学报》2012 年第 1 期。

[74] 姚海放：《论政府补贴法治：产业政策法、财政法和竞争法的协同治理》，载《政治与法律》2017 年第 12 期。

［75］ 应品广：《从贸易政策到竞争政策：国有企业国际造法的路径选择》，载《世界经济研究》2022 年第 3 期。

［76］ 应品广：《美式国有企业规则的推行路径与逻辑谬误——基于与澳式规则的比较分析》，载《国际商务研究》2021 年第 5 期。

［77］ 于良春：《中国的竞争政策与产业政策：作用、关系与协调机制》，载《经济与管理研究》2018 年第 10 期。

［78］ 喻文光：《论铁路改革的法治化路径》，载《国家行政学院学报》2013 年第 4 期。

［79］ 张斌：《国有企业商业考虑原则：规则演变与实践》，载《上海对外经贸大学学报》2020 年第 4 期。

［80］ 张晋藩：《中国古代国家治理的重心——"民惟邦本，本固邦宁"》，载《国家行政学院学报》2017 第 4 期。

［81］ 张力：《俄罗斯民法中单一制企业的主体地位及其过渡性——转型社会中"商业公营造物"的实证分析》，载《法律科学》2010 年第 5 期。

［82］ 张乃根：《〈中国入世议定书〉第 15 段的条约解释——以 DS397 和 DS516 为例》，载《法治研究》2017 年第 6 期。

［83］ 张生、李妮：《欧盟外国补贴立法：发展、影响及中国的应对》，载《国际贸易》2022 年第 3 期。

［84］ 张潇剑：《WTO 透明度原则研究》，载《清华法学》2007 年第 3 期。

［85］ 张学勇、宋雪楠：《"私有化"与"国有化"的动机与效果：历史经验与研究进展》，载《经济学动态》2012 年第 5 期。

［86］ 张占江：《政府行为竞争中立制度的构造——以反垄断法框架为基础》，载《法学》2018 年第 6 期。

［87］ 张占江：《中国（上海）自贸试验区竞争中立制度承诺研究》，载《复旦学报》2015 年第 1 期。

［88］ 张正怡：《国际经贸规则中的竞争要求演变与我国的应对》，载《学习与实践》2016 年第 3 期。

［89］ 赵海乐：《竞争中立还是竞争礼让》，载《国际商务——对外经济贸易大学学报》2016 年第 4 期。

［90］赵海乐：《是国际造法还是国家间契约——"竞争中立"规则形成之惑》，载《安徽大学学报（哲学社会科学版）》2015 年第 1 期。

［91］中国人民银行宜春市中心支行课题组：《财政资金监督制衡的国际借鉴与启示》，载《金融与经济》2015 年第 9 期。

［92］周友军：《德国民法上的公法人制度研究》，载《法学家》2007 年第 4 期。

［93］左海聪：《2016 年后反倾销领域中国（非）市场经济地位问题》，载《法学研究》2017 年第 1 期。

## 二、外文部分

### （一）著作类

［1］Aldo Musacchio, Sergio G. Lazzarini, *Reinventing State Capitalism*: *Leviathan in Business*, *Brazil and Beyond*, Harvard University Press, 2015.

［2］Christiansen, H. and Y. Kim, *State-Invested Enterprises in the Global Marketplace*: *Implications for a Level Playing Field*, OECD Publishing, 2014.

［3］Craig Vangrasstek, *The History And Future of The World Trade Organization*, WTO Publication, 2013.

［4］D. Hughes, *Public Management and Administration*: *An Introduction*（2nd. ed.）, Macmillan Press LTD, 1998.

［5］Douglas A. Irwin, Petros C. Mavroidis, Alan O. Sykes, *The Genesis of the GATT*, Cambridge University Press, 2013.

［6］Ernst-Ulrich Petersmann, GATT Law on State Trading Enterprises: Critical Evaluation of Article XVII and Proposals for Reform, in *World Trade Forum*: *State Trading in the Twenty-First Century*, edited by Thomas Cottier, P. C. Mavroidis, Krista Nadakavukaren Schefer, University of Michigan Press, 1998.

［7］Ewan Ferlie et al, *The New Public Management In Action*, Oxford University Press, 1996.

［8］James M. Buchanan and Gordon Tullock, *The Calculus of Consent Logical Foundations of Constitutional Democracy*, Liberty Fund, Inc., 1999.

［9］ John H. Jackson, *The World Trading System*, *Law and Policy of International Economic Relations*, The MIT Press, 1997.

［10］ OECD, *Competitive Neutrality*：*Maintaining a Level Playing Field Between Public and Private Business*, OECD Publishing, 2012.

［11］ OECD, *Governments as Competitors in the Global Marketplace*：*Options for Ensuring a Level Playing Field*, OECD Publishing, 2016.

［12］ OECD, *Measuring Distortions in International Markets*：*The Semiconductor Value Chain*, OECD Trade Policy Papers, OECD Publishing, 2019.

［13］ Ohn H. Jackson, *The World Trading System-Law and Policy of International Economic Relations*, The MIT Press, 1989.

［14］ Owen Hughes, *Public Management and Administration*：*An Introduction* (2ed.), ST. Martin s Press Inc., 1998.

［15］ Petros C. Mavroidis and Thomas Cottier, State Trading in the Twenty-First Century：An Overview, in *World Trade Forum*：*State Trading in the Twenty-First Century*, edited by Thomas Cottier, P. C. Mavroidis, Krista Nadakavukaren Schefer, University of Michigan Press, 1998.

［16］ Shima, Y., *The Policy Landscape for International Investment by Government-controlled Investors*：*A Fact Finding Survey*, OECD Publishing, 2015.

［17］ Sultan Balbuena, S., *Concerns Related to the Internationalisation of State-Owned Enterprises*：*Perspectives from Regulators*, *Government Owners and the Broader Business Community*, OECD Corporate Governance Working Papers, OECD Publishing, 2016.

［18］ Thomas W Zeiler, *Free Trade*, *Free World*：*The Advent of GATT*, University of North Carolina Press, 1999.

(二) 论文类

［1］ Deborah Healey and Fhonda L. Smith, Competitive Neutrality in Australia：Opportunity for Policy Development, *Competition & Consumer Law Journal*, Vol. 25, 2018.

[ 2 ] Ding Ru, "Public Body" or Not: Chinese State-Owned Enterprise, *Journal of World Trade*, Vol. 48, No. 1, 2014.

[ 3 ] Elliot J. Feldman & John J. Burke, Testing The Limits of Trade Law Rationality: The GPX Case And Subsidies in Non-Market Economies, *American University Law Review*, Vol. 62, No. 4, 2013.

[ 4 ] Henry Gao, The WTO Transparency Obligations and China, *The Journal of Comparative Law*, Vol. 12, No. 2, 2018.

[ 5 ] Ines Willemyns, Disciplines on State-Owned Enterprises in International Economic Law: Are We Moving in the Right Direction?, *Journal of International Economic Law*, Vol. 19, No. 3, 2016.

[ 6 ] Jakub Kociubinski, The Proposed Regulation on Foreign Subsidies Distorting the Internal Market: The Way Forward or Dead End?, *European Competition and Regulatory Law Review*, Vol. 6, No. 1, 2022.

[ 7 ] John N. Hazard, State Trading in History and Theory, *Law and Contemporary Problems*, Vol. 24, No. 2, 1959.

[ 8 ] Julien Sylvestre Fleury, Jean-Michel Marcoux, The US Shaping of State-Owned Enterprise Disciplines in the Trans-Pacific Partnership, *Journal of International Economic Law*, Vol. 19, No. 2, 2016.

[ 9 ] Marc Ouin, State Trading in Western Europe, *Law and Contemporary Problems*, Vol. 24, No. 3, 1959.

[ 10 ] Mark Wu, The "China, Inc." Challenge to Global Trade Governance, *Harvard International Law*, Vol. 57, No. 2, 2016.

[ 11 ] Mike Wright, Geoffrey Wood, Aldo Musacchio, Ilya Okhmatovskiy, Anna Grosman, State capitalism in international context: Varieties and variations, *Journal of World Business*, Vol. 56, No. 2, 2021.

[ 12 ] Mitsuo Matsushita and C. L. Lim, 'Taming Leviathan as Merchant: Lingering Questions about the Practical Application of Trans-Pacific Partnership's State-Owned Enterprises Rules', *World Trade Review*, Vol. 19, No. 3, July 2020.

[ 13 ] Raj Bhala, Exposing the Forgotten TPP Chapter: Chapter 17 as a Model for

Future International Trade Disciplines on SOEs, Manchester Journal of International Economic Law, 2017, Vol. 14, No. 1.

[14] Robin Hui Huang, The US-China Audit Oversight Dispute: Causes, Solutions, and Implications for Hong Kong, *The International Lawyer*, Vol. 54, No. 1, 2021.

[15] Victor Zitian Chen, Aldo Musacchio, Sali Li, A Principals-Principals Perspective of Hybrid Leviathans: Cross-Border Acquisitions by State-Owned MNEs, *Journal of Management*, Vol. 45, No. 7, 2018.

[16] W. Friedmann, The Legal Status and Organizaiton of the Public Corporation, *Law and Contemporary*, Vol. 16, 1951.

[17] Weihuan Zhou, Rethinking the (CP) TPP as a Model for Regulation of Chinese State-Owned Enterprises, *Journal of International Economic Law*, Vol. 24, No. 3, 2021.

## (三) 报告类

[1] 2016 Report to Congress of The U. S. -China Economic and Security Review Commission.

[2] Antonio Gomes (Head of OECD Competition Division), Balancing Public Policy Considerations: Application of Competition Rules, speech on 7th ASEAN Competition Conference (Malaysia, 8 March 2017).

[3] Belgian Family Allowances (Allocations Familiales), Report adopted by the Contracting Parties on 7 November 1952 (G/32 - 1S/59).

[4] Canada - Import, Distributionand Sale of Certain Alcoholic Drinks by Provincial Marketing Agencies Report by the Panel Adopted on 18 February 1992 (DS17/R-39S/27).

[5] Canada-Administration of the Foreign Investment Review Act, Report of the Panel adopted on 7 February 1984 (L/5504 - 30S/140).

[6] Canada-Measures Relating to Exports of Wheat and Treatment of Imported Grain (WT/DS276/AB/R).

［7］ Canada-Wheat Exports and Grain Imports, Appellate Body Report（WT/DS276/AB/R）.

［8］ COAG, Competition and Infrastructure Reform Agreement（10 February 2006）.

［9］ Commission of the European Communities, State Aid Action Plan- Less and Better Targeted State Aid: A Roadmap for State Aid Reform 2005-2009, 2005.

［10］ Commission Staff Working Document on Significant Distortions in the Economy of the People's Republic of China for the Purposes of Trade Defence Investigations（20. 12. 2017）.

［11］ Council of Australian Governments（"COAG"）, Competition Principles Agreement（11 April 1995）, as amended（13 April 2007）.

［12］ Craig VanGrasstek, The History and Future of The World Trade Organization.

［13］ Deborah Healey, 'Competitive Neutrality: Addressing Government Advantage in Australian Markets' in Josef Drexl and Vicente Bagnoli（eds）, State-Initiated Restraints of Competition（Edward Elgar, 2015）.

［14］ Ding Ru, "Public Body" or Not: Chinese State-Owned Enterprise, Journal of World Trade 48, No. 1（2014）.

［15］ European Commission, EU-China A strategic outlook, 12 March 2019.

［16］ Federal Ministry for Economic Affairs and Energy of Germany, Industrial Strategy 2030-Guidelines for a German and European industrial policy.

［17］ IMF, OECD, World Bank, and WTO, Subsidies, Trade, and International Cooperation, 2022.

［18］ Korea—Various Measures on Beef（WT/DS161/R, WT/DS169/R）.

［19］ OECD（2019-12-12）, Measuring distortions in international markets: The semiconductor value chain, OECD Trade Policy Papers, No. 234, OECD Publishing, Paris;

［20］ OECD Guidelines on Corporate Governance of State-Owned Enterprises, 2015.

［21］ OECD, Competitive Neutrality: Maintaining A Level Playing Field Between

Public And Private Business, 2012.

[22] OECD, Measuring distortions in international markets: The semiconductor value chain, OECD Trade Policy Papers (2019-12-12), No. 234, OECD Publishing.

[23] OECD, State-Owned Enterprises as Global Competitors: A Challenge or an Opportunity, 2016.

[24] Republic of Korea-Restrictions on Imports of Beef - Complaint by the United States, Report of the Panel adopted on 7 November 1989 (L/6503 - 36S/268).

[25] Robert D. Anderson, William E. Kovacic, Anna Caroline Müller and Nadezhda Sporysheva, Competition Policy, Trade and the Global Economy: Existing WTO Elements, Commitments in Regional Trade Agreements, Current Challenges and Issues for Reflection (WTO Staff Working Paper), 2018.

[26] Robert Wolfe, Letting the sun shine in at the WTO: How Transparency Brings the Trading System to Life, Staff Working Paper ERSD-2013-03.

[27] Russian Federation—Certain Measures Concerning Domestic and Foreign Products and Services (WT/DS604/1).

[28] United States—Countervailing Duty Measures on Certain Products from China (WT/DS437/R).

[29] Treasury, Review of the Commonwealth Government's Competitive Neutrality Policy, Consultation Paper (March 2017) 1 ("Treasury Review").

[30] U. S. Department of Commerce, China's Status as a Non-Market Economy (October 26, 2017).

[31] U. S. Securities and Exchange Commission, Holding Foreign Companies Accountable Act Disclosure (No. 34-93701).

[32] United States- Definitive Anti-Dumping and Countervailing Duties on Certain Products from China, Appellate Body Report (WT/DS379/AB).

[33] United States Department of Commerce (USDOC), Final Affirmative CVD Determination: Certain Fresh Cut Flowers from the Netherlands, 52 FR 3301

（February 3, 1987）.

[34] United States General Accounting Office, State Trading Enterprises: Compliance with the General Agreement on Tariffs and Trade.

[35] United States Innovation and Competition Act of 2021, 117th Congress (2021-2022).

[36] United States-Countervailing and Anti-dumping Measures on Certain Products from China (WT/DS449/AB/R).

[37] United States—Countervailing Duty Measures on Certain Products from China, Panel Report (WT/DS437/R).

[38] United States—Definitive Anti-Dumping and Countervailing Duties on Certain Products from China (WT/DS379/AB).

[39] WTO, Working Party on State Trading Enterprises, Illustrative List of Relationships between Governments and State Trading Enterprises and the Kinds of Activities Engaged in by These Enterprises (G/STR/4 30 July 1999).

[40] WTO, Operations of State Trading Enterprises as They Relate to International Trade Background Paper by the Secretariat, G/STR/2, 26 October, 1995.

[41] WTO, State Trading Replies to Questions from China1 to The United States on Its State Trading Enterprises Notification, G/STR/Q1/USA/15, 11 May 2017.

# 后　记

本书是关于国有企业国际规制主题的研究。我对这一问题的关注起源于2015年博士论文关于WTO公共机构案件的思考，2016年我到华东政法大学进行竞争中立问题的博士后研究后，发现这一领域我依旧有很多困惑。恰好2019年申请了我国台湾地区中研院法律所的"大陆港澳学人短期访问研究"项目，那段短期访学交流的经历对我的学术思想和思维方式都有很大的影响。在那里，我如愿以偿地游览了阳明山、九分、日月潭、阿里山、素书楼等美景胜地，加深了对中国近代史的了解，也结识了很多友善儒雅的学人。正所谓"见贤思齐焉，见不贤而内自省也"，台湾地区学者认真严谨的学术态度、博而约的治学理念、多元的研究方法以及"温良恭俭让"的人生信条，都对我有很大的启发。我在此也乐于将自己对宝岛台湾学术研究的观察和思考与读者诸君分享。

2019年6月，我抵达台北松山机场的第一天，法律所居然派司机开了一个九座位的商务车接机。作为小讲师的我受宠若惊。司机看到眼前年轻瘦小的女士，也略有吃惊。到达后，很快就入住中研院的学术活动中心楼。由于是第二次造访，感觉很亲切温馨，室内布局与两年前相比已做了简单的装修，但一楼前台大厅悬挂的"三不朽"书画依旧没变。下午4点到学术活动中心旁边的人文社科楼报道，见到了一直负责联系的王编审，他引领我到分配好的办公室并给了我临时的工作证和图书证。我刚踏上法律所的办公室楼，就被其简约明快、中西风相结合的轻奢风所震撼，尤其是办公楼层外还有一个漂亮的露台，工作累了可出去休憩喝茶、远眺白云和青山。想不到科研办公环境可以设计得那么温馨舒适又有格调，后来才晓得，这正是台湾地区的法学研究重镇。

给我安排的研究主持人是刘淑范研究员。她是一名早年留德、深耕行政法多年的资深学者，对德国的民营化很有研究，其专长刚好和我关注的竞争中立问题有所契合。我报道后就给刘老师写邮件，她傍晚立马到我办公室找我，但不巧我当时在图书馆借书。她给我写邮说："刘老师道鉴：赐函敬悉，欣闻抵所。今日傍晚拟至您研究室探访，惜未能遇见，当另择他时再登门拜访。即祝暑安。刘淑范　敬覆。"真想不到法学前辈的国学底蕴那么好，文字古朴凝练，为人谦逊有礼。次日下午，我在办公室犹豫着是否要直接跟刘老师打电话联系，一位上了年纪但温婉儒雅的女学者敲门，原来正是刘淑范老师！她约我晚上6点半一起吃饭交流。晚餐就在学术活动中心一楼的美食中心。刘老师执意要请客，让我坐对门的座位上并把账单直接放到她手边。台湾的美食名不虚传，我边品尝可口的饭菜，边听刘老师的各种分享。原来前辈的祖籍是扬州，但是她一直没到过扬州。看她纤瘦、气质温婉的模样，确实长得像江南一带的女子。但事实上，刘老师在学业和科研上非常勇猛精进。她曾于21世纪70年代在"国立"台湾大学本科毕业后到德国求学，赴德之后因为嫌各种手续麻烦就干脆直接补学了本科的课程，然后在德国乌兹堡大学攻读法学硕士和博士学位。饭后刘老师让我坐电梯回房休息。那晚夜色宁静、凉风习习，我提议陪她到外面透气散步再聊聊。于是，她顺着用餐时提及的专业问题，给我讲了铁路民营化涉及的路网、货网分离的实践；提到台湾ATM机分布密集、信用卡发达，移动支付在台湾普及不广的情况。天色渐晚，我要送她回人文社科楼办公。刘老师掂了下我的书包说好重、不让我送，我执意送到楼前。她开玩笑说：你自己回去可以吗？并细心交代说，如有问题随时给她写邮件，日后将会介绍我认识她办公室对面的曾留学法国的王必芳老师，以便在遇到生活方面问题时去找她帮忙。没想到专业权威的刘老师是那么亲切随和、细心温暖的女子，我内心深受触动。

在研究报告写得极为艰难之际，有一天，我在办公楼道的茶水间遇到了刘老师。她记性很好，居然记得十天前交流时我偶然提到的"民营化"的概念问题，专门给我阐述一番并回办公室给我找到了她的两篇文章相赠。一篇是《行政任务之变更与"公私合营事业"之发展脉络》，其中有黄色标签粘于第59页，她专门交代我从该页看后面相关的概念论述；另一篇则是《公私伙伴关系PPP于欧盟法制下发展之初探：兼论德国公私合营事业适用政府采购法之争议》。前辈如此认真用心地指导，让我很感动。于是，我一头扎进繁体字写就的各种专业文献中，不再有畏难情绪。

　　短短的访学期间，我从指导老师刘淑范教授身上既学到了专业知识，又学到了为学为人的方法。很有启发的主要有以下几点。其一，民营化是一个动态的概念和过程，包括组织、财产、任务和功能多个维度，而不仅仅指财产上的私营化；欧洲一些国家和中国台湾地区的做法是将某些组织的功能民营化，先将其发展为一个公司，然后向市场释放股权、让民间参股。其二，在讨论德国公私合营的问题时，她认为要从德国的国体、政治和国家发展史谈起。德国的国企、公私合营企业的发展与德国的"国家主义"和行政法上的"生存性照顾"义务密切相关，"二战"后的德国国家重建以及后来欧盟内部市场自由流动的要求，都促使德国发展出既能确保公共服务的提供，又不影响市场竞争的模式。其三，民营化要考虑社会环境的变化、科技的发展、政策和利益的考量等诸多因素，它们都决定了某个领域的事项是否仍属于行政任务，以及该行政任务存在的必要性。换言之，对"经济命脉""战略性任务""国退民进"的认知和判断都要放在宏观和特定的历史背景中考量，因为不同国家以及同一国家的不同阶段的任务和需求都不一样。此时我才意识到，研究法律问题要放到宏观的历史背景中进行深入的考察和分析。

　　此外，刘老师还分享了她的一些兴趣爱好和生活见解。她批判"瘦才是美"的审美观，她说喜欢钱穆老先生、喜欢佛理和哲学。她高度重视翻译工作，认为高质量的翻译是促进学术交流快速发展的重要路径，并提及日本的译书质量很好。确实，她自己就很踏实地翻译了一些德文的文献，我在那边交流时还见她有几次给德国学者的讲座做翻译。她年纪大、身体柔弱，做口译应该是非常辛苦的事。后来她写了一篇《"精神科学"概念浅释：从"精神哲学"到"精神科学"之集合概念》的文章并通过邮件发给我学习，该文主要是从译词源流的角度探析"精神科学"特殊概念之源起背景及发展过程。我当时回邮件告诉她，自己终于明白为何德国的法律和制度构建得那么精细严谨，原来是受了黑格尔"精神哲学"体系的影响；也开始意识到诸多社会沉疴积弊的根源在于对唯物主义、功利主义的过度推崇，并表态后面会找机会啃读康德和黑格尔的学说著述。

　　之所以重点分享我和刘淑范老师的交集往事，主要是因为我想感谢并致敬这位温婉低调、功力深厚的学界前辈，同时也交代一下我这本书的问题意识起源。

　　此外，台湾地区中研院法律所的学术管理机制和科研人才培育方式也令我印象深刻。那里的学术直接对标国际水平的研究，但是管理宽松、氛围自由、资料丰富、环境舒适、行政配套支持力度大，学者们只需安心学术、享受学术创作、产出高水平的成果即可。虽然也有学术考核的压力，但能感受到学者们都是出于真爱而快乐地加班科研。他们自我要求很高，尤其是一些年纪较大的学者会博览群书、力求学贯中西。他们留学欧美精通法律和外语，但专业和视野并不局限于规范研究，而是博而约、既专又博。我曾到简资修教授的办公室参观，发现他办公室两面墙上都是书，各学科各领域的都有，比如民法、反垄断法、神学、哲学、经济学、法律文化和法律移植等方面的书籍。为了保持学术研究的前沿性和敏锐性，法律所会经常举办各种学术研讨会、邀请国际学者开展学术讲座。每周二中午则固定为本所学者（含访问学者）的学术专场研讨会，轮岗的学者就自己的研究做主题报告，一般由法律所的所长或副所长主持，其他听会者则会提出各种犀利的问题。我结束访学前的某个周二做了关于"竞争中立国际规则发展动向"的学术报告，由简资修教授主持。不过让人窘迫的是，高级专业听众们提出的问题太犀利、太深刻，我几乎都招架不住。尤其是张永健老师直奔本源问到：问题意识是什么？同一概念在不同国家的不一致性是什么？尽管简教授、王必芳教授肯定了我的研究成果和展示效果，但是现场的思想交锋和锤炼拷问让我如履薄冰，自此以后更是深信学术研究要多坐冷板凳、多积累、多观察，要潜心研究、精益求精。

　　除了结识中研院法律所的学人外，我在访学期间怀着好奇心去听了一些法律类和人文哲社类的讲座，有缘结识了一些师友。其中一位是深富国学底蕴、宽厚仁慈的大学教授，他曾师从钱穆先生入室弟子辛易云老师学习国学，了解我的研究困惑和瓶颈后，经常无私地给我和小师妹分享中华传统文化知识和学术研究方法，对我的学术积累和成长帮助很大。

　　本书得以成稿，除了台湾学术交流对我的触动和启发外，我的工作单位华东政法大学提供的科研支持也极为重要。2016 年我刚到华政做博士后研究的时候，心生惶恐，生怕不能了解各种规则而举步维艰。但是后来发现，在华政工作很舒心。单位倡导便民、高效、去官僚化的治校作风，工作规则相对明确，既重视科研也重视教学、既重视绩效也重视人文关怀，同事们和谐相处、互相尊重。这些良好的工作体验都让我对行政管理和机制红利等问题有了新的认识。此外，尤其要感谢我的博士后研究指导老师顾功耘教授对我的悉心指导和无私帮助。顾老师学识渊博、儒雅宽厚、敢为人先，他言传身教，教导我们要多读书、多实践，要有格局、有魄力、有担当，为我们年轻人的成长提供了很多重要的指引。本书完稿后我曾发给顾老师审阅，他回复说"希望尽快出版，这样的著作很有价值"，老师对拙作的肯定让我备受鼓舞，十分有效地对症治疗了我的不自信和拖延症。

本书稿断断续续写成，最后定稿是 2022 年的暑假。火热的夏天，安静空旷的校园，我闭关静心写作。每天早上爬上图书馆明珠楼前的大台阶、朝拜门口的二圣哲（柏拉图和亚里士多德）后，走进二楼左手边的英文阅览自习室就能快速进入研习状态。在那儿，经常能遇到商学院、新传学院、知产学院、马院的老师们，大家一起科研和备课、互相扶持和帮助，甚是开心。其中，被封为"711"的李青文老师非常拼搏奋进，能大力提振科研士气；坐在对面的李静老师，经常以理科专业人士的理性思维帮我剖析问题。原本不过是闲置的外文阅览室，居然变成了没有办公室的老师们的落脚地乃至集体科研高地，再次验证了机制灵活、以人为本的华政理念。故，此处要真心感谢华政的领导和图书馆，感谢一起集体科研的小伙伴们！

最后，我要感谢华政高水平地方高校建设项目对本书出版的资助，感谢金可可教授对本书的认可和支持。感谢很多同事和好友们的帮助，虽然平时都很忙很少见面，但总能感受到相互之间的默契以及学术共同体的力量。"自由雀"群的学术讨论给我提供了很多重要的启发。同事陈雷老师无私分享其财税法领域的见解助我拓宽研究视野，陈美颖老师带我探索人生哲学问题，褚涓老师热心帮忙修改英文文章的摘要，沈骏峥老师百忙中帮审阅校对书稿，澳门科技大学的王超老师无私分享课件和学术思想。上海 WTO 中心研究部主任伍穗龙赠送的国际经贸丛书帮我及时跟进学术前沿。此外，家人们的支持和关爱也是我前行的动力，感谢母亲麦兰妹女士一如既往对女儿学术研究的支持，感谢爱子叶一霖经常陪伴我探索各种富有哲思的问题。感谢武汉大学出版社副社长林莉女士和沈继侠编辑的辛勤付出。吾亦自知，本书的研究还存在一定的不足，敬请各位方家多多赐教，自己日后也会继续努力。尽管它仅是我这一学术“青椒”的阶段性成果而非鸿篇巨制，我还是想以感恩的心将自己的一点探索献给华政，祝福华政园桃李芬芳、智慧之果满天下！

**刘雪红**

2024 年 10 月 22 日于华政明珠楼